全国科学技术名词审定委员会

公　布

计划生育名词

CHINESE TERMS IN FAMILY PLANNING

2019

医学名词审定委员会

计划生育名词审定分委员会

国家自然科学基金资助项目

科　学　出　版　社

北　京

内 容 简 介

本书是全国科学技术名词审定委员会审定公布的计划生育基本名词，内容包括：计划生育国策、生殖健康及人口学，生殖医学基础，计划生育临床，生殖健康心理卫生，计划生育科研方法，不孕不育症，辅助生殖技术，性别与性 8 部分，共 1519 条。这些名词是科研、教学、生产、经营以及新闻出版等部门应遵照使用的计划生育规范名词。

图书在版编目(CIP)数据

计划生育名词/医学名词审定委员会，计划生育名词审定委员会编. —北京：科学出版社，2019.10

ISBN 978-7-03-062388-1

Ⅰ. ①计… Ⅱ. ①医… ②计… Ⅲ. ①计划生育－名词术语 Ⅳ. ①C923-61

中国版本图书馆 CIP 数据核字(2019)第 208461 号

责任编辑：商 涛 马晓伟 张玉森 路 倩/责任校对：郑金红

责任印制：肖 兴/封面设计：吴霞暖

科学出版社出版

北京东黄城根北街 16 号

邮政编码：100717

http://www.sciencep.com

中国科学院印刷厂印刷

科学出版社发行 各地新华书店经销

*

2019 年 10 月第 一 版 开本：787×1092 1/16

2019 年 10 月第一次印刷 印张：12 1/2

字数：295 000

定价：98.00 元

（如有印装质量问题，我社负责调换）

全国科学技术名词审定委员会
第七届委员会委员名单

特邀顾问：路甬祥　许嘉璐　韩启德

主　　任：白春礼

副 主 任：黄　卫　杜占元　张宏森　李培林　刘　旭　何　雷　何鸣鸿
裴亚军

常　　委（以姓名笔画为序）：

戈　晨　田立新　曲爱国　刘会洲　沈家煊　宋　军　张　军
张伯礼　林　鹏　饶克勤　袁亚湘　高　松　黄向阳　崔　拓
康　乐　韩　毅　雷筱云

委　　员（以姓名笔画为序）：

卜宪群　王　军　王子豪　王同军　王建军　王建朗　王家臣
王清印　王德华　尹虎彬　邓初夏　石　楠　叶玉如　田　淼
田胜立　白殿一　包为民　冯大斌　冯惠玲　毕健康　朱　星
朱士恩　朱立新　朱建平　任　海　任南琪　刘　青　刘正江
刘连安　刘国权　刘晓明　许毅达　那伊力江·吐尔干　孙宝国
孙瑞哲　李一军　李小娟　李志江　李伯良　李学军　李承森
李晓东　杨　鲁　杨　群　杨汉春　杨安钢　杨焕明　汪正平
汪雄海　宋　彤　宋晓霞　张人禾　张玉森　张守攻　张社卿
张建新　张绍祥　张洪华　张继贤　陆雅海　陈　杰　陈光金
陈众议　陈言放　陈映秋　陈星灿　陈超志　陈新滋　尚智丛
易　静　罗　玲　周　畅　周少来　周洪波　郑宝森　郑筱筠
封志明　赵永恒　胡秀莲　胡家勇　南志标　柳卫平　闻映红
姜志宏　洪定一　莫纪宏　贾承造　原遵东　徐立之　高　怀
高　福　高培勇　唐志敏　唐绪军　益西桑布　黄清华　黄璐琦
萨楚日勒图　龚旗煌　阎志坚　梁曦东　董　鸣　蒋　颖
韩振海　程晓陶　程恩富　傅伯杰　曾明荣　谢地坤　赫荣乔
蔡　怡　谭华荣

第四届医学名词审定委员会委员名单

主　任：陈　竺

副主任：饶克勤　刘德培　贺福初　郑树森　王　宇　罗　玲

委　员（以姓名笔画为序）：

于　欣　王　辰　王永明　王汝宽　李兆申　杨伟炎

沈　悌　张玉森　陈　杰　屈婉莹　胡仪吉　徐建国

曾正陪　照日格图　魏丽惠

秘书长：张玉森（兼）

计划生育名词审定分委员会委员名单

主　任：范光升　吴明辉

委　员（以姓名笔画为序）：

王巧梅　李　坚　吴尚纯　谷翊群　沈平虎

陈振文　黄丽丽　程利南　雷贞武

秘　书：许　侠

白春礼序

科技名词伴随科技发展而生，是概念的名称，承载着知识和信息。如果说语言是记录文明的符号，那么科技名词就是记录科技概念的符号，是科技知识得以传承的载体。我国古代科技成果的传承，即得益于此。《山海经》记录了山、川、陵、台及几十种矿物名；《尔雅》19 篇中，有 16 篇解释名物词，可谓是我国最早的术语词典；《梦溪笔谈》第一次给“石油”命名并一直沿用至今；《农政全书》创造了大量农业、土壤及水利工程名词；《本草纲目》使用了数百种植物和矿物岩石名称。延传至今的古代科技术语，体现着圣哲们对科技概念定名的深入思考，在文化传承、科技交流的历史长河中作出了不可磨灭的贡献。

科技名词规范工作是一项基础性工作。我们知道，一个学科的概念体系是由若干个科技名词搭建起来的，所有学科概念体系整合起来，就构成了人类完整的科学知识架构。如果说概念体系构成了一个学科的“大厦”，那么科技名词就是其中的“砖瓦”。科技名词审定和公布，就是为了生产出标准、优质的“砖瓦”。

科技名词规范工作是一项需要重视的基础性工作。科技名词的审定就是依照一定的程序、原则、方法对科技名词进行规范化、标准化，在厘清概念的基础上恰当定名。其中，对概念的把握和厘清至关重要，因为如果概念不清晰、名称不规范，势必会影响科学研究工作的顺利开展，甚至会影响对事物的认知和决策。举个例子，我们在讨论科技成果转化问题时，经常会有“科技与经济‘两张皮’”“科技对经济发展贡献太少”等说法，尽管在通常的语境中，把科学和技术连在一起表述，但严格说起来，会导致在认知上没有厘清科学与技术之间的差异，而简单把技术研发和生产实际之间脱节的问题理解为科学研究与生产实际之间的脱节。一般认为，科学主要揭示自然的本质和内在规律，回答“是什么”和“为什么”的问题，技术以改造自然为目的，回答“做什么”和“怎么做”的问题。科学主要表现为知识形态，是创造知识的研究，技术则具有物化形态，是综合利用知识于需求的研究。科学、技术是不同类型的创新活动，有着不同的发展规律，体现不同的价值，需要形成对不同性质的研发活动进行分类支持、分类评价的科学管理体系。从这个角度来看，科技名词规范工作是一项必不可少的基础性工作。我非常同意老一辈专家叶笃正的观点，他认为：“科技名词规范化工作的作用比我们想象的还要大，是一项事关我国科技事业发展的基础设施建设工作！”

科技名词规范工作是一项需要长期坚持的基础性工作。我国科技名词规范工作已经有 110 年的历史。1909 年清政府成立科学名词编订馆，1932 年南京国民政府成立国立编译馆，是为了学习、引进、吸收西方科学技术，对译名和学术名词进行规范统一。中华人民共和国成立后，随即成立了“学术名词统一工作委员会”。1985 年，为了更好地促进我国科学技术的发展，推动我国从科技弱国向科技大国迈进，国家成立了“全国自然科学名词审定委员会”，主要对自然科学领域的名词进行规范统一。1996 年，国家批准将“全国自然科学名词审定委员会”改为“全国科学技术名词审定委员会”，是为了响应科教兴国战略，促进我国由科技大国向科技强国迈进，而将工作范围由自然科学技术领域扩展到工程技术、人文社会科学等领域。科学技术发展到今天，信息技术和互联网技术在不断突进，前沿科技在不断取得突破，新的科学领域在不断产生，新概念、新名词在不断涌现，科技名词规范工作仍然任重道远。

110 年的科技名词规范工作，在推动我国科技发展的同时，也在促进我国科学文化的传承。科技名词承载着科学和文化，一个学科的名词，能够勾勒出学科的面貌、历史、现状和发展趋势。我们不断地对学科名词进行审定、公布、入库，形成规模并提供使用，从这个角度来看，这项工作又有几分盛世修典的意味，可谓“功在当代，利在千秋”。

在党和国家重视下，我们依靠数千位专家学者，已经审定公布了 65 个学科领域的近 50 万条科技名词，基本建成了科技名词体系，推动了科技名词规范化事业协调可持续发展。同时，在全国科学技术名词审定委员会的组织和推动下，海峡两岸科技名词的交流对照统一工作也取得了显著成果。两岸专家已在 30 多个学科领域开展了名词交流对照活动，出版了 20 多种两岸科学名词对照本和多部工具书，为两岸和平发展作出了贡献。

作为全国科学技术名词审定委员会现任主任委员，我要感谢历届委员会所付出的努力。同时，我也深感责任重大。

十九大的胜利召开具有划时代意义，标志着我们进入了新时代。新时代，创新成为引领发展的第一动力。习近平总书记在十九大报告中，从战略高度强调了创新，指出创新是建设现代化经济体系的战略支撑，创新处于国家发展全局的核心位置。在深入实施创新驱动发展战略中，科技名词规范工作是其基本组成部分，因为科技的交流与传播、知识的协同与管理、信息的传输与共享，都需要一个基于科学的、规范统一的科技名词体系和科技名词服务平台作为支撑。

我们要把握好新时代的战略定位，适应新时代新形势的要求，加强与科技的协同发展。一方面，要继续发扬科学民主、严谨求实的精神，保证审定公布成果的权威性和规范性。科技名词审定是一项既具规范性又有研究性，既具协调性又有长期性的综合性工作。在长期的科技名词审定工作实践中，全国科学技术名词审定委员会积累了丰富的经验，形成了一套完整的组织和审定流程。这一流程，有利于确立公布名词的权威性，有利于保证公布名词的规范性。但是，我们仍然要创新审定机制，高质高效地完成科技名词审定公布任务。另一方面，在做好科技名词审定公布工作的同时，我们要瞄准世界科技前沿，服务于前瞻性基础研究。习总书记在报告中特别提到“中国天眼”、“悟空号”暗物质粒子探测卫星、“墨子号”量子科学实验卫星、天宫二号和“蛟龙号”载人潜水器等重大科技成果，这些都是随着我国科技发展诞生的新概念、新名词，是科技名词规范工作需要关注的热点。围绕新时代中国特色社会主义发展的重大课题，服务于前瞻性基础研究、新的科学领域、新的科学理论体系，应该是新时代科技名词规范工作所关注的重点。

未来，我们要大力提升服务能力，为科技创新提供坚强有力的基础保障。全国科学技术名词审定委员会第七届委员会成立以来，在创新科学传播模式、推动成果转化应用等方面作了很多努力。例如，及时为 113 号、115 号、117 号、118 号元素确定中文名称，联合中国科学院、国家语言文字工作委员会召开四个新元素中文名称发布会，与媒体合作开展推广普及，引起社会关注。利用大数据统计、机器学习、自然语言处理等技术，开发面向全球华语圈的术语知识服务平台和基于用户实际需求的应用软件，受到使用者的好评。今后，全国科学技术名词审定委员会还要进一步加强战略前瞻，积极应对信息技术与经济社会交汇融合的趋势，探索知识服务、成果转化的新模式、新手段，从支撑创新发展战略的高度，提升服务能力，切实发挥科技名词规范工作的价值和作用。

使命呼唤担当，使命引领未来，新时代赋予我们新使命。全国科学技术名词审定委员会只有准确把握科技名词规范工作的战略定位，创新思路，扎实推进，才能在新时代有所作为。

是为序。

白春礼

2018 年春

路甬祥序

我国是一个人口众多、历史悠久的文明古国，自古以来就十分重视语言文字的统一，主张“书同文、车同轨”，把语言文字的统一作为民族团结、国家统一和强盛的重要基础和象征。我国古代科学技术十分发达，以四大发明为代表的古代文明，曾使我国居于世界之巅，成为世界科技发展史上的光辉篇章。而伴随科学技术产生、传播的科技名词，从古代起就已成为中华文化的重要组成部分，在促进国家科技进步、社会发展和维护国家统一方面发挥着重要作用。

我国的科技名词规范统一活动有着十分悠久的历史。古代科学著作记载的大量科技名词术语，标志着我国古代科技之发达及科技名词之活跃与丰富。然而，建立正式的名词审定组织机构则是在清朝末年。1909 年，我国成立了科学名词编订馆，专门从事科学名词的审定、规范工作。到了新中国成立之后，由于国家的高度重视，这项工作得以更加系统地、大规模地开展。1950 年政务院设立的学术名词统一工作委员会，以及 1985 年国务院批准成立的全国自然科学名词审定委员会（现更名为全国科学技术名词审定委员会，简称全国科技名词委），都是政府授权代表国家审定和公布规范科技名词的权威性机构和专业队伍。他们肩负着国家和民族赋予的光荣使命，秉承着振兴中华的神圣职责，为科技名词规范统一事业默默耕耘，为我国科学技术的发展做出了基础性的贡献。

规范和统一科技名词，不仅在消除社会上的名词混乱现象，保障民族语言的纯洁与健康发展等方面极为重要，而且在保障和促进科技进步，支撑学科发展方面也具有重要意义。一个学科的名词术语的准确定名及推广，对这个学科的建立与发展极为重要。任何一门科学（或学科），都必须有自己的一套系统完善的名词来支撑，否则这门学科就立不起来，就不能成为独立的学科。郭沫若先生曾将科技名词的规范与统一称为“乃是一个独立自主国家在学术工作上所必须具备的条件，也是实现学术中国化的最起码的条件”，精辟地指出了这项基础性、支撑性工作的本质。

在长期的社会实践中，人们认识到科技名词的规范和统一工作对于一个国家的科技发展和文化传承非常重要，是实现科技现代化的一项支撑性的系统工程。没有这样一个系统的规范化的支撑条件，不仅现代科技的协调发展将遇到极大困难，而且在科技日益渗透人们生活各方面、各环节的今天，还将给教育、传播、交流、经贸等多方面带来困难和损害。

全国科技名词委自成立以来，已走过近20年的历程，前两任主任钱三强院士和卢嘉锡院士为我国的科技名词统一事业倾注了大量的心血和精力，在他们的正确领导和广大专家的共同努力下，取得了卓著的成就。2002年，我接任此工作，时逢国家科技、经济飞速发展之际，因而倍感责任的重大；及至今日，全国科技名词委已组建了60个学科名词审定分委员会，公布了50多个学科的63种科技名词，在自然科学、工程技术与社会科学方面均取得了协调发展，科技名词蔚成体系。而且，海峡两岸科技名词对照统一工作也取得了可喜的成绩。对此，我实感欣慰。这些成就无不凝聚着专家学者们的心血与汗水，无不闪烁着专家学者们的集体智慧。历史将会永远铭刻着广大专家学者孜孜以求、精益求精的艰辛劳作和为祖国科技发展做出的奠基性贡献。宋健院士曾在1990年全国科技名词委的大会上说过："历史将表明，这个委员会的工作将对中华民族的进步起到奠基性的推动作用。"这个预见性的评价是毫不为过的。

科技名词的规范和统一工作不仅仅是科技发展的基础，也是现代社会信息交流、教育和科学普及的基础，因此，它是一项具有广泛社会意义的建设工作。当今，我国的科学技术已取得突飞猛进的发展，许多学科领域已接近或达到国际前沿水平。与此同时，自然科学、工程技术与社会科学之间交叉融合的趋势越来越显著，科学技术迅速普及到了社会各个层面，科学技术同社会进步、经济发展已紧密地融为一体，并带动着各项事业的发展。所以，不仅科学技术发展本身产生的许多新概念、新名词需要规范和统一，而且由于科学技术的社会化，社会各领域也需要科技名词有一个更好的规范。另外，随着香港、澳门的回归，海峡两岸科技、文化、经贸交流不断扩大，祖国实现完全统一更加迫近，两岸科技名词对照统一任务也十分迫切。因而，我们的名词工作不仅对科技发展具有重要的价值和意义，而且在经济发展、社会进步、政治稳定、民族团结、国家统一和繁荣等方面都具有不可替代的特殊价值和意义。

最近，中央提出树立和落实科学发展观，这对科技名词工作提出了更高的要求。我们要按照科学发展观的要求，求真务实，开拓创新。科学发展观的本质与核心是以人为本，我们要建设一支优秀的名词工作队伍，既要保持和发扬老一辈科技名词工作者的优良传统，坚持真理、实事求是、甘于寂寞、淡泊名利，又要根据新形势的要求，面向未来、协调发展、与时俱进、锐意创新。此外，我们要充分利用网络等现代科技手段，使规范科技名词得到更好的传播和应用，为迅速提高全民文化素质做出更大贡献。科学发展观的基本要求是坚持以人为本，全面、协调、可持续发展，因此，科技名词工作既要紧密围绕当前国民经济建设形势，着重开展好科技领域的学科名词审定工作，同时又要在强调经济社会以及人与自然协调发展的思想指导下，开展好社会科学、文化教育和资源、生态、环境领域的科学名词审定工作，促进各个学科领域的相互融合和共同繁荣。科学发展观非常注重可持续发展的理念，因此，我们在不断丰富和发展已建立的科技名词体系的同时，还要进一步研究具有中国特色的术语学理论，以创建中国的术语学派。研究和建立中国特色的术语学理论，也是一种知识创新，是实现科技名词工作可持续发展的必由之路，我们应当为此付出更大的努力。

当前国际社会已处于以知识经济为走向的全球经济时代，科学技术发展的步伐将会越来越快。我国已加入世贸组织，我国的经济也正在迅速融入世界经济主流，因而国内外科技、文化、经贸的交流将越来越广泛和深入。可以预言，21 世纪中国的经济和中国的语言文字都将对国际社会产生空前的影响。因此，在今后 10 到 20 年之间，科技名词工作就变得更具现实意义，也更加迫切。“路漫漫其修远兮，吾将上下而求索”，我们应当在今后的工作中，进一步解放思想，务实创新、不断前进。不仅要及时地总结这些年来取得的工作经验，更要从本质上认识这项工作的内在规律，不断地开创科技名词统一工作新局面，做出我们这代人应当做出的历史性贡献。

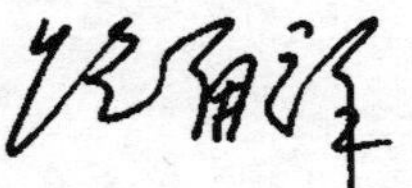

2004 年深秋

卢嘉锡序

科技名词伴随科学技术而生，犹如人之诞生其名也随之产生一样。科技名词反映着科学研究的成果，带有时代的信息，铭刻着文化观念，是人类科学知识在语言中的结晶。作为科技交流和知识传播的载体，科技名词在科技发展和社会进步中起着重要作用。

在长期的社会实践中，人们认识到科技名词的统一和规范化是一个国家和民族发展科学技术的重要的基础性工作，是实现科技现代化的一项支撑性的系统工程。没有这样一个系统的规范化的支撑条件，科学技术的协调发展将遇到极大的困难。试想，假如在天文学领域没有关于各类天体的统一命名，那么，人们在浩瀚的宇宙当中，看到的只能是无序的混乱，很难找到科学的规律。如是，天文学就很难发展。其他学科也是这样。

古往今来，名词工作一直受到人们的重视。严济慈先生 60 多年前说过，“凡百工作，首重定名；每举其名，即知其事”。这句话反映了我国学术界长期以来对名词统一工作的认识和做法。古代的孔子曾说“名不正则言不顺”，指出了名实相副的必要性。荀子也曾说“名有固善，径易而不拂，谓之善名”，意为名有完善之名，平易好懂而不被人误解之名，可以说是好名。他的“正名篇”即是专门论述名词术语命名问题的。近代的严复则有“一名之立，旬月踟躇”之说。可见在这些有学问的人眼里，“定名”不是一件随便的事情。任何一门科学都包含很多事实、思想和专业名词，科学思想是由科学事实和专业名词构成的。如果表达科学思想的专业名词不正确，那么科学事实也就难以令人相信了。

科技名词的统一和规范化标志着一个国家科技发展的水平。我国历来重视名词的统一与规范工作。从清朝末年的科学名词编订馆，到 1932 年成立的国立编译馆，以及新中国成立之初的学术名词统一工作委员会，直至 1985 年成立的全国自然科学名词审定委员会(现已改名为全国科学技术名词审定委员会，简称全国名词委)，其使命和职责都是相同的，都是审定和公布规范名词的权威性机构。现在，参与全国名词委领导工作的单位有中国科学院、科学技术部、教育部、中国科学技术协会、国家自然科学基金委员会、新闻出版署、国家质量技术监督局、国家广播电影电视总局、国家知识产权局和国家语言文字工作委员会，这些部委各自选派了有关领导干部担任全国名词委的领导，有力地推动科技名词的统一和推广应用工作。

全国名词委成立以后，我国的科技名词统一工作进入了一个新的阶段。在第一任主任委员钱三强同志的组织带领下，经过广大专家的艰苦努力，名词规范和统一工作取得了显著的成绩。1992 年三强同志不幸谢世。我接任后，继续推动和开展这项工作。在国家和有关部门的支持及广大专家学者的努力下，全国名词委 15 年来按学科共组建了 50 多个学科的名词审定分委员会，有 1800 多位专家、学者参加名词审定工作，还有更多的专家、学者参加书面审查和座谈讨论等，形成的科技名词工作队伍规模之大、水平层次之高前所未有。15 年间共审定公布了包括理、工、农、医及交叉学科等各学科领域的名词共计 50 多种。而且，对名词加注定义的工作经试点后业已逐渐展开。另外，遵照术语学理论，根据汉语汉字特点，结合科技名词审定工作实践，全国名词委制定并逐步完善了一套名词审定工作的原则与方法。可以说，在 20 世纪的最后 15 年中，我国基本上建立起了比较完整的科技名词体系，为我国科技名词的规范和统一奠定了良好的基础，对我国科研、教学和学术交流起到了很好的作用。

在科技名词审定工作中，全国名词委密切结合科技发展和国民经济建设的需要，及时调整工作方针和任务，拓展新的学科领域开展名词审定工作，以更好地为社会服务、为国民经济建设服务。近些年来，又对科技新词的定名和海峡两岸科技名词对照统一工作给予了特别的重视。科技新词的审定和发布试用工作已取得了初步成效，显示了名词统一工作的活力，跟上了科技发展的步伐，起到了引导社会的作用。两岸科技名词对照统一工作是一项有利于祖国统一大业的基础性工作。全国名词委作为我国专门从事科技名词统一的机构，始终把此项工作视为自己责无旁贷的历史性任务。通过这些年的积极努力，我们已经取得了可喜的成绩。做好这项工作，必将对弘扬民族文化，促进两岸科教、文化、经贸的交流与发展做出历史性的贡献。

科技名词浩如烟海，门类繁多，规范和统一科技名词是一项相当繁重而复杂的长期工作。在科技名词审定工作中既要注意同国际上的名词命名原则与方法相衔接，又要依据和发挥博大精深的汉语文化，按照科技的概念和内涵，创造和规范出符合科技规律和汉语文字结构特点的科技名词。因而，这又是一项艰苦细致的工作。广大专家学者字斟句酌，精益求精，以高度的社会责任感和敬业精神投身于这项事业。可以说，全国名词委公布的名词是广大专家学者心血的结晶。这里，我代表全国名词委，向所有参与这项工作的专家学者们致以崇高的敬意和衷心的感谢！

审定和统一科技名词是为了推广应用。要使全国名词委众多专家多年的劳动成果——规范名词，成为社会各界及每位公民自觉遵守的规范，需要全社会的理解和支持。国务院和4个有关部委［国家科委(今科学技术部)、中国科学院、国家教委(今教育部)和新闻出版署］已分别于1987年和1990年行文全国，要求全国各科研、教学、生产、经营以及新闻出版等单位遵照使用全国名词委审定公布的名词。希望社会各界自觉认真地执行，共同做好这项对于科技发展、社会进步和国家统一极为重要的基础工作，为振兴中华而努力。

值此全国名词委成立15周年、科技名词书改装之际，写了以上这些话。是为序。

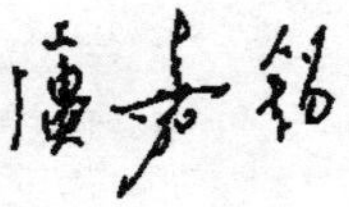

2000年夏

钱三强序

科技名词术语是科学概念的语言符号。人类在推动科学技术向前发展的历史长河中，同时产生和发展了各种科技名词术语，作为思想和认识交流的工具，进而推动科学技术的发展。

我国是一个历史悠久的文明古国，在科技史上谱写过光辉篇章。中国科技名词术语，以汉语为主导，经过了几千年的演化和发展，在语言形式和结构上体现了我国语言文字的特点和规律，简明扼要，蓄意深切。我国古代的科学著作，如已被译为英、德、法、俄、日等文字的《本草纲目》、《天工开物》等，包含大量科技名词术语。从元、明以后，开始翻译西方科技著作，创译了大批科技名词术语，为传播科学知识，发展我国的科学技术起到了积极作用。

统一科技名词术语是一个国家发展科学技术所必须具备的基础条件之一。世界经济发达国家都十分关心和重视科技名词术语的统一。我国早在 1909 年就成立了科学名词编订馆，后又于 1919 年中国科学社成立了科学名词审定委员会，1928 年大学院成立了译名统一委员会。1932 年成立了国立编译馆，在当时教育部主持下先后拟订和审查了各学科的名词草案。

新中国成立后，国家决定在政务院文化教育委员会下，设立学术名词统一工作委员会，郭沫若任主任委员。委员会分设自然科学、社会科学、医药卫生、艺术科学和时事名词五大组，聘任了各专业著名科学家、专家，审定和出版了一批科学名词，为新中国成立后的科学技术的交流和发展起到了重要作用。后来，由于历史的原因，这一重要工作陷于停顿。

当今，世界科学技术迅速发展，新学科、新概念、新理论、新方法不断涌现，相应地出现了大批新的科技名词术语。统一科技名词术语，对科学知识的传播，新学科的开拓，新理论的建立，国内外科技交流，学科和行业之间的沟通，科技成果的推广、应用和生产技术的发展，科技图书文献的编纂、出版和检索，科技情报的传递等方面，都是不可缺少的。特别是计算机技术的推广使用，对统一科技名词术语提出了更紧迫的要求。

为适应这种新形势的需要，经国务院批准，1985 年 4 月正式成立了全国自然科学名词审定委员会。委员会的任务是确定工作方针，拟定科技名词术语审定工作计划、实施方案和步骤，组织审定自然科学各学科名词术语，并予以公布。根据国务院授权，委员会审定公布的名词术语，科研、教学、生产、经营以及新闻出版等各部门，均应遵照使用。

全国自然科学名词审定委员会由中国科学院、国家科学技术委员会、国家教育委员会、中国科学技术协会、国家技术监督局、国家新闻出版署、国家自然科学基金委员会分别委派了正、 副主任担任领导工作。在中国科协各专业学会密切配合下，逐步建立各专业审定分委员会，并已建立起一支由各学科著名专家、学者组成的近千人的审定队伍，负责审定本学科的名词术语。我国的名词审定工作进入了一个新的阶段。

这次名词术语审定工作是对科学概念进行汉语订名，同时附以相应的英文名称，既有我国语言特色，又方便国内外科技交流。通过实践，初步摸索了具有我国特色的科技名词术语审定的原则与方法，以及名词术语的学科分类、相关概念等问题，并开始探讨当代术语学的理论和方法，以期逐步建立起符合我国语言规律的自然科学名词术语体系。

统一我国的科技名词术语，是一项繁重的任务，它既是一项专业性很强的学术性工作，又涉及到亿万人使用习惯的问题。审定工作中我们要认真处理好科学性、系统性和通俗性之间的关系；主科与副科间的关系；学科间交叉名词术语的协调一致；专家集中审定与广泛听取意见等问题。

汉语是世界五分之一人口使用的语言，也是联合国的工作语言之一。除我国外，世界上还有一些国家和地区使用汉语，或使用与汉语关系密切的语言。做好我国的科技名词术语统一工作，为今后对外科技交流创造了更好的条件，使我炎黄子孙，在世界科技进步中发挥更大的作用，做出重要的贡献。

统一我国科技名词术语需要较长的时间和过程，随着科学技术的不断发展，科技名词术语的审定工作，需要不断地发展、补充和完善。我们将本着实事求是的原则，严谨的科学态度做好审定工作，成熟一批公布一批，提供各界使用。我们特别希望得到科技界、教育界、经济界、文化界、新闻出版界等各方面同志的关心、支持和帮助，共同为早日实现我国科技名词术语的统一和规范化而努力。

钱三强

1992年2月

前　言

计划生育是我国的一项基本国策。计划生育涉及医学多门学科。在计划生育的临床实践过程中，出现了大量的名词术语，其内容随着时间不断地变化和更新。不少新名词在现有的专业书籍和医学词典中找不到解答。另外，尽管我国有统一的医学教材，但一些专业名词也存在着习惯用法与专业用法共存的现象。因此统一计划生育名词，使之规范化、科学化，对于推动计划生育学科技术的应用与发展，是一件意义重大的工作。

全国科学技术名词审定委员会和中华医学会共同组建了医学名词审定委员会，并由医学名词审定委员会计划生育名词审定分委员会组织全国 22 名计划生育专家对《计划生育名词》进行编写与审定。内容包括计划生育国策、生殖健康及人口学，生殖医学基础，计划生育临床，生殖健康心理卫生，计划生育科研方法，不孕不育症，辅助生殖技术，性别与性共 8 部分，涵盖了计划生育专业的基本医学名词。在国内尚属首次，具有独创性。因本学科在国外无直接对应的学科，有些本学科已约定俗成的名词如“人工流产吸空”“人工流产漏吸”等查不到英文译名，只能直译，在英文词条后均并列汉语注译。

在《计划生育名词》的编写过程中，得到了原卫生部基层卫生与妇幼保健司及国家人口和计划生育委员会科学技术司领导的关怀与支持，还得到了肖碧莲院士及张桂元、乌毓明、庄留琪、顾素娟、姚德鸿、赵忠桢、杜明昆、韩向阳、宋新明、刘破资等诸位教授的具体指导、修正和审核，特在此表示衷心感谢！

由于初次编写，水平有限，又无蓝本可循，书中难免有遗漏与译名不当之处，欢迎指正，待再版时修正，以日臻完善。

医学名词审定委员会
计划生育名词审定分委员会
2019 年 6 月

编 排 说 明

一、本书公布的是计划生育基本名词，共 1519 条，对每条名词均给出了定义或注释。

二、全书分 8 部分：计划生育国策、生殖健康及人口学，生殖医学基础，计划生育临床，生殖健康心理卫生，计划生育科研方法，不孕不育症，辅助生殖技术，性别与性。

三、正文按汉文名所属学科的相关概念体系排列。汉文名后给出了与该词概念相对应的英文名。

四、每个汉文名都附有相应的定义或注释。定义一般只给出其基本内涵，注释则扼要说明其特点。当一个汉文名有不同的概念时，则用（1）、（2）等表示。

五、一个汉文名对应几个英文同义词时，英文词之间用“,”分开。

六、凡英文词的首字母大、小写均可时，一律小写；英文除必须用复数者，一般用单数形式。

七、“[　]”中的字为可省略的部分。

八、主要异名和释文中的条目用楷体表示。“全称”“简称”是与正名等效使用的名词；“又称”为非推荐名，只在一定范围内使用；“俗称”为非学术用语；“曾称”为被淘汰的旧名。

九、正文后所附的英汉索引按英文字母顺序排列；汉英索引按汉语拼音顺序排列。所示号码为该词在正文中的序码。索引中带“*”者为规范名的异名或在释文中出现的条目。

目　　录

附录

01. 计划生育国策、生殖健康及人口学

01.01 计划生育国策

01.001 计划生育 family planning

为保障社会、家庭和夫妻的权益，育龄夫妻有计划地在适当年龄生育合理数量的子女，并养育健康的下一代，以增进家庭幸福，促进人口、经济、社会、资源、环境协调发展和可持续发展的行为。实行计划生育是中国的一项基本国策。

01.002 可持续发展 sustainable development

社会的发展既满足当代人的需求，又不对后代人满足其需求的能力构成危害的发展方式。1988 年，世界环境与发展委员会首次提出此概念。人口与经济、社会、资源、环境的协调发展与可持续发展是指在一定区域内，人口数量、人口素质、人口结构都应与经济、社会发展相适应，与资源利用、环境保护相协调，以保证人口与经济、社会的协调发展，既满足当代人的基本需求，又不危害子孙后代满足其需求的能力。

01.003 生育政策 the policy of birth

由国家制定或在国家指导下制定的规范育龄夫妇生育行为的准则。为有效控制人口的过快增长，国家制定了生育政策。1980 年中共中央发表《关于控制我国人口增长问题致全体共产党员、共青团员的公开信》，提倡一对夫妇只生育一个孩子。1982 年 9 月，党的十二大把实行计划生育确定为基本国策，同年 11 月写入新修改的《中华人民共和国宪法》。《中华人民共和国人口与计划生育法》（以下简称《人口与计划生育法》）规定，国家稳定现行生育政策，鼓励公民晚婚晚育，提倡一对夫妻生育一个子女；符合法律、法规规定条件的，可以要求安排生育第二个子女。党的十八届三中全会通过《中共中央关于全面深化改革若干重大问题的决定》，指出“坚持计划生育的基本国策，启动实施一方是独生子女的夫妇可生育两个孩子的政策，逐步调整完善生育政策，促进人口长期均衡发展”。2013 年 12 月，第十二届全国人大常委会通过关于调整完善生育政策的决议，同意启动实施一方是独生子女的夫妇可生育两个孩子的政策。2015 年 10 月，党的十八届五中全会公报指出：促进人口均衡发展，坚持计划生育的基本国策，完善人口发展战略，全面实施一对夫妇可生育两个孩子政策，积极开展应对人口老龄化行动。2015 年 12 月 27 日，十二届全国人大常委会第十八次会议审议通过了关于修改《人口与计划生育法》的决定，自 2016 年 1 月 1 日起施行。修改后的《人口与计划生育法》规定，国家提倡一对夫妻生育两个子女。

01.004 计划生育法律法规 law and legislation of family planning

我国颁布实施的与计划生育有关的法律法规。有《中华人民共和国人口与计划生育法》《中华人民共和国婚姻法》《中华人民共和国母婴保健法》《计划生育技术服务管理条例》《中华人民共和国母婴保健法实施办法》《流动人口计划生育工作条例》《社会抚养费征收管理办法》等，以及各省、自治区、直辖市人民代表大会制定颁布的地方人口与计划生育法规。以上法律法规的颁布实施使计划生育工作有法可依，使依法管理和维护公民合法权益相统一，也提高了育龄群众依法实行计划生育的自觉性。

01.005 《中华人民共和国婚姻法》 Marriage Law of the People's Republic of China

简称"《婚姻法》"。婚姻家庭关系的基本准则。在《婚姻法》中明确了实行计划生育是夫妻双方共同的义务，有利于计划生育工作的推行。《婚姻法》中又规定了直系血亲和三代以内的旁系血亲或患有医学上认为不应结婚疾病的，禁止结婚。这一规定对于优生优育有着重要意义。

01.006 《中华人民共和国母婴保健法》 Law of the People's Republic of China on Maternal and Infant Health Care

简称"《母婴保健法》"。于1994年10月27日由第八届全国人大常委会第十次会议通过，自1995年6月1日起施行。是我国第一部保障母亲和婴儿健康、提高出生人口素质的法律，也是规范母婴保健服务的重要法律依据。

01.007 《中华人民共和国人口与计划生育法》 Law of Population and Family Planning of the People's Republic of China

简称"《人口与计划生育法》"。第九届全国人大常委会第二十五次会议通过，并于2002年9月1日起施行。强调我国是人口众多的国家，实行计划生育是我国的基本国策。国家采取综合措施，控制人口数量，提高人口素质；依靠宣传教育、科学技术进步、综合服务、建立健全奖励和社会保障制度，开展人口与计划生育工作。2015年12月27日第十二届全国人大常委会第十八次会议审议通过关于修改《人口与计划生育法》的决定，自2016年1月1日起施行。《人口与计划生育法》根据决定作相应修改，重新公布。修改后的《人口与计划生育法》规定，国家提倡一对夫妻生育两个子女，并对再生育子女、计划生育奖励和社会保障等相关制度进行了修改完善。

01.008 《计划生育技术服务管理条例》 Regulations on the Administration of Technical Services for Family Planning

2001年6月13日由国务院颁布，是我国计划生育的一部行政法规。确定了计划生育技术服务机构的服务范围；规定了计划生育技术服务机构开展生殖保健服务的内容和形式。

01.009 《中华人民共和国执业医师法》 Law of the People's Republic of China on Medical Practitioners

为加强医师队伍建设，提高医师的执业道德和业务素质，保障医师的合法权益，国家制定了《中华人民共和国执业医师法》，自1999年5月1日起施行。该法明确"计划生育技术服务机构中的医师，适用本法"。即从事计划生育手术的医师应当取得医师资格，并在县级以上人民政府卫生行政部门注册。

01.010 《流动人口计划生育工作条例》 Family Planning Regulations for Floating Population

为加强流动人口计划生育工作，寓管理于服务之中，维护流动人口的合法权益，稳定低生育水平，根据《中华人民共和国人口与计划生育法》，国务院对《流动人口计划生育管理办法》进行修订，于2009年颁布实施《流动人口计划生育工作条例》，原《流动人口计划生育管理办法》废止。是指导新时期流动人口计划生育服务管理工作的重要法规，为全面提高流动人口计划生育工作水平、促进流动人口计划生育基本公共服务均等化提供法律保障。

01.011 《社会抚养费征收管理办法》 Measures for Collecting Social Maintenance Fees

为了规范社会抚养费的征收管理，维护计划生育基本国策，保护公民的合法权益，实现人口与经济、社会、资源、环境的协调发展，根据《中华人民共和国人口与计划生育法》，由国务院颁布的一项法规，于 2002 年 9 月 1 日起施行。

01.012　计划生育技术服务　technical service of family planning

使用手术、药物、工具、仪器、信息及其他技术手段，有目的地向育龄公民提供生育调节及其他有关的生殖保健服务的活动。包括计划生育技术指导、咨询及与计划生育有关的临床医疗服务。是落实计划生育基本国策的技术保障。

01.013　计划生育技术服务机构　technical service facility of family planning

按照《计划生育技术服务管理条例》规定取得执业许可、隶属同级计划生育行政部门、具有医疗保健性质、从事计划生育技术服务的非营利的公益性全额拨款事业单位。

01.014　计划生育/生殖健康适宜技术　adequate technique of family planning/reproductive health

用于避孕、节育、生殖健康领域和基层计划生育服务系统的特定知识体系。将计划生育/生殖健康领域的新技术通过不同渠道直接进入基层计划生育服务机构，既满足基层计划生育工作需要，又使新技术得以传播，并能提高基层计划生育技术服务水平和能力。

01.015　计划生育宣传　family planning publicity

通过各种渠道传播计划生育相关思想、观点及知识等，直接或间接地影响育龄人群的生育观念和生育行为，使其自觉接受并实行计划生育，以有利于计划生育政策在我国顺利推行的一种信息传播活动。

01.016　计划生育教育　family planning education

通过计划生育宣传活动，培养育龄群众的思想品德，增长知识，影响和改变人们的婚育观念及婚育行为，使其自觉实行计划生育、优生优育。

01.017　计划生育手术　surgical operation for family planning

计划生育技术服务中为达到节制生育、控制人口增长目的所实施的相关手术。包括宫内节育器放置术和取出术、人工终止妊娠术、皮下埋植避孕术、输卵管/输精管结扎术和复通术。

01.018　计划生育手术并发症　complication of surgical operation for family planning

计划生育技术服务机构及其技术人员，依照法律、法规、规章、诊疗护理规范、手术常规等，实施规定的计划生育手术，而造成受术者机体组织器官功能损害，相关各方均无过错的不良后果。

01.019　《计划生育手术并发症鉴定管理办法》　Identification Measures for Complication of Surgical Operation for Family Planning

为加强和规范计划生育手术并发症的鉴定及管理工作，根据《计划生育技术服务管理条例》，国家人口和计划生育委员会制定的部门规章。内容包括计划生育手术并发症的预防与处置、受理与鉴定及行政处理。

01.020　计划生育证明　certifying document concerning family planning

基层计划生育管理部门为规范管理和服务，记录公民婚姻、生育、节育等情况的证明。主要有生育服务证、流动人口婚育证明等。从法律性质看，是行政机关出具的有关当事人计划生育方面的证明材料，属于行政确认行为。

01.021　社会抚养费　social maintenance fee

为调节自然资源的利用和保护环境，适当补偿政府的公共社会事业投入的经费，而对不符合法定条件生育子女的公民征收的费用。属于行政性收费，具有补偿性和强制性的特点。

01.022　生育调节　birth regulation

人类认识并采用科学的方法控制和调节自身生育功能。

01.023　节育　birth control

又称“生育控制”。采用科学方法避孕和终止非意愿妊娠。

01.024　恋爱　love

男女之间建立情感、产生爱情，直到结婚的过程。

01.025　婚姻　marriage

一定的社会制度所确认的男女两性结合而成的夫妻关系。

01.026　晚婚　late marriage

男女均已达到法定婚龄而适当推迟结婚时间的初婚。2001年12月29日公布的《中华人民共和国人口与计划生育法》规定鼓励公民晚婚晚育，据此，地方法规普遍以男性25周岁以上、女性23周岁以上初婚定为晚婚。

01.027　晚育　late child-birth

已婚妇女 24 周岁以上或晚婚后生育第一个子女为晚育。

01.028　避孕措施　contraceptive measure

使用药物、工具及手术等技术手段，有目的地向育龄公民提供的生育调节方法。目的是避免非意愿妊娠，以实现调节生育行为。包括口服及注射避孕药、外用药、避孕套、宫内节育器、皮下埋植剂、绝育术等。

01.029　长效避孕措施　long acting contraceptive measure

一次使用后可维持长时间避孕效果的避孕方法。包括宫内节育器、长效口服避孕药、长效避孕针、皮下埋植避孕剂、输卵（精）管结扎术等。可以达到长期避孕或永久节育的目的，避免服药、使用避孕工具所带来的不便和副作用，或依从性不够带来的非意愿妊娠等问题，对保证计划生育的效果和广大育龄群众的身心健康都有益处。

01.030　知情选择　informed choice

广义是指了解事情的内情后再做出选择。避孕方法知情选择是指公民在计划生育专业人员指导下，充分了解现行的各种避孕方法，结合自身情况，自主、自愿且负责任地选择适宜、安全、有效的避孕节育方法。

01.031　优生　aristogenesis, improve prenatal care

通过健康教育、健康检查等措施，避免出生缺陷，生育健康的素质优良的后代。

01.032　优育　improve postnatal care

促使子代各方面素质在其发育阶段尽可能提高的科学的教养方法。

01.033　独生子女　only-child

一对夫妇生育的单个子女。在国家提倡一对夫妻生育一个子女期间，一对夫妻自愿终身只生育一个子女的，国家发给《独生子女父母光荣证》，并按照有关规定对独生子女家庭给予奖励。

01.034　病残儿　morbid and disabled children

因先天（包括遗传性和非遗传性）疾病或后

天患病、意外伤害而致残，目前无法治疗或经系统治疗不能成长为正常劳动力的未成年人。

01.035　医学鉴定　medical identification

医生在执业活动中，通过医学检查、疾病调查后，签署有关的医学证明文件的活动。

01.036　病残儿医学鉴定　identification of morbid and disabled children

由病残儿医学鉴定的专门组织承担，根据《病残儿医学鉴定诊断标准及其父母再生育的指导原则》，运用现代医学知识、技术和手段，对被鉴定者做出是否为病残及程度的鉴定结论，并提出相应的指导意见。

01.037　再生育　re-birth

有两种含义。（1）狭义的是指已生育子女后再次生育子女。（2）我国生育政策中的再生育是指再婚家庭、病残儿家庭、特定人群、特定地区，生育多于国家政策提倡子女数量。由地方性法规作出规定。

01.038　拟生育夫妇　preconception couple, proposed reproductive couple

计划并准备生育子女的夫妇。建议拟生育的夫妇做孕前健康检查和优生指导。

01.039　计划外妊娠　unplanned pregnancy

家庭计划外的妊娠。常由未采用避孕方法或避孕失败所致。

01.040　非意愿妊娠　unwanted pregnancy

又称“意外妊娠（unintended pregnancy）”。不符合自己的心意和愿望的妊娠。除家庭计划外妊娠，还包括婚外、婚前的妊娠。

01.02　生殖健康

01.041　健康　health

由世界卫生组织提出，指没有疾病和不适，并且有良好的体质、心理状态及社会适应能力的生命状态。世界卫生组织制定了人体健康的 10 项标准：①精力充沛，能十分自如地应付和处理日常工作及生活。②精神乐观，态度积极，敢于承担责任，努力完成和完善处理各种大小事务。③善于休息，食欲和睡眠良好。④应变能力强，能适应各种困难局面和突发变化的环境。⑤对一般感冒及感染性疾病有一定的抵抗力。⑥头、臂、臀的比例适宜，位置协调、体态匀称、体重适当。⑦眼睛光泽明亮，反应敏捷，眼睑不发炎。⑧牙齿清洁，无缺损、无疼痛，牙龈颜色正常，无肿胀，无出血。⑨头发亮泽，无头屑。⑩皮肤光滑亮泽，自然，富弹性。肌肉丰满，走路轻盈而快捷，步态协调。

01.042　生殖健康　reproductive health

生殖系统及其功能所涉及的身体、精神和社会等方面的健康状态。

01.043　生殖健康标准　reproductive health standard

符合生殖健康的一组条件。包括：①有满意的性生活。②具有生育能力。③能自由决定是否生育、何时生育及间隔。④有权获得他们所选择的安全、有效、能支付并可接受的生殖调节方法。⑤有权获得卫生保健服务。⑥能有机会实现生一个健康孩子的愿望。

01.044　生殖保健　reproductive health care

通过预防和解决生殖健康方面问题而采取的一系列技术和服务措施，以达到一个完好的生殖健康状态。内容包括青春期保健、围婚期保健、围产期保健、围绝经期保健、男性更年期保健等。

01.045　妇幼保健　maternal and child health care

为保护妇女、儿童健康，预防疾病发生而采取的一系列技术服务措施。在全国各省、市、县均设妇幼保健行政机构，负责管理和领导辖区内的妇幼保健工作；并设相应的妇幼保健院、所，有计划地按级实施保健与临床相结合、面向基层、面向群体和以预防为主的各项保健任务。

01.046　卫生保健　health care

为保护和增进人体健康、防治疾病，由专业人员和医疗机构提供的与健康评估、疾病管理、健康教育及健康促进等相关的综合性措施。

01.047　基本卫生保健　primary health care

曾称"*初级卫生保健*"。国家、社会和个人能够负担的最基本的、人人都应该得到的、体现社会平等权利的卫生保健服务。

01.048　二级卫生保健　secondary health care

公民享有的普通卫生保健服务。

01.049　三级卫生保健　tertiary health care

公民享有的优质卫生保健服务。

01.050　青春期保健　puberty health care

针对青少年的生理、心理和社会特点及其健康和行为方面的问题，采取的一系列保健措施。包括营养、生理卫生、心理卫生、体格锻炼、智力开发、性教育，以及男、女青少年常见疾病的预防、治疗与康复。

01.051　性教育　sex education

教导青少年了解性的基本知识，正确对待和处理性发育过程中各种问题的教育活动。学习如何与异性正常交往，学会自爱、自重、自强，并对自己的性行为负责。

01.052　青少年妊娠　teenage pregnancy, adolescent pregnancy

18 岁以下女性的妊娠。妊娠和分娩期间的并发症是全球 15~19 岁少女死亡的第二大原因，防止青少年妊娠是家庭、学校、社会的共同责任。

01.053　育龄妇女　woman of childbearing age

处于生育年龄的妇女。妇女生育年龄的上下限取决于女性的生理状态。人口统计中一般以 15~49 岁为妇女的生育年龄。

01.054　围婚期保健　perimarriage health care

结婚前后，为保障婚配双方及其下一代健康所进行的一系列保健服务措施。包括婚前保健、新婚保健、婚后保健。

01.055　婚前保健　premarital health care

对准备结婚的男女在婚姻登记前进行的健康保健服务。《中华人民共和国母婴保健法》中规定，婚前保健包括婚前医学检查、卫生咨询和卫生指导。

01.056　婚前医学检查　premarital medical examination, medical examination of pre-marriage

简称"*婚检*"。《中华人民共和国母婴保健法》中规定医疗保健机构应对准备结婚的男女双方可能患影响结婚和生育的疾病进行医学检查。经检查后，医疗保健机构应当出具婚前医学检查证明。

01.057　围产期保健　perinatal health care

又称"*围生期保健*"。孕前、孕期、产时、产褥期进行的一系列预防疾病和保护健康的措施。确保母婴安全，降低孕产妇死亡率和围生儿死亡率。包括孕期保健、产时保健、产褥期保健、新生儿保健、哺乳期保健等。

01.058　孕期保健　health care of gestational period

针对妊娠妇女提供的系统保健服务。目的是保护孕妇和胎儿在妊娠期的安全、健康，直至妊娠足月，顺利娩出身体健康、智力发育良好的新生儿。孕早期应尽早确诊妊娠，预防致畸，注意内科合并症的及时治疗；孕中期注意孕期营养，定期做孕期检查，监护胎儿宫内生长发育；孕晚期定期产前检查，及时发现胎位异常、羊水异常、妊娠时限异常、妊娠期出血、多胎妊娠、妊娠特有疾病及内外科疾病，及时诊断，正确处理。

01.059　产时保健　intrapartum care

又称“分娩期保健”“安全分娩”。在产妇分娩过程中，为保证产妇和新生儿安全所采取的一切保障措施。这段时间虽短，但极重要。要做到“五防、一加强”。五防是防滞产、防感染、防产伤、防出血、防窒息；一加强是加强对高危妊娠的产时监护和产程处理。

01.060　新法接生　clean delivery, aseptic delivery

遵循分娩的规律，用科学的方法进行消毒的接生。新中国成立后最早期的妇幼保健措施之一。对接生人员进行培训和考核，由接生员、助产士和医务人员采用新法接生。实行新法接生后，大大降低了孕产妇的产褥感染率和新生儿的感染性疾病发生率。

01.061　高危妊娠　high-risk pregnancy

存在某种病理因素或致病因素可能危害孕妇、胎儿或导致难产的妊娠。

01.062　高危分娩　high-risk delivery

存在高危妊娠和威胁产妇及胎儿生命安全疾病时的分娩。包括巨大儿、骨盆狭窄、头盆不称、胎位异常、分娩期并发症（子宫破裂、产后出血、羊水栓塞、脐带异常等）。

01.063　产褥期　puerperium, stegmonth

从胎盘娩出至产妇全身器官除乳腺外恢复或接近未孕状态时的时期。

01.064　产褥期保健　puerperium health care

针对产褥期妇女提供的系统保健服务。产褥期母体变化很大，容易发生感染、出血及其他病理情况，要及时发现，正确处理。注意饮食营养、乳房护理、会阴护理、预防产后尿潴留及便秘、适当活动及做产后健身操。产褥期内禁止性生活。产后按期返回产院随访。

01.065　新生儿　newborn

娩出母体并自脐带结扎起，至出生后满 28 天的婴儿。

01.066　新生儿护理　neonatal care, neonatal nursing

助产士对新生儿所做的护理。如及时清理新生儿的呼吸道、处理脐带、观察生命体征、称体重、量身长和进行全身的清洁护理，并做全身体检。提倡母乳喂养和正确哺乳。指导产妇学会新生儿护理，了解和发现新生儿异常情况，学会简单处理。

01.067　初乳　colostrum

产后 7 日内分泌的乳汁。因含β-胡萝卜素，呈淡黄色，含较多的有形物质，故较稠。初乳中蛋白质较成熟乳多，尤其是分泌型 IgA。脂肪和乳糖含量较成熟乳低，极易消化，是新生儿早期最理想的天然食物。

01.068　母乳喂养　breast-feeding

以母乳为主要食物的喂养方式。母乳中的营养成分最适合婴儿吸收和消化，母乳中含有大量的免疫抗体，能增强婴儿的免疫力。应大力提倡母乳喂养。

01.069　纯母乳喂养　exclusive breast-feeding

除母乳外，不给孩子其他食品及饮料的喂养

方法。

01.070　产后随访　postpartum follow-up

医护人员在产后 1 周及产后 1 个月到产妇家中进行的随访。对产妇及新生儿进行常规体检和护理指导。

01.071　带薪产假　paid maternity leave

我国规定产妇可享有 98 天基础产假，产假期间用人单位仍应发放薪金。

01.072　转诊服务　referral service

将危重患者转到上级或其他医院诊治的服务。为保证孕产妇和新生儿的安全，基层医护人员应及时将危重产妇和新生儿转到上级或其他综合性医院诊治。

01.073　围绝经期保健　perimenopausal health care

针对妇女在绝经期前后提供的系统保健服务。妇女在绝经前后的时期内，由于体内激素水平发生较大变化，可出现一系列生理、病理变化。此时应加强保健，注意营养、锻炼身体、保持外阴清洁、防治月经失调、防治骨质疏松、定期体检、接受妇科病及肿瘤普查、进行肛提肌锻炼、加强盆底组织支持力、防治围绝经期综合征。

01.074　出生婴儿性别比　sex ratio at birth

又称“出生人口性别比”“新生儿性别比”。一定时期（通常为 1 年）内，具有相当出生规模的人口中活产男婴与活产女婴之比。常用每 100 名出生女婴相对的男婴数表示。一般来说，正常的出生人口性别比应是每出生 100 名女婴，相应有 103～107 名男婴。

01.075　非医学需要的胎儿性别鉴定　fetal gender identification in non-medical need

对无伴性遗传病的胎儿，利用超声技术和其他技术手段进行的性别鉴定。

01.076　孕产妇死亡率　maternal mortality rate

每万例次活产或每 10 万例次活产中孕产妇的死亡数。从妊娠开始到产后 42 天内，因各种原因（除意外事故）造成的死亡均应计算在内。

01.077　新生儿死亡率　neonatal mortality rate

某年某地未满 28 天的新生儿死亡数与同年活产数的比值。常用千分率（‰）表示。

01.078　婴儿死亡率　infant mortality rate

某年某地未满一周岁婴儿死亡数与同年活产数的比值。常用千分率（‰）表示。

01.079　五岁以下儿童死亡率　mortality rate of children under 5

5 岁以下儿童（包括婴儿）死亡数与同年活产数的比值。常用千分率（‰）表示。

01.080　发病率　incidence rate, morbidity

特定人群 1 年内新发生某种疾病的概率。可用十万分率、万分率表示，也可用千分率、百分率表示。

01.03　人　口　学

01.081　人口　population

生活在一定社会生产方式、一定时间、一定地域，实现其生命活动并构成社会生活主体，具有一定数量和质量的人所组成的社会群体。

01.082　人口学　demography

研究人口发展，人口和社会、经济、生态环境等相互关系的规律性和数量关系及其应用的科学总称。包括人口理论和人口统计学，还包括研究人口与社会、经济、生态环境间相互关系的规律性和数量关系等的分支学科。

01.083　人口密度　population density

一定时期单位土地面积上居住的人口数。通常以每平方公里常住的人口数量来表示，反映人口的稠密程度。

01.084　人口分布　distribution of population

人口在一定时间点和一定土地空间（地区）中的分布状况。

01.085　人口数据收集　collection of population data

按照统计研究的目的和任务，运用各种科学、有效的方式和方法，有针对性地收集反映人口客观现实的统计数据的活动过程。是整个人口统计活动的基础阶段，通常也称为人口统计调查阶段。

01.086　人口数据处理　processing of population data

利用相应的技术和设备进行各种有关人口数据加工的过程。包括对有关人口数据的采集、存储、检索、加工、变换和传输。

01.087　人口数据分析　analysis of population data

用适当的统计方法对收集来的大量第一手和第二手人口数据资料进行的分析。以求最大化地开发人口数据资料的功能，发挥数据的作用。目的是把隐没在一大堆看来杂乱无章的人口相关数据中的信息集中、萃取和提炼出来，以找出研究对象的内在规律。

01.088　人口数据利用　utilization of population data

对收集的人口数据进行加工处理之后，对原有的人口数据进行处理分析，提供科学、客观的决策依据，从而实现原有收集人口数据资料的深度利用。

01.089　人口构成　population structure

又称“人口结构”。根据人口具有的各种不同的自然、社会、经济和生理特征把人口划分成的各组成部分所占比重。根据人口构成因素的特点和不同分类方式，可划分为各种人口构成，一般可归为三大类：人口的自然构成、人口的地域构成、人口的社会构成。

01.090　人口金字塔　population pyramid

又称“年龄性别金字塔”。按年龄和性别表示人口分布的几何图形。通常图示按男左女右排列；以年龄别或年龄组为单位，从下到上排列；男女性别人数的多少或构成比例的大小分别往左右两向各自展开，画出相应的横柱形。图形可根据各年龄男女人数或男女各年龄组构成比例绘制。

01.091　人口基数　population base

在统计人口变化时，所使用人口数的一个基本量。在这个基本量的基础上，计算人口的变化，如增长率、增长量。同样的增长率，如果人口基数大，计算得出的增长量就高。

01.092　人口普查　population census

对一个国家或一定地区内的全部人口，在特定时点进行调查和资料整理及公布的全过程。是在一国政府主持下，在国家规定的同一时间内，用统一的方法、统一的项目，对标准时点上的全体人口状况进行的专门的全面调查。

01.093　人口调查　population survey

按照一定目的，采用科学调查方法，有计划地组织搜集有关人口方面的各项原始资料的活动。包括深入实际的调查研究和人口统计调查。

01.094　问卷　questionnaire
为进行调查研究而设计的表格。是社会调查中最常用的工具。将调查的目的和要求具体化为一系列有机联系的问题和可测量的指标，以便进行定性和定量研究。一般要经过探索性研究、初稿设计、使用和修改等步骤，最后才形成正式的问卷。

01.095　预调查　pilot investigation
为评价开展大规模研究的可行性，预先在有限范围内进行的调查研究。

01.096　人口政策　population policy
国家或政党为指导、影响人口变动所规定并付诸实施的准则和措施。狭义是指直接调节人口再生产的法令。广义上除包括上述内容外，还包括旨在直接影响人们生育行为和人口分布、人口社会变动的社会经济政策及措施。

01.097　人口方案　population program
根据人口政策而制订的工作或行动的计划。

01.098　人口计划　population plan
对现实人口及未来人口进行预测的基础上，综合考虑社会经济发展状况而制定的人口发展的方针和目标。

01.099　人口目标　population objective
一个国家根据其政治经济状况和人口状况，预期在一定历史时期内要达到的人口发展规模。

01.100　人口指标　population target
人口统计中反映人口数量特征及其对比关系的科学范畴。包括人口指标名称和人口指标数值。

01.101　出生人口素质　population quality at birthday
又称“出生人口质量”。人在出生时的先天特征。包括身体结构、生理功能、代谢、精神、行为等。提高出生人口素质是指采取预防措施，减少先天性缺陷。

01.102　人口素质　population quality
又称“人口质量”。人口总体的身体素质、科学文化素质及思想素质。反映了人口总体认识和改造世界的条件及能力。

01.103　人口目标管理　population management by objective
为达到希望的人口数量而进行的管理工作。

01.104　人口动态　population dynamics
出生、婚姻、死亡、迁移等人口现象。反映一定时间、一定地域范围内人口变动的趋向。常用的人口动态指标有出生、死亡、迁出、迁入、结婚、离婚等。人口动态的结果导致人口增减。

01.105　人口趋势　population trend
有两种含义。（1）人口变量在时间数列上所呈现的状态。（2）人口变化过程发展的方向和人口现象间的内在联系。

01.106　人口预测　population forecast
根据人口现状及对影响人口发展的各种因素的假设，对未来人口规模、水平和趋势所做的预测。

01.107　常住人口　permanent population
一定时期内实际居住在某地区的人口总数。与户籍人口不同之处在于，计算常住人口时，要将户籍人口扣除流出该地区达某特定时间以上的流动人口，再加上流入当地达特定时间的流动人口。

01.108　现住人口　resident population
在普查标准时间居住在普查区内的全部人

口。不论其是否经常居住在普查区内或居住时间长短。包括外来暂住的人口，但不包括经常在此居住而于普查标准时点暂时外出的人口。

01.109 人口参数 population parameter, demographic parameter

描述人口总体特征的概括性数字度量。是研究者想要了解的人口总体的某种特征值。即人口统计中起辅助作用的变量。

01.110 人口变量值 value of population variable

人口总体各单位某一标准的具体数值。分为人口连续性变量和人口离散性变量。

01.111 最佳人口数量 optimal number of population, optimum population

又称“最佳适度人口”，简称“适度人口”。在特定条件下，一个国家或地区保持某项特定标准或目标所达到的最适宜、最有利的人口数量。处于人口过剩和人口不足两者之间的中间状态，是人口再生产与整个社会再生产之间的最优比例。

01.112 人口零增长 zero population growth

出生人数加迁入人数正好等于死亡人数加迁出人数。实际是一个与生育替代率有关的概念，是人口增减处于平衡状态的指标。即意味着生育更替水平和速度是稳定的。

01.113 人口负增长 negative population growth

人口规模的净下降。即出生人数加迁入人数低于死亡人数加迁出人数。

01.114 人口稳定 population stabilization

在封闭人口系统中，人口的出生率和死亡率保持稳定，人口总数以固定的速率持续增长或减少的状态。

01.115 稳定人口 stable population

有两种含义。（1）人口增长率和年龄组成不变的人口。（2）分年龄组出生率和死亡率稳定相当长的时期所造成的人口状态。

01.116 静止人口 stationary population

数量既不增长也不减少的人口。也就是每年出生人数和死亡人数总是相等的人口。

01.117 封闭人口 closed population

没有迁出、迁入流动的人口。

01.118 老龄化 aging

总人口中因年轻人口数量减少、年长人口数量增加而导致老年人口比例相应增长的过程。有两种含义：（1）指老年人口相对增多，在总人口中所占比例不断上升的过程。（2）指社会人口结构呈现老年状态，进入老龄化社会。国际上通常的看法是，当一个国家或地区 60 岁以上老年人口占人口总数的 10%，或 65 岁以上老年人口占人口总数的 7%，即认为这个国家或地区的人口处于老龄化。

01.119 老龄化人口 aging population

中年人和老年人占相当高的比例，年龄中位数高，增长潜力低的人口类型。

01.120 残疾人口 disabled population

在心理、生理及人体结构上，某种组织功能丧失或不正常，全部或部分丧失以正常方式从事某种活动的能力的人口。

01.121 人口登记表 population registration form

政府搜集人口数据的表格。要求连续记录所有或部分人口信息及社会经济特征。

01.122 户籍登记 household registration

公民到户籍登记机关申报本户有关人口状况的记载。

01.123 生命统计 vital statistic
对出生、死亡、死产、结婚、离婚、同居、分居、计划生育、领养等与人的生命现象有关事件的记载、分析和研究。

01.124 死亡概率 probability of death
某单位时间段开始存活的个体，在该段时间内死亡的可能性。是表示死亡水平的指标。

01.125 中位数年龄 median age
将全体人口按年龄大小排列，位于中间的年龄。可用来代表整个人口的年龄水平。

01.126 平均年龄 mean age
根据各年龄组人数或比重所计算的，反映某一人群的代表性年龄水平的指标。数值取决于该人群最高年龄的水平和各年龄组人数的比重，通常以算术平均数公式计算。

01.127 出生高峰期 birth peak
人口统计中，某一国家或某一地区出生率高或出生人数多的时期。如我国在 20 世纪 50 年代、60 年代出现的两次出生高峰期。

01.128 迁入率 in-migration rate
某一地区一年内每 1000 人口中迁入该地区的人数。反映人口往该地区迁入的程度。

01.129 迁出率 out-migration rate
某一地区一年内每 1000 人口中迁出该地区的人数。反映人口由该地区迁出的程度。

01.130 净迁移率 net migration rate
某地区一定时间内，每 1000 人口中迁入与迁出该地区的人数之差。主要反映因迁移而带来的人口数量增减程度。

01.131 同龄组生育率 cohort fertility rate
在人口统计中，计算特定群组在某一时间内生育子女数与该特定组群内总人数的比率。

01.132 家庭 family
基于婚姻关系、血缘关系和收养关系而形成的社会生活共同体，是人口再生产的单位。通常由夫妻、父母子女、兄弟姐妹和其他近亲属组成。

01.133 家庭结构 family structure
家庭组成和类型及各成员间的相互关系。包括外部结构和内部结构两部分。可影响到家族经济负担、人际关系、家庭资源、家庭功能及疾病传播等。

01.134 核心家庭 nuclear family
由父母及其未婚子女所组成的家庭模式。

01.135 扩展家庭 extended family
家庭结构在核心家庭基础上还包括其他成员的家庭模式。

01.136 组合家庭 composite family
没有结婚或没有血缘关系的人员组合而成的家庭。

01.137 小家庭模式 small family norm
家庭成员人数较少，不超过两个世代，只包括一对配偶的家庭模式。

01.138 多代同堂家庭 multigenerational family
由数代家庭成员组成的家庭。

01.139 单身户 one-person household
独身生活的个人组成的户。指独立生活的终身未婚、离婚后未再婚或尚未正式结婚的成年男性或女性。

01.140 集体户 institutional household, collective household

以集体共同住宿生活为单位的立户者。

01.141　年龄结构　age structure
一定时间点、一定地区各年龄组人口在全体人口中的比重。

01.142　人口过剩　over-population
相对于生活资料再生产的生产条件而过剩的人口。

01.143　人口压力　population pressure
人口过剩对自然资源和社会生产能力的压力。

01.144　人口转变　demographic transition
人口再生产类型的转变。在现代，一般指以“高、高、低”为特征的传统人口再生产模式，转变为以“低、低、低”为特征的现代人口再生产模式。

01.145　人口爆炸　population explosion, demographic explosion
人口数量大幅度增加，以致超过社会经济和自然环境所能承受的程度的现象。

01.146　职业　occupation, profession
劳动者为了获得维持本人和家庭生活所需，通过劳动发挥个人才能并为社会做贡献的工作。

01.147　劳动人口　labor population
处于劳动年龄界限内的人口。中国法定劳动年龄是男性 16~60 岁，女性 16~55 岁，但国际上通常将 15~64 岁人口定为劳动人口。

01.148　劳动参与率　labor participation rate
劳动年龄内就业人口占劳动年龄人口的比率。

01.149　经济活动人口　economically active population
总人口中已经参加及要求参加经济活动的人口。即从事经济活动的全部就业人口，加上要求从事经济活动而尚未获得工作的失业人口。

01.150　非经济活动人口　economically inactive population
总人口中未提供物质产品生产和服务劳动供给的人口。在数量上是总人口中除去经济活动人口以外的部分。

01.151　人力资源开发　human resource development
通过系统的规划、培养、教育、训练、使用等手段，提高人对自然界开发利用能力的过程。

01.152　职业培训　vocational training
为培养、提高劳动者从事各种职业所需要的知识和技能而进行的教育及训练。

01.153　在职培训　in-service training, on-the-job training
以培养、造就人才和改进工作为目标，在在职人员中开展的提高业务知识和技能水平的教育。

01.154　创收　earning income, making income
通过合法渠道，用支付劳动、技术或信息等方式获取经济效益的行为。多指本来不从事生产性活动的教学、科研等事业单位所进行的社会经济活动。

01.155　劳动　labor
劳动力的使用和消费。是人以自身的活动来引起、调整和控制人与自然之间物质交换的过程。

01.156　劳动密集型工业　labour intensive

industry

技术装备程度较低、需要大量劳动力从事生产活动的工业部门。

01.157　同工同酬　equal pay for equal work

从事同种工作、付出同等质量和数量的劳动的人，不分性别、年龄、种族等差别，获得的报酬应相同。

01.158　生态学　ecology

研究生命系统内及其与环境之间相互关系的科学。

01.159　生态系统　ecosystem

一定空间中的生物群落与其环境组成的系统。其中各成员借助能量流动和物质循环形成一个彼此关联、相互作用的统一整体。

01.160　资源　resource

自然界和人类社会一切有价值的物质。包括自然资源、资本资源和人力资源。

01.161　可再生资源　renewable resources

通过天然作用或人工经营能为人类反复利用的各种自然资源。主要包括土地资源、水资源、气候资源、生物资源等。

01.162　资源枯竭　exhaustion of resource

一个局部地区资源的总量因开采逐渐减少直至消失的过程。

01.163　环境退化　environmental degradation

人类或其他物种生存的环境由于某种原因而发生的不利于人类或其他物种生存的变化。

01.164　环境保护　environmental protection

为保护自然资源并使其得到合理使用，防止自然环境受到污染和破坏而进行的各种实践活动的总称。应对受到污染和破坏的环境做好综合治理，以创造适合于人类生活、劳动的良好环境。

01.165　社会　society

以共同的物质生产活动为基础而相互联系的人的总体。是人交互作用的产物。

01.166　老年保障体制　old-age security system

保障老年人生活起居等方面的制度。

01.167　五保　five guarantees

对农村无依无靠的老、弱、孤、寡、残疾人员实行保吃、保穿、保住、保医、保养（孤儿保教）的制度。

01.168　城市集聚区　urban agglomeration

在一定地域范围内集中了相当数量的规模不同、既相对独立又联系密切的城市，共同组成一个相对完整的城市群。

01.169　农村剩余劳动力　rural surplus labor

在一定时期及一定经济发展水平下，农村劳动力供给量超过农村经济必要劳动量的那部分劳动力。

01.170　人口移动　population movement

不论人们出于何种动机和目的，定期或不定期、时间长或短、距离远或近、返回或永不返回、暂时或永久居住某地等的人口位移现象。包括人口迁移和流动两部分。

01.171　人口迁移　population migration

人们出于某种目的或动机而有意识地改变常住地，从而引起人口地区分布上的变动。

01.172　移民　immigration

人口迁移中的一种类型。包括移出和移入。通常指那些离开原居住地而到另一个距离较远的地方谋生和定居，不再返回原居住地的人口。

01.173　移民流　immigration flow

较多迁移到外地或外国的人群。

01.174　流动人口　floating population

离开户籍所在地的县、市或者市辖区，以工作、生活为目的异地居住的成年育龄人员。

01.175　本地出生人口　native population

在一定时期内，特定地区出生的人口总数。

01.176　人才流失　brain drain

优秀或有特长的人从本地、本单位流动或转移出去而流失的现象。

01.177　居住地　place of residence

长期居住的地区。

01.178　人权　human rights

在一定的社会历史条件下，每个人按其本质和尊严享有或应该享有的基本权利。本质特征和要求是自由和平等。实质内容和目标是人的生存和发展。

01.179　人种　race

具有形态上和生理上的特点，以及语言、习俗等历史文化因素组成的有区域性特点的群体。

02.　生殖医学基础

02.01　生　　殖

02.001　生殖　reproduction

生物为维持物种延续而由亲代繁衍出新的与自己相似子代个体的行为。是生命的基本特征之一。在高等动物中，生殖是通过两性生殖细胞结合来实现的。

02.002　生殖功能　reproductive capability, reproductive function

生物繁衍后代的功能和效能。

02.003　生殖行为　reproductive behavior

生物繁衍后代的活动过程。人类生殖行为是有意识的活动。

02.004　生殖权利　reproductive right

繁衍后代的权利。即夫妇可决定是否生育、何时生育及间隔时间。根据我国法律，公民有实行计划生育的义务，其生育行为应符合国家计划生育政策。

02.005　生殖周期　reproductive cycle

繁衍后代后再次生育的间隔时间。

02.006　生殖腺嵴　gonadal ridge

简称“生殖嵴”。人胚胎3周时，生肾索体积逐渐增大，从胚体后壁突向体腔，在背主动脉两侧形成了左右对称的一对纵行隆起。是肾、生殖腺和生殖管道发生的原基。尿生殖嵴进一步发育，中部出现一纵沟将其分成内外两条并行的纵嵴，外侧为中肾嵴，内侧为生殖腺嵴。

02.007　生殖系统　reproductive system

包括内生殖器和外生殖器两部分。内生殖器由生殖腺、生殖管道和附属腺组成，外生殖器以两性性交器官为主。生殖系统的功能是繁殖后代和形成并保持第二性征。分为男性生殖系统和女性生殖系统。

02.008　生殖细胞　germ cell

具有生殖能力、能延续后代的配子。雌、雄生殖细胞发生过程中的最大特点是同时具有普通有丝分裂和减数分裂的能力，但各级生殖细胞增殖的分裂方式不同，分裂结果互有差异。男性为精原细胞、初级精母细胞、次级精母细胞、精子细胞及精子，女性为卵原细胞、初级卵母细胞及次级卵母细胞。

02.009　干细胞　stem cell
分化程度相对较低、具有不断增殖和分化能力的细胞。

02.010　胚胎干细胞　embryonic stem cell
在哺乳动物胚泡中发现的一类具有分化成各种胚胎组织细胞能力的细胞。

02.011　生殖细胞凋亡　germ cell apoptosis
生殖细胞在特定的内源和外源信号诱导下，其凋亡途径被激活，并在有关基因的调控下发生的程序性死亡过程。涉及染色质凝聚和外周化、细胞质减少、核片段化、细胞质致密化、与周围细胞联系中断、内质网与细胞膜融合，最终细胞片段化形成许多细胞凋亡体，被其他细胞吞入。

02.012　下丘脑–垂体–性腺轴　hypothalamic-pituitary-gonadal axis
下丘脑、垂体、性腺通过各自分泌的激素，在功能上紧密联系形成的调控人类生殖和性行为的内分泌系统。

02.013　中肾管　mesonephric duct
又称“沃尔夫管（Wolffian duct）”。尿生殖嵴外侧的中肾有两对纵行管道，一对为中肾旁管；另一对为中肾管，为男性生殖管道始基。在胚胎7周前两套生殖导管并存，即中肾管和中肾旁管，前者在雄激素与米勒抑制因子的作用下可以衍化为附睾、输精管和精囊。

02.014　中肾旁管　paramesonephric duct
又称“米勒管（Müllerian duct）”“副中肾管”。形成于胚胎第6周，中肾外侧的体腔上皮凹陷部分边缘汇合而成，向上开口于腹腔（体腔），在尾侧开口于尿生殖窦。可衍化为输卵管、子宫、阴道上段。

02.015　单倍体　haploid
减数分裂只限于生殖细胞，其特点是DNA复制1次，但分裂2次，结果细胞从二倍体变为单倍体（23条染色体）。正常人染色体46条（二倍体），生殖细胞染色体23条（单倍体）。

02.016　第一性征　primary sex characteristic, first sex characteristic
又称“主性征”。男女性别在生殖器官结构方面的差异。男女性别最基本的标志，是判断个体性别的主要依据。直接影响着个体表型特征的形成。如男性的睾丸和阴茎等，女性的卵巢和阴道等。

02.017　第二性征　secondary sex characteristic
又称“副性征”。生殖器官以外的区别男女两性的特异性外部体征。青春期后发育为成人型后，个体表性特征则更为明显。如男性身材高大、肌肉结实、喉结突出、声调较低、唇部有须、阴毛呈菱形；女性表现为音调较高，乳房丰满而隆起，阴毛呈倒三角形，骨盆横径的发育大于前后径，胸部、肩部的皮下脂肪更多，显现出女性特有的体态等。

02.018　性别分化　sex differentiation
在性别决定的基础上，进行男性和女性性状分化和发育的过程。

02.019　主性器官　primary sex organ
判断男女性别、实施男女生殖功能的主要器官。

02.020　副性器官　accessory sex organ
辅助主性器官完成生殖功能，并在外观形态上体现性别差异的各种器官。

02.021　性发育　sexual development

从卵细胞受精起，经胚胎性分化、性器官形成直到性功能成熟的全过程。

02.022　性成熟　sex maturity
人体经由无生殖能力的儿童期，进入具备生殖能力的过程。

02.023　性本能　sexual instinct
无须经过学习、模仿就具备的与生俱来的性行为方式。

02.02　男　　性

02.024　阴茎　penis
男性的主要性器官。由两个阴茎海绵体和一个尿道海绵体组成。是男性交配和排尿器官。

02.025　睾丸　testis
男性生殖腺。位于阴囊内，左右各一，能产生精子和雄激素。在男性性分化、青春期发育、维持生育和性功能等方面具有极为重要的作用。

02.026　生精小管　seminiferous tubule
又称“精曲小管（contorted seminiferous tubule）”。睾丸内生殖细胞分裂增生和分化发育的场所，为高度迂曲的管道。

02.027　生精上皮　spermatogenic epithelium
位于精曲小管壁上，由 4~8 层细胞组成的复合上皮。根据形态和功能不同，分为生精细胞和支持细胞两型。

02.028　生精细胞　spermatogenic cell
构成生精上皮的主要细胞。在其演变为精子的过程中，共经历 5 个发育阶段，分别命名为精原细胞、初级精母细胞、次级精母细胞、精子细胞和精子。

02.029　精子发生　spermatogenesis
从精原干细胞至形成精子并向管腔排放的过程。包括精原干细胞的增殖分化、精母细胞的减数分裂及精子形成 3 个阶段。

02.030　精原细胞　spermatogonium
生精上皮中原始生殖细胞。是一种干细胞，分为 A、B 两型。

02.031　精母细胞发生　spermatocytogenesis
精原细胞经过一系列普通有丝分裂，增加细胞数量，最后形成初级精母细胞的过程。

02.032　精母细胞减数分裂　spermatocyte meiosis
精母细胞出现两次连续的特殊分裂，最后形成染色体数目及脱氧核糖核酸量均减半的精子细胞的过程。

02.033　精子形成　spermiogenesis
又称“精子分化”“精细胞变态”。精子细胞通过复杂精确的形态学改变，最后形成精子的过程。

02.034　初级精母细胞　primary spermatocyte
B 型精原细胞的子细胞。可继续分裂为次级精母细胞。

02.035　次级精母细胞　secondary spermatocyte
由初级精母细胞形成的细胞。可继续分裂为精子细胞，生命周期短暂。

02.036　精子细胞　spermatid
次级精母细胞经减数分裂产生的单倍体细胞。经过一系列复杂的变态期后转变为精子。

02.037　精子　spermatozoon, sperm

雄性生殖的配子细胞。精子头部由高度浓缩的细胞核和顶体组成，核内含有遗传物质，为遗传信息的携带者。

02.038　鞭毛形成　enflagellation

精子细胞变态过程中，伴随顶体形成，精子形成鞭毛的过程。

02.039　精子释放　spermiation

成形精子从支持细胞上释放入精曲小管管腔的过程。

02.040　精子成熟　sperm maturation

精子在附睾中获得前向运动及受精能力的过程。

02.041　精子形态　sperm morphology

光学显微镜下精子的外形特征。人类正常精子形似蝌蚪，分为头、体、尾三部分。

02.042　精子活[动]力　sperm motility

精子的运动能力。根据其运动方向与速度分为前向运动、非前向运动、不动等三类。

02.043　支持细胞　Sertoli cell

维持精曲小管内精子发生内环境稳定的细胞。能支持与营养生精细胞，分泌多种激素与细胞因子。

02.044　睾丸间质细胞　interstitial cell of testis, Leydig cell

睾丸间质中能合成与分泌雄激素的内分泌细胞。

02.045　雄激素结合蛋白　androgen-binding protein

由睾丸支持细胞分泌，能与睾酮结合并有效提高精曲小管内睾酮的浓度，保证精子发生需要的一种蛋白质。

02.046　附睾　epididymis

位于睾丸后外侧，为男性输精管道一部分。其近端连接睾丸输出管，远端连接输精管。是精子成熟与贮存的场所。分为头、体、尾三部。

02.047　附睾头　caput of epididymis

附睾上端的膨大钝圆部分。覆盖于睾丸上端后方，借睾丸输出小管与睾丸相连。

02.048　附睾体　corpus of epididymis

附睾头、尾之间的圆柱形部分。由单根附睾管盘曲而成。

02.049　附睾尾　cauda of epididymis

附睾下端的尖细部分。凭结缔组织与鞘膜相连。移行于输精管。

02.050　血睾屏障　blood-testis barrier

相邻的支持细胞基底部、血管内皮基膜、结缔组织和精曲小管基膜紧密连接组成的屏障结构。可阻止血循环内生物大分子物质任意渗透到精曲小管内并防止精子与免疫系统接触。

02.051　血附睾屏障　blood-epididymis barrier

维持附睾腔内环境稳定、选择性隔离体液免疫系统与精子相互接触的屏障性结构。限制血液与附睾液间生物大分子的运输。

02.052　输精管　vas deferens

附睾管直接延续形成的输精管道。左右各一，远端参与射精管的形成。管壁较厚，肌层比较发达，而管腔细小，依其行径可分为睾丸部、精索部、腹股沟部及盆部。是将成熟精子从附睾输送到前列腺部尿道的唯一通道。

02.053　精索　spermatic cord

位于睾丸上端与腹股沟管腹环之间的一对柔软的圆索状结构。由被膜包裹输精管、睾丸动脉、蔓状静脉丛、淋巴管、神经等所构成。为睾丸、附睾、输精管提供血液供应、淋巴回流和神经支配。

02.054　射精管　ejaculatory duct
由精囊腺排泄管与输精管壶腹末端汇合而成的细小管道。开口于尿道前列腺部精阜前列腺小囊的两侧，参与射精过程。

02.055　精囊　seminal vesicle
男性生殖器的附属腺体之一。位于膀胱后，输精管壶腹的外侧。分泌液参与形成精液，有激活精子的作用并参与精液凝固过程。

02.056　前列腺　prostate
男性生殖器附属腺体中最大的一个实质性器官。位于膀胱下，包绕尿道起始部，分为五叶。分泌液参与形成精液，与精液的液化、营养精子及保持精液的酸碱度有关。

02.057　性别决定　sex determination
男女性别分化方向的决定。由于性染色体上性别决定因子的控制，胚胎发生了雄性和雌性的性别差异。在哺乳动物中，基因型 XY 为雄性，XX 为雌性。

02.058　睾丸分化　differentiation of testis
胚胎早期原始未分化性腺，在 Y 染色体睾丸决定因子的作用下，经过睾丸的决定、分化和发育的过程。

02.059　精浆　seminal plasma
精液中的液体成分。由睾网液、附睾液、精囊液、前列腺液、尿道球腺液和尿道旁腺液混合而成。

02.060　精液　semen
性高潮时阴茎射出的液体。由精子和精浆组成。

02.061　精液脱落细胞　exfoliated cell in semen
精液中的未成熟生精细胞及上皮细胞等。

02.062　精子超活化　sperm hyperactivation
在精子获能的最后阶段，精子运动方式发生改变的过程。精子表现为一种强有力的、尾部呈“鞭打样”的不对称运动方式。该运动方式不同于附睾成熟精子或射出的精子。

02.063　精卵识别　sperm-egg recognition
获能精子在穿越卵丘后，以十分精确的方式与卵子透明带发生识别与结合的过程。

02.064　精子获能　sperm capacitation
简称“获能”。精液射入阴道后，精子在女性生殖道中获得穿透卵子透明带能力的生理过程。是精子在自然受精前必须经历的一个重要生理阶段。

02.065　顶体反应　acrosome reaction
在精卵相遇、识别过程中，精子将顶体中的内容物（酶系）释放，使精子能够穿过透明带并发生精卵膜融合及精卵核融合的能力与过程。

02.066　遗精　nocturnal emission, spermatorrhea
男性在没有性交或者自慰的情况下出现的精液自行泄出。属于生理现象，为男性生殖器官发育成熟的标志之一。产生的原因是生殖器官受到刺激，神经系统兴奋性增高。

02.067　首次遗精年龄　age of the first spermatorrhea
男性进入青春期后第 1 次出现遗精的年龄。多为 14~16 岁，是进入青春期中期的标志之一，也是评价男性生长发育的一个敏感指标。

02.068　勃起　erection
在视、听、嗅、触和幻觉的刺激下，中枢神经系统发出的性冲动，由骶髓中枢协调经外周神经传到阴茎或由刺激外生殖器经骶髓反射弧使副交感神经纤维兴奋，导致阴茎海绵体、海绵窦平滑肌松弛，使血液不断流入阴茎海绵窦，导致血管内阻力上升，静脉血不能外流，阴茎内血压上升出现膨胀变硬的状态和过程。

02.03　女　　性

02.069　女性生殖系统　female genital system
女性内、外生殖器官及相关组织与邻近器官的统称。骨盆为生殖器官所在部位，并且与分娩有关，故包括在内。

02.070　女性外生殖器　female external genital organ, female external genitalia
又称“外阴（vulvae）”。女性生殖器官的外露部分。位于两股之间，前面为耻骨联合，后面以会阴为界。包括阴阜、大小阴唇、阴蒂、阴道前庭。

02.071　女性内生殖器　female internal genital organ, female internal genitalia
阴道、子宫、输卵管及卵巢的统称。

02.072　阴阜　mons pubis
耻骨联合前面隆起的脂肪垫。青春期长出阴毛，分布呈尖端向下的三角形。

02.073　大阴唇　labium majus
邻近两股内侧的一对隆起的皮肤皱襞。起自阴阜，止于会阴。外侧面皮肤内有皮脂腺和汗腺，青春期长出阴毛，内侧面似黏膜。

02.074　小阴唇　labium minus
位于大阴唇内侧的一对薄皱襞。无毛，富含神经末梢，故敏感。

02.075　阴蒂　clitoris
位于两小阴唇顶端的结构。与男性阴茎海绵体相似，具有勃起性。

02.076　阴道前庭　vaginal vestibule
两小阴唇之间的裂隙。前方有尿道口，后方有阴道口。

02.077　前庭球　vestibular bulb
又称“球海绵体”。位于前庭两侧，由有勃起性的静脉丛构成。前部与阴蒂相接，后部与前庭大腺相邻，浅层为球海绵体肌覆盖。

02.078　前庭大腺　major vestibular gland
又称“巴托兰腺（Bartholin gland）”。位于大阴唇后部，为两个黄豆大小的圆形或卵圆形小体。左右各一个，腺管细长，向内侧开口于前庭后方小阴唇与处女膜之间的沟内。

02.079　尿道口　urethral orifice
尿道的开口，位于阴蒂头的后下方及前庭前部。

02.080　阴道口　vaginal orifice
阴道的开口，位于尿道口的后方。

02.081　处女膜　hymen
阴道外口的一层有孔的薄膜。在初次性交时破裂，受分娩影响产后仅留有处女膜痕。

02.082　阴道　vagina
位于真盆骨下部中央，呈上宽下窄的管道。为性交器官、月经排出及胎儿娩出的通道。

02.083　阴道穹　vaginal fornix

环绕宫颈周围的部分阴道。分前、后、左、右四部分。后部最深，与直肠子宫陷凹紧密相邻，为盆腔最低部分，临床上可经此处穿刺或引流。

02.084 子宫 uterus
女性产生月经和孕育胎儿的生殖器官。腔内覆盖的子宫内膜在青春期以后，受性激素的影响可发生周期性改变并产生月经；也是精子达到输卵管的通道；在妊娠期是胎儿发育、成长的部位；分娩时子宫收缩使胎儿及其附属物娩出。

02.085 子宫体 uterine body, body of uterus, corpus uteri
子宫上部较宽处。空腔器官，是胚胎生长发育的场所。宫体壁由浆膜层、肌肉层和黏膜层组成。

02.086 子宫底 fundus of uterus
子宫体上端隆突部分。

02.087 子宫角 horn of uterus
子宫底两侧与输卵管相通的部分。

02.088 子宫颈 neck of uterus
子宫下部较窄呈圆柱状的部分。主要由结缔组织构成，亦含平滑肌纤维、血管及弹性纤维。

02.089 宫颈前唇 labium anterius
宫口前壁短而厚的隆起部分。

02.090 宫颈后唇 labium posterius
宫口后壁长而圆的隆起部分。

02.091 子宫颈管 cervical canal
子宫颈内的内腔。呈梭形，内口通子宫腔，外口通阴道。

02.092 子宫腔 cavum uteri, uterine cavity
子宫体内部的空腔。容量约为5ml。

02.093 子宫峡部 isthmus uteri
子宫体与子宫颈之间最狭窄的部分。在非孕期长约1cm。

02.094 子宫颈内口 orificium internum isthmus, orificium internum uteri
又称“组织学内口”。子宫腔内膜开始转变为子宫颈内膜的位置。子宫内口平时紧闭，有利于防止病原体侵入。

02.095 子宫颈外口 orificium externum isthmus, orificium externum uteri
子宫颈的下端。未产妇的宫颈外口呈圆形；已产妇因分娩影响，宫颈外口可见大小不等的横裂，分为前唇及后唇。

02.096 子宫内膜 endometrium
子宫内壁的一层黏膜。从青春期开始受卵巢激素影响，其表面2/3能发生周期性变化，称功能层（functional layer）；靠近子宫肌层的1/3内膜无周期性变化，称基底层（basal layer）。

02.097 [子宫内膜]增生期 proliferative phase, proliferative stage
又称“[子宫内膜]增殖期”。在卵泡期雌激素的作用下，子宫内膜呈增生状态的时期。又分早、中、晚期。

02.098 [子宫内膜]分泌期 secretive phase, secretive stage
黄体形成后，在孕激素的作用下，子宫内膜呈分泌反应的时期。又分早、中、晚期。

02.099 宫颈黏膜 cervical mucosa
子宫颈部的黏膜。呈纵行皱襞，由单层高柱状上皮和固有层构成。黏膜腺体可分泌碱性黏液，形成宫颈管内黏液栓，堵塞宫颈外口。受卵巢激素影响发生周期性变化。宫颈阴道被覆复层鳞状上皮。宫颈外口柱状上皮与鳞状上皮交界处是宫颈癌的好发部位。

02.100 前位子宫 ante-position of uterus
子宫纵轴向前腹壁方向倾斜，与骨盆轴的方向一致。此时子宫颈大都朝向后方。又分子宫前倾或子宫前屈两种。

02.101 子宫前倾 ante-version of uterus
子宫体与子宫颈是在一个方向上，其间无明显角度，因此子宫颈多指向后方。如子宫体前屈过度，子宫体与子宫颈间角度达 90° 甚至小于 90°。

02.102 子宫前屈 ante-flexion of uterus
前位子宫的宫体与宫颈间有明显的角度。

02.103 后位子宫 retro-position of uterus, backward displacement of uterus
子宫纵轴与骨盆纵轴方向相反，子宫底朝向腹后壁。根据子宫体与子宫颈之间角度的不同又分为子宫后倾与子宫后屈两种。

02.104 子宫后倾 retro-version of uterus
后位子宫的宫体与宫颈之间无明显角度，方向一致，子宫颈大都朝向前方。

02.105 子宫后屈 retro-flexion of uterus
子宫体与子宫颈间有明显角度，方向不一致，子宫颈可为水平方向。

02.106 宫颈肥大 cervical hypertrophy
慢性炎症的长期刺激，使子宫颈呈不同程度的肥大。子宫颈组织充血、水肿，腺体和间质增生，腺体的深部有黏液潴留形成囊肿，但表面多光滑，有时可见到潴留囊肿突出，最后由于纤维结缔组织的增生，使子宫颈硬度也增加。

02.107 子宫附件 appendix
输卵管和卵巢的合称。

02.108 输卵管 uterine tube, fallopian tube, oviduct
运送卵子和受精卵的管道。为一对细长而弯曲的管。内侧与子宫角相连通，外端游离，开口于腹腔，与卵巢接近。根据形态由内向外可分为间质部、峡部、壶腹部、伞部。为卵子与精子相遇的场所，也是向子宫腔运送受精卵的管道。

02.109 [输卵管]间质部 interstitial portion of fallopian tube
输卵管通入子宫壁内的部分。狭窄而短，长约 1cm。

02.110 [输卵管]峡部 isthmus portion of fallopian tube
输卵管的间质部外侧。管腔较窄，长 2~3cm。

02.111 [输卵管]壶腹部 ampulla of fallopian tube
输卵管的峡部外侧。管腔较宽大，长 5~8cm。

02.112 [输卵管]伞部 fimbria of fallopian tube
又称“输卵管腹腔口”。输卵管的末端。开口于腹腔，游离端呈漏斗状，有许多须状组织。伞的长度不一，多为 1~1.5cm，有拾卵作用。

02.113 壶腹部–峡部连接处 ampullary-isthmic junction
输卵管峡部与壶腹部相接的部位。受精常发生于此。

02.114 输卵管系膜 mesosalpinx
输卵管被腹膜即阔韧带两叶所包裹，位于输卵管与卵巢和卵巢固有韧带间的部分。其中含有供应输卵管的血管、淋巴管和神经等，其内侧 2/3 的动脉主要来自子宫动脉的输卵管支，外侧 1/3 的动脉来自卵巢动脉的伞支。这些分支吻合成网，发出 20~23 支分布于输卵管壁。

02.115　卵巢　ovary
女性的一对扁椭圆形的性腺。具有生殖和内分泌功能，产生和排出卵细胞，并分泌性激素。卵巢组织分皮质和髓质，外层皮质中有数以万计的原始卵泡及结缔组织；髓质在中心，无卵泡。

02.116　卵巢周期　ovarian cycle
从青春期开始到绝经前，卵巢在形态和功能上可发生周期性变化。即卵泡的发育及成熟、排卵、黄体形成及退化。

02.117　原始卵泡　primordial follicle
儿童期卵巢的皮质含有大量密集成群的原始卵泡。每个原始卵泡含有一个卵母细胞。

02.118　卵母细胞　oocyte
卵巢中的生殖细胞。根据发育阶段的不同，可分为初级卵母细胞和次级卵母细胞。

02.119　初级卵母细胞　primary oocyte
女性在出生前，卵巢中有卵原细胞，含 46 条染色体，可进行有丝分裂；从胚胎第 11~12 周开始，卵巢中的卵母细胞先后进入第一次减数分裂，成为初级卵母细胞。

02.120　次级卵母细胞　secondary oocyte
成熟卵泡中的初级卵母细胞，在排卵前完成第二次减数分裂，形成次级卵母细胞。含 23 对染色体，同时释出第一极体，含少量胞质，也含 23 对染色体。

02.121　卵泡闭锁　follicular atresia
性成熟期通常每月只有一个优势卵泡可以完全成熟并排出卵子，其余卵泡在发育不同阶段通过细胞凋亡机制而自性退化并吸收的现象。

02.122　初级卵泡　primary follicle
在发育生长中，包裹在基膜内的卵泡。

02.123　次级卵泡　secondary follicle
充分生长的初级卵母细胞，围绕透明带与多层立方颗粒细胞层，包裹在基膜内所形成的结构。初级卵泡和次级卵泡合称为窦前卵泡。

02.124　窦状卵泡　sinusoid follicle
在卵泡刺激素（FSH）的持续影响下，内部有卵泡液生成的卵泡。窦状卵泡的募集发生在前一次月经周期的黄体晚期和本次月经周期的卵泡早期，体内血清 FSH 水平达到一定阈值后卵巢内有一组窦状卵泡被募集进入发育轨道。是评估卵巢功能的一项指标。

02.125　成熟卵泡　mature follicle
发育到成熟阶段的卵泡。卵泡体积显著增大，卵泡液急剧增加，卵泡腔增大，卵泡移行到卵巢表面并突出。

02.126　排卵　ovulation
在内分泌激素的调节下，成熟卵泡中的卵细胞和它周围的卵丘颗粒细胞一起被排出的过程。随卵细胞同时排出的有透明带、放射冠及小部分卵丘内的颗粒细胞。多发生在下次月经来潮前 14 日左右。

02.127　黄体　corpus luteum
排卵后，原滤泡腔塌陷，而由破裂血管流出的血液充满；以后血液被吸收，滤泡内膜细胞急剧增生，将原滤泡处填满；因这些细胞含有黄色分泌颗粒使原滤泡处变成黄色而得名。是在黄体生成素作用下形成。一经形成就能分泌孕激素。存在于性周期中较长时期，15 天时功能最旺盛，以后逐渐减弱，体积也随之缩小，色泽变浅，而成为白体，以后被吸收而消失。寿命的长短，决定于排出的卵子受精与否，如卵子已受精，在妊娠期则始终存在，直到分娩后才消失。

02.128　[月经]初潮　menarche

月经第一次来潮。是女性青春期的一个重要标志。体内各种激素水平开始规律性波动，直到雌激素水平达到一定高度而下降时，引起子宫撤退出血。

02.129　月经　menstruation

由子宫内膜有规律周期性的增厚、螺旋化、脱落及出血引发的一种正常的生理现象。女性生殖器官成熟的标志之一。需要依赖下丘脑–腺垂体–卵巢轴的协调和子宫内膜对性激素的周期性反应来支持。

02.130　月经周期　menstrual cycle, menstruation cycle

两次月经第一天的间隔时间。长短因人而异，一般为 28~30 天。

02.131　月经期　menstrual period, monthly period

月经持续的时间。一般为 2~7 天，多数为 3~6天。

02.132　月经血量　blood volume of menstruation

月经期的出血量。较难统计和计算，临床上通过对妇女每日更换月经垫的次数及月经垫的浸湿面积进行估算。中国女性正常为 35~55ml。以超过 80ml 为月经过多。

02.133　白带　leucorrhea

阴道中流出的少量黏性分泌物。由阴道黏膜渗出物、宫颈管及子宫内膜腺体分泌物等混合而成。形成与雌激素的作用有关。正常呈白色稀糊状或蛋清样，高度黏稠，无腥臭味，量少，对妇女健康无不良影响，称生理性白带。生殖道出现炎症，特别是阴道炎和宫颈炎或发生癌变时，数量增多且性状也有改变，称病理性白带。

02.134　膀胱子宫陷凹　vesicouterine pouch, cavum vesico-uterus

子宫浆膜层即覆盖宫体的盆腔腹膜，在子宫颈部同肌层结合较松弛，腹膜向前反折覆盖膀胱底部而形成的陷凹。

02.135　直肠子宫陷凹　recto-uterine pouch

又称“道格拉斯腔（Douglas pouch）”。子宫浆膜层于子宫后面向下延伸，覆盖宫颈后方及阴道后穹隆再折向直肠而形成的陷凹。

02.136　阴道尿道隆嵴　carina urethralis vaginae

阴道前、后壁的黏膜有许多横纹皱襞称为阴道皱襞，阴道下部的横纹皱襞密而高，此皱襞在阴道前、后壁中线处较高，各形成一纵行隆起，分别称为前皱褶柱和后皱褶柱；前者大而明显，称为阴道尿道隆凸，并向下直到尿道外口。

02.137　新生儿期　neonatal period

胎儿出生后 4 周内的时期。女性胎儿在母体内受胎盘及母体性激素的影响，出生后外阴较丰满，乳房略隆起，而出生后脱离胎盘循环，血中女性激素水平下降，甚至可出现阴道少量出血。

02.138　儿童期　childhood

出生 4 周后到 12 岁的时期。生殖器为幼稚型。在儿童后期受垂体促性腺激素的影响，卵巢内的卵泡有一定发育并分泌激素，但仍达不到成熟阶段。

02.139　青春期　adolescence, puberty

又称“青少年期”。儿童期到成人期的过渡阶段。世界卫生组织将该期的年龄范围定为10~19岁。这一时期全身发育，由于下丘脑与垂体分泌的促性腺激素量增加及作用加强，使性腺发育和性激素分泌逐渐增加，内、外生殖器进一步发育。

02.140　育龄期　childbearing period

又称“生育期”“性成熟期（sexual maturity period）”。生殖器官成熟至衰退的时期。是人类个体具有生育能力的年龄期限。分为男性育龄期和女性育龄期。通常男性以15~65岁为界限，女性以15~49岁为界限。有时也专指妇女的生育年龄。此期女性性功能旺盛，卵巢功能成熟并分泌性激素，且建立规律的周期性排卵。生殖器各部和乳房也均有不同程度的周期性改变。

02.141　围产期　perinatal period

又称“围生期”。妊娠28周到产后1周这一分娩前后的重要时期。

02.142　孕龄　gestational age

从最后一次正常月经第一天起至分娩时止的时间。一般以4周为一孕龄单位，描述胚胎及胎儿发育的特征。

02.143　围绝经期　perimenopausal period

女性绝经前后的一段时期（从45岁左右开始至停经后12个月内的时期）。包括从接近绝经出现与绝经有关的内分泌、生物学和临床特征起至最后一次月经后1年。也就是卵巢功能衰退的征兆一直持续到最后一次月经后1年。可分三个阶段：绝经前期、绝经期及绝经后期。是正常的生理变化时期。

02.144　绝经前期　premenopause, premenopausal period

出现与绝经有关的内分泌、生物学和临床特征起至最后一次月经的时期。此期女性卵巢内卵泡数明显减少且易发生卵泡发育不全。多数女性在绝经前月经周期不规律，常为无排卵月经。

02.145　绝经　menopause

女性生命中最后一次月经。40岁以前绝经称卵巢早衰。

02.146　绝经后期　postmenopause, postmenopausal period

女性绝经后的生命时期。

02.147　老年期　senility

60岁后女性机体逐渐老化的时期。卵巢功能已衰竭，生殖器官进一步萎缩老化，也不足以维持女性第二性征。

02.148　子宫畸形　uterine malformation

由于两条中肾旁管在胚胎时期发育、融合及中隔吸收的某一过程停滞而造成的子宫形态异常。包括单角子宫、残角子宫、双子宫、双角子宫、纵隔子宫等。

02.149　单角子宫　unicornous uterus

仅一侧中肾旁管正常发育形成的子宫。同侧卵巢功能正常，另一侧完全未发育或未形成管道，未发育侧卵巢、输卵管和肾脏也往往同时缺如。

02.150　残角子宫　rudimentary horn of uterus

两侧中肾旁管未融合，系一侧中肾旁管发育，另一侧中肾旁管中下段发育缺陷而形成的子宫。有正常输卵管和卵巢，但常伴有同侧泌尿器官发育畸形。可分为三型：Ⅰ型，残角子宫腔在峡部与另一侧子宫腔相通；Ⅱ型，残角子宫腔与另一子宫腔不相通，也和外界不通；Ⅲ型，残角子宫腔为实质性，无宫腔。

02.151　双子宫　didelphic uterus, uterus didelphys

两侧中肾旁管未融合，各自发育形成两个子宫和两个宫颈。两个宫颈可分开或相连；宫颈之间也可有交通管。也可为一侧宫颈发育不良、缺如，常有一小通道与对侧阴道相通。可伴有阴道纵隔或斜隔。

02.152　双角子宫　bicornuate uterus, uterus bicornis

在胚胎发育期两侧中肾旁管中段，在相当于子宫体部的部分未融合，而子宫以下的部分融合良好，形成两个独立的官腔及与其相连接的卵巢和输卵管，其下端与一个宫颈和一个阴道连接。为女性生殖器先天性发育畸形的一种类型。X 线表现：①子宫输卵管造影显示一个宫颈管上有两个较小的梭形子宫腔及与其连接的输卵管。两个梭形宫腔呈“V”形。②双重造影（子宫、输卵管造影及盆腔充气造影）可显示两个子宫体及输卵管、卵巢的全貌。分两类：①完全双角子宫（从子宫颈内口处分开）；②不全双角子宫（宫颈内口以上处分开）。

02.153　纵隔子宫　septate uterus, uterus septus

为双侧中肾旁管融合后，纵隔吸收受阻所形成的子宫。分两类：①完全纵隔子宫（纵隔由宫底至子宫颈内口下）；②不全纵隔子宫（纵隔终止于子宫颈内口上）。

02.154　弓形子宫　arcuate uterus

宫底部发育不良、中间凹陷、宫壁略向腔内突出的子宫。

02.04　妊　　娠

02.155　妊娠　pregnancy

胚胎和胎儿在母体内发育成长的过程。从卵子受精开始直到胎儿及其附属物自母体排除而终止。

02.156　受精　fertilization

精子和卵子在输卵管壶腹部相遇并结合形成受精卵的过程。

02.157　环境抗雄激素　environmental anti-androgen

环境中存在的具有雄激素受体拮抗作用的一类化学物质。

02.158　受精卵　fertilized ovum, oosperm

经过受精过程能发育成新个体的卵子。受精卵具有亲本双方的遗传性状，是新个体形成和发育的开端。母亲停经 4 周即卵子受精后 2 周内称为受精卵。

02.159　着床　nidation, imbed

受精后第 6~7 天，晚期囊胚透明带消失后侵入子宫内膜的过程。需经过定位、黏着和穿透三个阶段。

02.160　蜕膜　decidua

受精卵着床后，子宫内膜的致密层蜕膜样细胞增大，变成蜕膜细胞，内膜转变为蜕膜。

02.161　底蜕膜　basal decidua

与囊胚滋养层接触的子宫肌层间的蜕膜。以后发育为胎盘的母体部分。

02.162　包蜕膜　capsular decidua

覆盖在囊胚表面的蜕膜。随囊胚发育增大而逐渐退化，后与真蜕膜贴近，逐渐融合，于分娩时这两层无法分开。

02.163　真蜕膜　true decidua

底蜕膜及包蜕膜以外的覆盖在子宫腔的蜕膜。

02.164　滋养层　trophoblast

围绕胚胎形成的胚外层上皮。将来形成绒毛外层，与母体组织共同形成胎盘。晚期囊胚着床后，分化为细胞滋养层及合体滋养层。合体滋养层生长迅速，向外突出形成许多指状突起，随之内侧的细胞滋养层局部增殖，向外侧形成许多绒毛状突起伸入合体滋养层内，两者共同构成初级绒毛干。胚外中胚层形成，被其后出现的胚外体腔分为两部分，即胚外中胚层的脏层和壁层。胚外中胚层壁层和滋养层紧密相贴，构成绒毛膜板。

02.165　滋养层细胞　trophoblastic cell

来源于胚胎的外层细胞。主要功能为侵蚀子宫蜕膜（妊娠后的子宫内膜），使胚胎埋入蜕膜中；同时具有从母体直接吸收营养或自己合成蛋白质、葡萄糖的功能，使这些营养物质供给胚胎生长发育。最初为一层扁平细胞，以后逐渐分化为两层细胞。内层细胞称细胞滋养层细胞，外层细胞称合体滋养层细胞。随着胚胎继续生长发育的需要，滋养层表面生长出许多毛状突出，称绒毛。绒毛之间有空隙，称绒毛间隙。间隙与蜕膜血管相通，故绒毛间隙中充满母血，大部分绒毛浸泡在母血中。因此，滋养层细胞一经脱落，极易进入母体血循环。

02.166　绒毛膜　chorion, membrana serosa

由滋养层及其内面的胚外中胚层和壁层共同组成，向外发育时形成许多指状突起（即绒毛）。

02.167　叶状绒毛膜　chorion frondosum

与底蜕膜接触的发育良好的绒毛。是构成胎盘的胎儿部分，占妊娠足月胎盘的主要部分。

02.168　胚胎　embryo

由受精卵发育成的初期动物体。人和大多数哺乳动物的胚胎是在母体的子宫内发育成长的，并借脐带与胎盘连接，通过胎盘从母体获得营养。一般将妊娠2~8周的幼体称为胚，而满8周以上的称为胎。

02.169　胎儿　fetus

受精后7周（即妊娠9周）的胚胎。各器官进入发育渐趋成熟时期。

02.170　胎盘　placenta

母体与胎儿进行物质交换的器官，也是胚胎与母体组织的结合体。由羊膜、叶状绒毛膜、底蜕膜构成。

02.171　胎盘屏障　placental barrier

绒毛滋养层的内层、起屏障作用的基底膜。能阻止生物大分子物质从母体进入胎儿血循环。

02.172　羊膜　amniotic membrane

由羊膜上皮及其外侧的胚外中胚层构成的半透明薄膜。随羊膜腔的扩大，逐渐与绒毛膜相贴并融合，胚外体腔消失。圆柱状胚体形成并突入羊膜腔后，逐渐包裹在体蒂的表面，形成脐带。

02.173　羊膜腔　amniotic cavity

由羊膜围成的腔。腔内有羊水。最初的羊膜腔位于胚盘背侧，随着胚盘向腹侧包卷并形成柱状胚，胚胎完全掉入羊膜腔内并生活在羊水中，直至出生。

02.174　羊膜囊　amnion

位于胚盘背侧的囊状结构。其壁为羊膜，囊底为外胚层，腔中有羊水。随着胚胎的发育，羊膜囊不断扩大，逐渐包围整个胚胎，胎儿即在羊膜腔内的羊水中发育。

02.175　副胎盘　accessory placenta

与主胎盘有一定距离，借胎膜、血管与主胎盘相连的一个或者多个分出的胎盘叶。副胎盘的发生在临床上有着重要的意义，其残留在子宫腔内，可引起产后的大量出血及感染。发现有副胎盘时，须从子宫腔内将其取出。

02.176　低置胎盘　low-lying placenta, deep lying placenta

生长于近宫颈内口的子宫下段，但没有盖在宫颈内口的胎盘。并非真正的胎盘前置。它的出血发生于妊娠晚期或分娩时，妊娠期发生者以37~40周最多。分娩时或分娩后都可出血，出血量较正常多。诊断时需用手指绕子宫内口四周探索，才能发现胎盘组织。分娩后检查胎盘，可见边缘破裂，低置的下端有陈旧的血液凝结。

02.177　前置胎盘　placenta praevia

附着于子宫下段或覆盖于子宫内口处，位置低于胎儿先露部的胎盘。有完全性、部分性及边缘性三种，宫颈内口全部为胎盘组织所覆盖者为完全性或中央性前置胎盘，宫颈内口部分为胎盘组织所覆盖者为部分性前置胎盘，胎盘附于子宫下段而未超过宫颈内口为边缘性前置胎盘。可引起妊娠中晚期、分娩及分娩后大出血。

02.178　末次月经　last menstruation period, LMP

最后一次月经来潮的第1天。如妊娠，可根据此日推算预产期或孕龄。

02.179　预产期　expected date of confinement, EDC

按照经验方法计算的孕妇分娩的大概日期。根据孕妇的末次月经日期推算，从末次月经第1天算起，月份减3或加9，天数加7。

02.180　早期妊娠　first trimester of pregnancy

又称“孕早期（early pregnancy）”。妊娠第12周末之前的阶段。

02.181　中期妊娠　second trimester of pregnancy

又称“孕中期（pregnant metaphase）”。妊娠第13~27周末的阶段。

02.182　晚期妊娠　third trimester of pregnancy

又称“孕晚期（late pregnancy）”。妊娠第28周及其后的阶段。

02.05　激　　素

02.183　激素　hormone

生物体内分泌腺或内分泌细胞产生的，对机体代谢和生理功能发挥高效调节作用的化学物质。根据化学性质，可分为类固醇激素、肽类和蛋白质激素、脂肪酸衍生物激素。

02.184　同化激素　anabolic hormone

雄激素作用较弱而同化作用较强的一类人工合成的睾酮衍生物。属于类固醇激素药物。

02.185　激素受体　hormone receptor

存在于靶细胞膜、细胞质或细胞核内，能与激素分子发生特异性识别、高亲和力结合并引发生物效应的特殊蛋白质。

02.186　激素过多　hyperhormonism

身体某种激素的分泌量增加至超过正常值范围上限的症状。可能因相应激素过多而使相关器官发生器质性和功能性改变，出现某些临床症状的疾病。

02.187 激素缺乏 hormonoprivia, hormone deficiency

身体某种激素的分泌量减少至低于正常值范围下限的症状。可能因相应激素缺乏而使相关器官发生器质性和功能性改变，出现某些临床症状的疾病。

02.188 抗激素 antihormone

对激素诱导的反应产生拮抗作用或使其减弱的物质。

02.189 激素半衰期 half-time of hormone, hormone half-life

激素类药物的血浆浓度下降至最高浓度一半所需要的时间。

02.190 局部激素 local hormone

内分泌细胞产生和释放的不进入体液循环，仅借助扩散作用对相邻细胞起局部调节作用的高效能生物活性物质。

02.191 神经激素 neurohormone

具有内分泌功能的神经细胞所分泌激素的总称。

02.192 肽类激素 peptide hormone

由氨基酸通过肽键连接而成的激素总称。主要分泌器官是丘脑下部、垂体及消化系统。

02.193 类固醇激素 steroid hormone

又称“甾体激素”。具有环戊烷多氢菲结构的激素。分子量较小，具有脂溶性，可进入细胞发挥作用。

02.194 激素原 prohormone

蛋白质或肽类激素的前体。较相应激素多一个肽段，一般不具有生物学活性。

02.195 前激素原 preprohormone

激素原的前体。在激素原的 N 端多一个由20~30 个氨基酸残基组成的肽段。是肽类激素的最初翻译产物。翻译后的蛋白质先经酶解作用形成激素原，最后再经加工形成有生物活性的激素。

02.196 生殖激素 reproductive hormone

对生殖功能起直接调节作用的激素。主要来自下丘脑、垂体、性腺和胎盘。

02.197 性激素 sex hormone

由卵巢、睾丸、肾上腺皮质分泌，对生殖器官的生长和功能及对第二性征的发育产生作用的一组类固醇激素。包括雌激素、孕激素和雄激素。

02.198 雌激素 estrogen, E

含有 18 个碳原子的类固醇激素。女性主要来自卵巢、胎盘、脂肪组织。主要功能是刺激女性生殖系统的生长和发育，促进与维持女性第二性征。

02.199 雌激素受体 estrogen receptor, ER

靶细胞内存在的一种能与雌激素发生特异性结合，使雌激素发挥生物作用的蛋白质。

02.200 孕激素 progestogen, P

维持妊娠所需要的二十一碳类固醇激素。包括天然的和人工合成的化合物，最主要的激素为孕酮。

02.201 孕激素受体 progesterone receptor, PR

靶细胞内存在的一种能与孕激素相结合，使孕激素发挥生物作用的蛋白质。

02.202 孕二醇 pregnanediol, P_2

孕激素的代谢产物。经肾脏排出体外。

02.203 抑制素 inhibin, INH

异二聚体糖蛋白结构。在男性由支持细胞与生精细胞分泌，女性由颗粒细胞分泌，可抑制促卵泡激素的分泌。

02.204 激活素 activin, ACT

由2个β亚单位以二硫键偶联而成的二聚体。在卵泡早期发育中起主要作用。

02.205 卵泡抑素 follistatin, FS

一糖基化的单链多肽。通过结合激活素而起抑制卵泡刺激素（FSH）分泌的作用。

02.206 脱氢表雄酮 dehydroepiandrosterone

主要由肾上腺皮质和睾丸分泌的含 19 个碳原子的类固醇雄激素。是睾酮生物合成过程的中间产物。可从尿中分离得到，主要作用于肌肉、毛发及第二性征，促进蛋白质的合成和骨骼肌的发育。

02.207 雄激素 androgen

主要由性腺分泌的含 19 个碳原子的类固醇激素。是雄性激素的通称。能促进雄性器官分化和第二性征发育并维持其正常功能，还能维持性欲、启动与维持雄性精子发生，以及促进蛋白质的同化作用。

02.208 雄激素受体 androgen receptor

靶细胞内存在的一种能与雄激素发生特异性结合的蛋白质，为类固醇激素受体家族的成员之一。必须与其受体结合才能发挥生理作用。基因定位于 X 染色体的长臂上。

02.209 睾酮 testosterone, T

一种含 19 个碳原子的类固醇激素。主要来源于睾丸，肾上腺皮质、卵巢与胎盘也有少量分泌。在芳香化酶的作用下可转变为17β-雌二醇。

02.210 双氢睾酮 dihydrotestosterone

睾酮经 5α-还原酶转化而形成的具有高活性的雄激素产物。具有特定的靶器官。

02.211 孕烯醇酮 pregnenolone

类固醇激素的前体。在生物合成过程中，胆固醇经碳链酶的催化作用，除去C-20和C-22之间的侧链成为孕烯醇酮。

02.212 17-酮类固醇 17-ketosteroid

由尿排出的 17 位上为酮基的类固醇激素降解产物。可作为体内雄激素生成的指标。

02.213 17α-羟孕酮 17α-hydroxyprogesterone

雄激素生物合成的中间产物。

02.214 5α-还原酶 5α-reductase

催化睾酮转化为活性更强的双氢睾酮的还原酶。

02.215 雄烯二酮 androstenedione

睾丸合成的雄激素之一。是睾酮的前体。雄激素活性较弱。

02.216 屈螺酮 drospirenone

17α-螺甾内酯的衍生物。具有孕酮、抗盐皮质激素及抗雄激素的活性。

02.217 促性腺激素 gonadotropins, Gn

由腺垂体嗜碱细胞分泌，以性腺为靶器官的糖蛋白激素。包括卵泡刺激素和黄体生成素两种。

02.218 卵泡刺激素 follicle-stimulating hormone, FSH

腺垂体分泌的两种促性腺激素之一。为糖蛋白激素。在女性主要作用于卵巢卵泡的颗粒细胞，刺激卵泡生长；在男性主要作用于睾丸支持细胞。

02.219 黄体生成素 luteinizing hormone, LH

腺垂体分泌的一种糖蛋白激素。可刺激女性的排卵和黄体发育，并与卵泡刺激素一起促进卵巢中发育的卵泡的雌激素分泌。在男性可刺激睾丸中间质细胞的发育和睾酮的分泌。

02.220 促性腺激素释放激素 gonadotropin releasing hormone, GnRH

下丘脑（主要是弓状核和正中隆起）神经元合成和分泌的神经激素。是一种十肽激素，可刺激腺垂体释放促性腺激素（如卵泡刺激素和黄体生成素）。

02.221 促黄体素释放激素 luteinizing hormone releasing hormone, LHRH

下丘脑分泌的能促使黄体生成素释放的肽类激素。

02.222 人绒毛膜促性腺激素 human chorionic gonadotropin, HCG

在孕早期由胎盘分泌的一种与黄体生成素结构类似的糖蛋白激素。能维持黄体功能，刺激胎盘的孕酮产生。在孕妇的尿及血中可以发现，通常作为妊娠的检查指标。临床也用来诱发排卵和治疗男性性功能减退及隐睾病。

02.223 绝经期促性腺激素 gonadotropin in menopause

从绝经期妇女尿中提取的促性腺激素。

02.224 催乳素 prolactin, PRL

腺垂体嗜酸性细胞分泌的蛋白质激素。具有促进产后妇女乳汁合成和分泌功能，并可抑制促性腺激素分泌。

02.225 催乳素释放因子 prolactin releasing factor

下丘脑产生的、能促进腺垂体催乳素释放的肽类激素。

02.226 催乳素释放抑制因子 prolactin release inhibiting factor

下丘脑产生的、能抑制腺垂体催乳素释放的肽类激素。

02.227 人生长激素 human growth hormone

人腺垂体分泌、由191个氨基酸组成的蛋白激素。有促进生长，促使脂肪、糖类降解，增进蛋白质和核酸合成的作用。

02.228 生长激素释放激素 growth hormone releasing hormone

由下丘脑产生的能促进腺垂体生长激素释放的肽类激素。

02.229 生长激素释放抑制激素 growth hormone release inhibiting hormone

简称“生长抑素”。下丘脑产生的能抑制生长激素释放的肽类激素。不仅抑制腺垂体生长激素的分泌，还抑制胰岛素、胰高血糖素及胃肠激素的分泌。

02.230 垂体后叶激素 hypophysin, neurohypophyseal hormone, posterior pituitary hormone

又称“神经垂体激素”。由下丘脑的视上核和室旁核生成，经轴突转运到垂体后叶贮存并释放的激素。包括升压素和催产素等。

02.231 垂体前叶激素 anterior pituitary hormone

又称“腺垂体激素”。垂体前叶嗜色细胞所分泌的激素的总称。具有广泛而重要的生物学作用。

02.232 垂体中间叶激素 intermedin pituitary hormone

垂体中间叶生成和分泌的激素。包括促黑素细胞激素等。

02.233 性激素结合球蛋白 sex hormone binding globulin, SHBG

一种能与雌二醇结合又能与睾酮结合的血浆β_2-微球蛋白。是性腺激素的运输载体。

02.234 肾上腺皮质激素 adrenal cortical hormone

由肾上腺皮质分泌的一组类固醇激素。主要包括糖皮质激素和盐皮质激素，以及少量的性腺激素。

02.235 促肾上腺皮质激素 adrenocorticotropic hormone, corticotropin

垂体分泌的一种多肽类激素。能促进肾上腺皮质的组织增生及皮质激素的合成与分泌。

02.236 促肾上腺皮质激素释放激素 corticotropin releasing hormone

下丘脑产生的一种肽类激素。有刺激腺垂体促肾上腺皮质激素释放的作用。

02.237 甲状腺素 thyroxine

由甲状腺上皮细胞分泌的碘化氨基酸衍生物。生理作用主要是调节机体的基础代谢和生长发育等。

02.238 促甲状腺激素 thyroid stimulating hormone, thyrotropin

腺垂体分泌的一种糖蛋白激素。主要作用是刺激甲状腺产生与分泌甲状腺素。

02.239 促甲状腺素释放激素 thyrotropin releasing hormone

下丘脑分泌的一种肽类激素。能促进腺垂体分泌促甲状腺激素。

02.240 瘦素 leptin

由脂肪细胞分泌的一种多肽类激素。是脂肪组织向大脑传递能量储存信号的信使。通过对下丘脑摄食中枢的调节作用，减少摄食，加强能量消耗，使能量贮存减少。此外，还参与炎症、血管形成、造血、免疫生殖等一系列生理过程。

02.241 促黑素细胞激素 melanocyte stimulating hormone

由腺垂体分泌、能促进黑素细胞增殖和黑色素合成作用的肽类激素。

02.242 促黑素细胞激素释放因子 melanocyte stimulating hormone releasing factor

下丘脑分泌的一种神经肽。有促进促黑素细胞激素释放的作用。

02.243 促黑素细胞激素释放抑制因子 melanocyte stimulating hormone release inhibiting factor

下丘脑分泌的能抑制垂体释放促黑素细胞激素的肽类激素。

02.244 胰岛素样生长因子 insulin-like growth factor, IGF

调节细胞增生和分化的多肽类物质。在人类卵巢的生理病理中发挥旁分泌与自分泌的作用，对卵泡生长、成熟、排卵或闭锁及类固醇激素生成有调节作用，与靶细胞上的特异性受体结合发生生物效应。通过自分泌或旁分泌形式参与卵泡生长发育的调节。

02.245 表皮生长因子 epidermal growth factor, EGF

一种由 53 个氨基酸残基组成的小肽。属于表皮生长因子家族。在体内、体外对多种组织细胞有强烈促分裂作用的生长因子。参与正常细胞的生长、肿瘤形成、创伤愈合等过程。

02.246 转化生长因子-α transforming growth factor-α, TGF-α

表皮生长因子（EGF）家族一员，含 50 个氨基酸的单链多肽。广泛存在于体内许多组织中。仅对中小卵泡的生长有作用，还可能参与黄体功能的调节，与靶细胞上的特异性受体结合发挥生物效应。通过自分泌或旁分泌形式参与卵泡生长发育的调节。

02.247　血管内皮生长因子　vascular endothelial growth factor, VEGF

一种肝素结合因子。是二聚体糖蛋白，具有强烈的促血管内皮细胞有丝分裂及血管通透性作用。对子宫内膜血管增生和修复可能起作用；对腺体增生过程起促进作用，而有利于胚泡着床，与靶细胞上的特异性受体结合发挥生物效应。通过自分泌或旁分泌形式参与卵泡生长发育的调节。

02.248　碱性成纤维细胞生长因子　basic fibroblast growth factor, BFGF

含146个氨基酸的多肽。可能有支持颗粒黄体细胞的有丝分裂，调节黄体血管新生、孕酮生成，抑制黄体生成素诱导的卵泡内膜细胞雄激素合成等作用，与靶细胞上的特异性受体结合发挥生物效应。通过自分泌或旁分泌形式参与卵泡生长发育的调节。

02.249　转化生长因子-β　transforming growth factor-β, TGF-β

由多种组织分泌的一大类生长因子超家族。具有多种功能，作用于细胞增殖、分化和细胞外基质分泌，参与调控生物体免疫调节、血管形成、胚胎发育、创伤愈合、骨的重建等生理过程。包括各种转化生长因子-β、激活蛋白和骨形态发生蛋白等。

02.250　肿瘤坏死因子-α　tumor necrosis factor-α, TNF-α

主要由活化的单核/巨噬细胞产生，能杀伤和抑制肿瘤细胞的细胞因子。促进中性粒细胞吞噬，抗感染，引起发热，诱导肝细胞急性期蛋白合成，促进髓样白血病细胞向巨噬细胞分化，促进细胞增殖和分化，是重要的炎症介质，并参与某些自身免疫病的病理损伤。

02.251　白[细胞]介素-1　interleukin-1, IL-1

由巨噬细胞、内皮细胞、上皮细胞和星形胶质细胞生成，促使卵泡破裂的主要细胞因子。

02.252　糖皮质激素　glucocorticoid

由肾上腺皮质束状带细胞合成和分泌的类固醇激素。主要影响糖和蛋白质的代谢，有抗炎症作用，对水盐代谢影响较小。

02.253　盐皮质激素　mineralocorticoid

由肾上腺皮质球状带细胞合成和分泌的类固醇激素。主要作用是调节水盐代谢，维持体内钠、钾的平衡。

02.254　下丘脑神经激素　hypothalamus neurohormone

由下丘脑分泌的能刺激垂体肽类释放激素合成与分泌的激素总称。

02.255　环境雌激素　environmental estrogen

环境中存在的能模拟或干扰天然雌激素生理和生化作用的一类化学物质。

03. 计划生育临床

03.01 避孕方法

03.001 避孕 contraception

避免妊娠的各种方法的统称。现在常用的避孕方法有避孕药、宫内节育器、外用避孕药、工具避孕等。除上述方法外，还包括节制生育的女性和男性绝育术。

03.002 避孕机制 mechanism of contraception

各种避孕方法起到避孕作用的机制。如抗排卵、抗精子穿透和获能、抗受精卵着床、抗精子卵子相遇、抗精子成熟、屏障作用等。

03.003 抗排卵 anti-ovulation

又称“抑制排卵”。外源性的女性激素通过影响下丘脑–垂体–卵巢轴，抑制促性腺激素的分泌，使黄体生成素（LH）、卵泡刺激素（FSH）峰值消失，从而有效地抑制排卵。

03.004 抗精子穿透 anti-penetration of sperm

孕激素类避孕药使宫颈黏液量减少、黏稠度增加、拉丝度降低、羊齿状结晶消失等，这些变化使宫颈黏液形成黏液栓，起屏障作用，阻止精子通过宫颈到达宫腔的避孕方法。

03.005 抗受精卵着床 anti-nidation of fertilized ovum

通过宫腔内放置宫内节育器或应用避孕药而不利于受精卵在子宫内膜着床的避孕方法。

03.006 抗精子卵子相遇 anti-encounter of sperm and egg

男女绝育术将输精管或输卵管切断、结扎、环套、钳夹、电凝切除，或采用腐蚀药物、高分子黏着剂等，均可阻断精子与卵子相遇，达到避孕目的的避孕方法。

03.007 抗精子成熟 anti-maturation of sperm

干扰男性生殖细胞精子在附睾内成熟的避孕方法。

03.008 屏障作用 barrier effect

起物理性屏蔽遮挡作用的避孕方法。如男、女避孕套可阻断精液进入阴道，达到避孕目的。

03.009 宫内节育器 intrauterine contraceptive device, IUD

由医生采用无菌技术放置入宫腔的、能发挥避孕作用的器具。通过改变/抑制精子移动和卵子运输起作用，对异物的无菌性炎症反应使胚泡着床受阻。是一种安全、高效及可逆的避孕措施。

03.010 宫内节育器类型 types of IUD

不同外形、不同材料、不同性能的宫内节育器的分类。

03.011 惰性宫内节育器 inert intrauterine device

以理化性能较为稳定的材料（如不锈钢、塑料、硅橡胶等）制成的宫内节育器。

03.012 金属单环 stainless steel ring

惰性宫内节育器的一种。用不锈钢丝绕成螺旋形的弹簧圆环，分 19~24 号 6 种规格。

03.013 麻花环 mahua ring

惰性宫内节育器的一种。用不锈钢丝绕成螺旋形圆环后再交叉绕成麻花状的弹簧圆环，分 18~25 号 8 种规格。

03.014　金塑环　steel-plastic ring

惰性宫内节育器的一种。用不锈钢丝绕成螺旋形的弹簧圈，中间有尼龙支架。

03.015　不锈钢宫形宫内节育器　uterine shaped stainless steel IUD

惰性宫内节育器的一种。用不锈钢丝绕成螺旋形、子宫腔额状切面形状的宫内节育器。

03.016　节育花　canton flower, plastic flower

惰性宫内节育器的一种。用高压聚乙烯加入 1/3 药用钡剂注塑而成；上端为三叶，下端合并成柄，形状与子宫腔三角形相似。

03.017　硅橡胶盾形宫内节育器　silicon shield IUD

惰性宫内节育器的一种。用高温硫化甲基乙烯基硅橡胶混炼压制而成；宽部向上，上下各有一孔，下端拴有涤纶单股尾丝。

03.018　太田环　Ota ring

惰性宫内节育器的一种。用塑料制成的环状器具，外缠塑料丝，中部有轮盘状支架，形状与金塑环相似。

03.019　记忆合金宫内节育器　IUD made of memory alloy

用镍钛记忆合金制作的宫内节育器。在正常体温置入子宫腔中，会自动恢复制作时的形态。

03.020　蛇形宫内节育器　lipper loop IUD

惰性宫内节育器的一种。用塑料制成，如蛇形。分 A、B、C、D 4 种规格，国外应用较多。

03.021　活性宫内节育器　active IUD

能缓慢释放活性物质（铜、药物等）的宫内节育器。

03.022　带铜宫内节育器　copper bearing IUD, Cu-IUD

活性宫内节育器的一种。节育器中具有一定含量的铜，能在子宫腔内恒定缓慢释放。

03.023　V 铜 200 宫内节育器　VCu 200 IUD

带铜宫内节育器的一种。用不锈钢丝做成 V 形支架，外套硅胶管，在两侧横臂和斜臂上绕有四段铜丝，表面积为 200mm^2，横臂中央有以尼龙丝连接的中心扣。依横臂宽度的不同分为 28、26、24 3 种规格。

03.024　金塑铜 250 宫内节育器　steel-plastic Cu 250 IUD

带铜宫内节育器的一种。在聚乙烯环形支架的中央有一柱，一端与环相连，另一端游离；环形支架外绕不锈钢丝；立柱上绕有铜丝，表面积为 250mm^2。有 23、22、21、20 4 种规格。

03.025　先天性风疹综合征　congenital rubella symdrome

孕期感染风疹后通过胎盘感染胎儿，导致其出生后表现的临床综合征。表现为先天性心脏病、小头畸形、青光眼、白内障、耳聋、智力低下等。

03.026　T 铜 380A 宫内节育器　TCu 380A IUD

带铜宫内节育器的一种。聚乙烯含钡 T 形支架；纵臂末端呈小球形，横臂上有 2 个铜套；纵臂上绕有铜丝，铜表面积为 380mm^2；有尾丝。国内有大、中、小 3 种规格。

03.027　新体 380Ag 宫内节育器　Nova T 380Ag IUD

带铜宫内节育器的一种。聚乙烯含钡支架近

似T形，但二横臂末端略下弯、圆钝、中央下凹；纵臂下端呈襻形，并有双股尾丝；纵臂上绕有带银心的铜丝，表面积为380mm^2。

03.028　T铜220C宫内节育器　TCu 220C IUD

带铜宫内节育器的一种。聚乙烯含钡T形支架；横臂上各有一固定的铜套，纵臂上固定有5个铜套，铜表面积为220mm^2；有尾丝。国内有大、小2种规格。

03.029　T铜200宫内节育器　TCu 200 IUD

带铜宫内节育器的一种。聚乙烯含钡T形支架；纵臂上绕有纯铜丝（99.99%），表面积为200mm^2，有尾丝。

03.030　母体乐铜375宫内节育器　multiload Cu 375 IUD

带铜宫内节育器的一种。聚乙烯支架呈伞状；二弧形臂外侧各有5个小齿，具有可塑性；纵臂上绕有铜丝，表面积为375mm^2；有尾丝。

03.031　母体乐铜250宫内节育器　multiload Cu 250 IUD

带铜宫内节育器的一种。聚乙烯支架呈伞状；二弧形臂外侧各有5个小齿，具有可塑性；纵臂上绕有铜丝，表面积为375mm^2，含铜表面积为250mm^2。

03.032　固定式宫内节育器　fixed Cu 330 IUD

一种无支架含铜宫内节育器。为6个小铜套穿在一根尼龙线上，上、下2个固定在线上，中间4个可活动，铜表面积为330mm^2；尼龙线顶端距第一铜套上缘1cm处有一线结，用特制放置针可将线结固定于子宫底部肌层；尼龙线的下端形成尾丝。

03.033　含药宫内节育器　medicated IUD

活性宫内节育器中的一种。通常含吲哚美辛、孕激素或其他药物。

03.034　释放孕激素的宫内节育系统　progestin-releasing intrauterine system, IUS

一种在宫腔内释放左炔诺孕酮，通过抑制内膜增生，使宫颈黏液黏稠等机制达到避孕目的的宫内避孕系统。其每天在子宫内膜局部释放20μg孕激素，只有极少一部分被吸收入血，可以降低孕激素的副作用，还可以减少月经血量和减轻痛经。是最有效的可逆避孕措施之一。置入及取出方式与含铜的节育器相似，可以使用5年。

03.035　左炔诺孕酮宫内缓释节育系统　levonorgestrel-releasing intrauterine system, LNG-IUD

一种由硅橡胶支架及具有缓释功能的乙烯乙酸乙烯酯纵臂外层［内含左炔诺孕酮（LNG）］组成的避孕系统。每日恒定释放。

03.036　紧急避孕宫内节育器　IUD for emergency contraception

未避孕或避孕失败后7天内放置的宫内节育器，以避免妊娠。必须是有一定含铜量的带铜宫内节育器。

03.037　口服避孕药　oral contraceptive, OC

由雌激素、孕激素配伍，或单纯由孕激素配制的口服避孕制剂。服用期间能使妇女处于暂时不孕状态，停止服用后又能恢复生育功能。

03.038　复方口服避孕药　combined oral contraceptive, COC

含有雌激素和孕激素2种成分的避孕药。每周期用药21天或22天，停药7天，在停药期间出现药物撤退出血。作用于下丘脑和垂体，通过负反馈引起对促性腺激素释放激素

（GnRH）、卵泡刺激素（FSH）和黄体生成素（LH）的抑制，从而阻止排卵；子宫内膜也变得不适合受精卵着床；也可能会干扰输卵管功能。其中的孕激素成分使得宫颈黏液不利于精子穿过。

03.039　低剂量复方口服避孕药　low-dose combined oral contraceptive

一种由雌激素、孕激素配伍的新型复方短效口服避孕药。其雌激素的含量较低。通常每片炔雌醇的含量在 20~35μg。

03.040　复方炔诺酮片　compound norethisterone tablet

又称“口服避孕药片 1 号”。每片含炔雌醇 0.035mg，炔诺酮 0.625mg。避孕效果好，不良反应轻微。

03.041　复方醋酸甲地孕酮片　compound megestrol acetate tablet

又称“口服避孕药片 2 号”。每片含炔雌醇 0.035mg，醋酸甲地孕酮 1mg。避孕效果好，不良反应轻微。

03.042　复方左炔诺酮片　compound levonorgestrel tablet

每片含炔雌醇 0.035mg，左炔诺孕酮 0.15mg。避孕效果好，不良反应轻微。

03.043　去氧孕烯炔雌醇[避孕药]片　desogestrel and ethinylestradiol contraceptive pill

一种复方口服避孕药。每片含去氧孕烯 0.15mg，炔雌醇 0.03mg。避孕效果较好，不良反应较轻。

03.044　孕二烯酮[避孕药]片　compound gestodene contraceptive pill

一种复方短效口服避孕药。每片含孕二烯酮 0.075mg，炔雌醇 0.03mg。避孕效果较好，不良反应较轻。

03.045　三相避孕药　triphasic contraceptive pill

一种复方口服避孕药。一个周期的药物有三种不同剂量的激素组合，模拟月经周期滤泡期、排卵期和黄体期三个不同阶段的激素变化。特点是激素总剂量较低，周期控制较好。

03.046　探亲避孕药　vacation pill, visiting pill

又称“速效避孕药”。一种速效避孕药。分为孕激素制剂和非孕激素制剂。用于夫妇分居两地短期探亲时的避孕，不受月经周期限制，在任何一日开始服用均能发挥避孕作用，有效率达 98%。

03.047　紧急避孕　emergency contraception, postcoital contraception

在无防护措施的性生活和觉察避孕失败后的 72h 或 120h 内，女性为防止非意愿妊娠而采用的避孕方法。目前有激素类紧急避孕药和带铜宫内节育器两种方法。

03.048　长效口服避孕药　long acting oral contraceptive pill

一种口服避孕药。服用一次可维持较长时间（通常是 1 个月）的避孕效果。

03.049　单纯孕激素避孕药　progestin-only contraceptive pill, POP

作用于子宫内膜、宫颈黏液和输卵管的单纯孕激素药物。应在每天同一时间服用，不应间断。若漏服时间超过 3h，之后 7 天必须加用屏障法避孕，若漏服后无保护性性生活，应采取紧急避孕措施。服药后 4~6h 对宫颈黏液的最大效果能够显现。即使是有很好的依从性，避孕效果也不如复方药物。

03.050　长效避孕针剂　long acting injectable

contraceptive

由雌激素、孕激素配伍或单纯由孕激素配制的女用避孕注射剂。注射一次可维持较长时间（通常是 1~3 个月）的避孕效果。

03.051 复方避孕针剂 combined injectable contraceptive, CIC

由雌激素、孕激素配伍而成的女用避孕注射剂。

03.052 单纯孕激素避孕针剂 progestin-only injectable

一种长效避孕针剂。有两种：醋酸甲羟孕酮和庚酸炔诺酮。作用机制为抑制排卵，使子宫内膜萎缩，子宫黏液黏稠。

03.053 复方庚炔诺酮避孕针剂 combined norethisterone enanthate injectable contraceptive

一种长效避孕针剂。由庚酸炔诺酮和炔雌醚配伍而成，肌内注射一次，可维持 2 个月的避孕效果。

03.054 醋酸甲羟孕酮避孕针剂 depo-medroxy progesterone acetate, DMPA, medroxyprogesterone acetate injectable contraceptive

一种长效避孕针剂。首次用药在月经周期的前 5 天内，之后每 12 周注射一次。有效、安全、廉价，而且可逆。可用于哺乳期妇女和对其他避孕方法依从性差的妇女，可以减少痛经、月经过多和盆腔炎（PID）的发生。被广泛使用，不增加癌症的风险，且针对子宫内膜癌有很强的保护作用。然而应用早期，有些妇女会出现体重增加和痤疮，闭经较常见（50%）。使用 12 个月以后停药，生育功能的恢复可能会延迟。

03.055 避孕药释放系统 contraceptive delivery system, contraceptive releasing system

一次给药，将避孕药物缓慢释放而维持恒定血药浓度的给药系统。目前有皮下埋植剂、缓释阴道避孕环、微球和微囊缓释避孕针、避孕贴片及释放孕激素的宫内节育器。

03.056 类固醇激素释放系统 delivery system of steroid hormone

类固醇激素与某些具有缓慢释放性能的高分子化合物（如医用硅橡胶等）载体结合的制剂。

03.057 皮下埋植避孕剂 subdermal implant

由含缓慢释放孕激素的硅橡胶棒构成，植入到上臂内侧皮下的避孕药。避孕药将按一定速率释放，犹如每天服药。植入和取出埋植棒时需局部麻醉。

03.058 Ⅰ型皮下埋植避孕剂 implant releasing levonorgestrel No. Ⅰ

一种皮下埋植避孕剂。由 6 根硅橡胶小管组成；每根长 34mm，直径 2.4mm，内装左炔诺孕酮 36mg，两端封闭，6 根的药物总量为 216mg。使用时由医师将 6 根硅胶管植入女性上臂内侧皮下。一次植入，避孕有效期为 5 年。

03.059 Ⅱ型皮下埋植避孕剂 implant releasing levonorgestrel No. Ⅱ

一种皮下埋植避孕剂。由 2 根硅橡胶与左炔诺孕酮混合制成的小棒组成；每根长 44mm，直径 2.3mm，含左炔诺孕酮 70mg，2 根的药物总量为 140mg。使用时由医师将 2 根硅胶棒植入女性上臂内侧皮下。一次植入，避孕有效期可长达 5 年。

03.060 阴道避孕环 intravaginal contraceptive ring, IVCR

一种缓释避孕系统。外观为一硅橡胶圆环，内含一定配方的孕激素或雌激。使用时将环放入女性阴道内，激素透过硅橡胶恒定、缓慢释放，经阴道黏膜吸收后进入血循环起避孕作用；有效使用期限从数月至 1 年不等。

03.061　避孕药膜　contraceptive film

外用杀精剂的一种剂型。将杀精化学物质搭载在一可溶性薄膜上，性交前折两折或揉成一小团置入阴道。

03.062　男性激素避孕法　male hormonal contraception

通过干扰促性腺激素的合成与释放或阻断其生物作用，抑制睾丸内睾酮的合成与释放，引起精子发生障碍或停滞的避孕方法。

03.063　阴道杀精剂　vaginal spermicide

又称“杀精子剂”。性交前置入女性阴道，具有精子灭活作用的一类化学避孕制剂。

03.064　屏障避孕法　barrier contraception

一类用物理屏障阻挡精子到达子宫内，或用化学制剂在阴道内灭活精子的避孕方法。

03.065　[男用]避孕套　male condom

又称“阴茎套（condom）”。由乳胶或其他高分子材料制成的套子，性生活前套在阴茎上，射精时让精液排在套子前端的小囊内，阻断精液进入阴道，起物理屏障作用，达到避孕目的。是最常用而又无害的男用避孕法。不但可以避孕，而且可以防止感染性传播疾病。

03.066　女用避孕套　female condom

又称“阴道套（vaginal pouch）”。一种由聚氨酯或乳胶制成的柔软、宽松袋状物。长15~17cm，开口处连一直径为7cm的柔韧“外环”，套内有一直径为6.5cm的游离“内环”。既能避孕，又能预防性传播疾病和艾滋病。除阴道过紧、生殖道畸形、子宫Ⅱ度脱垂、生殖道急性炎症及对女用避孕套过敏者外，均可使用。

03.067　体外射精　coitus interruptus

射精前把阴茎及时从阴道中撤出将精液射到体外达到避孕目的的方法。是传统的避孕方法，仍有人在应急情况下使用，但失败率较高。

03.068　自然避孕法　natural family planning, NFP

又称“安全期避孕法（rhythm method）”。利用月经周期的特点，确定安全期，进行避孕的方法。排卵期最容易受孕，一个月经周期为 28 天的妇女，排卵大约发生在下次月经前的第 14 天。精液在生殖道存活可达 5~7 天，因此为了避免妊娠应在排卵前 1 周停止性交，并建议持续到至少排卵后 4天。

03.069　安全期　safety period

通常将下次月经来潮前 14 天作为“假定排卵日”，假定排卵日的前 5 天和后 4 天为“危险期”（易受孕期），其余时间则为“安全期”（不易受孕期）。

03.070　哺乳闭经避孕法　lactational amenorrhea method, LAM

以产后 6 个月、完全哺乳（或几乎完全哺乳）、月经尚未恢复这三项指标作为处于“不易受孕期”标准的一种自然避孕法。

03.071　阴道隔膜　diaphragm

一种屏障避孕方法。一弹簧圈上覆一层乳胶制成的女用避孕工具，性交时置入阴道、覆盖宫颈。

03.072　宫颈帽　cervical cap

一种屏障避孕方法。用硅橡胶制成的小型帽状女用避孕工具，性交时紧套在子宫颈上，并产生负压。

03.073　会阴尿道压迫避孕法　urethro-perineal oppression

性交中，男性有射精感时，用示指、中指从阴囊和肛门间向耻骨方向紧压，使精液逆行射入膀胱；然后再放松，同时将阴茎撤出。

03.074　微波避孕　microwave contraception

一种物理避孕方法。用微波照射男性阴囊和睾丸，影响精子生成，达到避孕的方法。

03.075　超声波避孕　ultrasound contraception

一种物理避孕方法。利用超声波的热效应和热外效应，干扰睾丸的精子发生过程，达到避孕效果。

03.076　温热避孕　heat contraception

一种物理避孕方法。用温水浴、红外线、热敷等，人为升高睾丸温度，影响精子生成，达到避孕效果。

03.077　免疫避孕　immunocontraception

有计划地利用机体自身的免疫防御机制来阻止非计划妊娠的生育调节方法。

03.078　物理避孕　physical contraception

利用热效应及热外效应（超声、微波、激光、温热等）抑制男性睾丸生精作用而达到生育调节的一类方法。

03.02　避孕药具不良反应监测

03.079　避孕药具　contraceptive

能够用于避免妊娠的药物和器具的统称。主要包括：①宫内节育器类；②避孕药物（口服避孕药、注射避孕针等）；③外用避孕药具（杀精剂、避孕套、子宫帽等）。

03.080　免费避孕药具　free contraceptive

由国家卫生健康委员会统一收购、调拨，通过各级计划生育相关组织和医疗部门等无偿为育龄人群提供的避孕药具。

03.081　主动监测　active surveillance

上级单位要求下级单位严格按照规定收集资料，获得可疑不良事件个案资料和人群健康资料的措施。

03.082　被动监测　passive surveillance

可疑避孕药具不良反应/不良事件自愿报告是由下级单位按照法规要求实行报告，上级单位接受报告资料。可获得可疑避孕药具不良反应/不良事件个案资料。

03.083　不良事件　adverse event

药具对患者或使用者造成伤害，甚至引起死亡的事件。药具在给人们带来预期用途的同时，也存在一定的潜在风险。这些风险有些是可预测的，有些只有在上市后通过大量人群的使用才能被发现。

03.084　医疗器械　medical device

用于疾病预防、诊断、治疗、保健和康复的器具及机械设备。

03.085　医疗器械缺陷　deficiency of medical device

受科学技术条件、人类认知水平、工艺过程等因素的限制，医疗器械在研发过程中不同程度地存在目的单纯、考虑单一、设计与临床使用不匹配、应用定位模糊等问题，造成在结构设计、能源配置、材料选择等方面的缺陷。会带来产品本身的固有风险。

03.086　医疗器械不良事件　medical device adverse event
引起或者可能引起医疗器械使用者或其他人非预期安全性问题的事件。即医疗器械对患者或使用者造成伤害，甚至引起死亡的事件。医疗器械在给人们带来预期用途的同时，也存在一定的潜在风险。

03.087　医疗器械不良事件报告　medical device adverse event reporting, MDR
医疗器械在使用过程中发生死亡或严重伤害事件后，必须向国家药品监督管理局递呈的报告。

03.088　医疗器械不良事件监测　monitoring of medical device adverse event
对可疑医疗器械不良事件的发现、报告、评价和控制的过程。

03.089　濒临事件　near incident
虽然发生时没有造成患者或使用者的死亡或严重伤害，但再次发生时可能造成患者或使用者死亡或严重伤害的事件。

03.090　最小临床效力　minimun clinical efficacy, MCE
通过权衡特定防治措施的风险和效益来改善临床保健，试图通过比较找到值得开展的防治措施以获取效益的最低限值。

03.091　开放试验　open trial
研究对象和研究者均了解分组情况、公开进行的非盲法试验。适用于有客观观察指标的临床试验。

03.092　个案调查　case study
又称“案例调查”。样本数是“1”的调查。这个“1”可以是1个患者、1个事件、1个家庭、1个疫源地等。对发生疾病或事件的患者、家庭及其环境进行深入细致的调查分析，追查可能的原因，及时采取相应的控制措施。

03.093　科克伦协作网　Cochrane collaboration
按疾病、疗法或临床问题收集全世界范围内可得到的全部高质量临床研究结果，进行系统评价，去伪存真，回答该干预措施治疗该疾病是否有效、是否安全，以指导临床实践的数据库。

03.094　夫妻避孕年　couple year of protection, CYP
一种人–时复合计量指标。一个夫妻避孕年相当于一对夫妇1年的避孕效果。

03.03　诊　　断

03.03.01　男 性 部 分

03.095　精液常规检查　semen analysis
用标准化的方法对精液中精子和精浆成分的特征进行检查分析。

03.096　计算机辅助精子分析系统　computer-aided sperm analysis, CASA
利用计算机技术，通过一台与显微镜相连接的录像机，确定和跟踪个体精子细胞的活动和计算精子活动的一系列“运动学”参数的检测方法。用于临床精子质量的评估。

03.097　精子计数　sperm count
用标准方法测定精液标本中的精子浓度和总数。

03.098　精子存活率　sperm vitality

精液中活精子的百分率。通常通过检测精子膜的完整性来评价。

03.099　精子活动率　sperm mobility
精液中活动精子的百分率。

03.100　正常精子形态　normospermia, normal sperm morphology
精液标本经过涂片、固定、染色后在油镜下检测，正常精子形态的头部为卵圆形，长4.0~5.0μm，宽2.5~3.5μm，长宽比值为1.50~1.75，顶体占头部面积40%~70%，颈部、中段和尾部均无异常，如有细胞质微滴，其大小不超过头部的1/3。顶体区没有大的空泡，并且不少于2个小空泡，空泡大小不超过头部的20%。

03.101　精子功能评估　evaluation of sperm function
利用生物学技术，对精子受精能力进行客观的评估。

03.102　精子功能试验　sperm function test
用于评估精子受精能力的试验。

03.103　精子–宫颈黏液穿透试验　sperm-cervical mucus interaction
用以检测宫颈黏液和（或）精子是否有抗精子抗体及抗体抑制精子穿透和游动程度的方法。是诊断免疫性不孕的常用方法之一。

03.104　性交后试验　post coital test
评估体内精子–宫颈黏液相互作用的方法。检测排卵期性交后9~24h的宫颈黏液，如果宫颈黏液中存在适量前向运动的精子，则可排除宫颈因素为不孕原因的可能性。

03.105　简化玻片试验　simplified slide test
一种使用玻片来评估精子–宫颈黏液相互作用的体外试验。

03.106　精子低渗膨胀试验　hypoosmotic swelling test for sperm
一项用于检测精子膜功能及完整性的技术。在低渗条件下，精子会发生肿胀，精子尾部肿胀现象是细胞膜功能正常的表现。

03.107　去透明带仓鼠卵–精子穿透试验　zona-free hamster egg penetration assay
将获能和发生顶体反应的精子与大量去透明带仓鼠卵一起孵育，在显微镜下观察、检测精子获能、顶体反应、精子卵膜融合能力以及精子核解聚能力的试验。

03.108　毛细管穿透试验　capillary tube penetration test
用装有宫颈黏液的毛细管检测精子穿透能力的技术。

03.109　人透明带结合试验　human sperm-zona pellucid binding test
利用人卵透明带检测精子与透明带结合能力，以评估精子功能的试验。

03.03.02　女性部分

03.110　停经　cessation of menstruation, menelipsis
处于生育年龄的已婚妇女，平时月经周期规律，月经过期10天以上的事件。应疑为妊娠。

03.111　早孕反应　morning sickness
约半数妇女在妊娠早期（停经6周前后）发生的一系列生理反应。包括头晕、乏力、嗜睡、食欲缺乏、偏食、厌油腻、恶心、晨起呕吐等症状。

03.112 月经过少 oligomenorrhea

月经周期正常，而经血较其恒量明显减少；或行经时间缩短，甚至点滴即净。常由于反复人工流产后子宫内膜萎缩、子宫发育不全、无排卵性月经、卵巢功能不良引起。

03.113 月经过多 hypermenorrhea, menorragia, profuse menstruation

月经血量异常增多。正常的月经量一般是30~50ml，超过80ml出血量，可认为月经量多，会出现不适感，如果影响日常生活，则为月经过多。一般是子宫肌瘤、子宫内膜息肉、子宫内膜异位症、子宫内膜炎等器质性疾病所致。除此以外，还可以是激素异常、精神紧张或者血液凝固机制障碍所致。持续性的月经过多会造成贫血。

03.114 月经频发 polymenorrhea

月经周期≤21天的现象。

03.115 月经稀发 oligomenorrhea

月经周期≥35天的现象。

03.116 阴道出血 vaginal bleeding

来自生殖道任何部位的出血。如阴道、子宫颈、子宫等处。绝大多数出血来自子宫，除正常月经外均称为阴道出血。

03.117 阴道点滴出血 spotting haemorrhage, vaginal spotting

月经来潮前或来潮后数日持续少量阴道出血。常淋漓不尽。可见于排卵性月经失调或为放置宫内节育器的不良反应，子宫内膜异位症也可出现类似情况。

03.118 撤退性出血 withdrawal bleeding

妇女应用性激素后停药发生的阴道出血。如停避孕药后的阴道出血。

03.119 突破性出血 break-through bleeding

妇女在口服避孕药后除撤退性出血外的阴道出血。一般出血量不多，或呈点滴出血。这是由于未按规定方法服药（迟服、漏服），或所服药片有潮解、缺损，使体内外源性药量突然下降或减少；也可由体内性激素分泌失调，体内类固醇激素量不足，不能很好地维持子宫内膜，使部分子宫内膜剥脱而致。

03.120 子宫不规则出血 metrorrhagia

子宫出血与正常月经周期不相关的现象。

03.121 绝经后出血 postmenopausal bleeding

绝经后期的子宫出血。若出血量极少，历时1~3天干净，多为绝经后子宫内膜脱落引起的出血或老年性阴道炎；若出血较多、出血持续不净或反复阴道出血，应考虑子宫内膜癌的可能。

03.122 下腹痛 lower abdominal pain

又称“盆腔痛（pelvic pain）”。慢性炎症形成的盆腔粘连、瘢痕及盆腔充血，常引起下腹部坠胀、疼痛及腰骶部酸痛，常在劳累、性交后及月经前后加剧。

03.123 周期性疼痛 cyclical pain

在月经周期中间出现的一侧下腹隐痛。应考虑排卵性疼痛；经期出现腹痛，或为原发性痛经，或为子宫内膜异位症；周期性下腹痛但无月经来潮，多为月经血排出受阻，见于先天性生殖道畸形或术后子宫腔、子宫颈管粘连等。

03.124 急性腹痛 acute abdominal pain, pain of an acute abdomen

起病急、程度剧烈的腹痛。常伴恶心、呕吐、出汗及发热等症状。伴阴道出血，多与病理妊娠有关；伴发热，由炎症所致；伴腹部包块，多为卵巢非赘生性囊肿或卵巢肿瘤蒂扭转等。

03.125　急腹症　acute abdomen

以急性腹痛为突出表现的急性腹腔内脏器病变。是临床上最常见的外科急症。病因复杂，临床表现不一，而且病情可能在短时间内急骤变化，甚至危及生命。常见病因有很多，如感染和炎症；空腔脏器穿孔；腹腔内出血；胃肠道、胆道、泌尿道等空腔器官梗阻；胃网膜、肠网膜扭转或绞窄及血管病变等；妇产科常见的有卵巢囊肿蒂扭转、异位妊娠、宫外孕等。共同表现有腹痛、胃肠道症状、腹膜刺激征、肠鸣音改变及血白细胞总数及中性粒细胞增加等。

03.126　痛经　dysmenorrhea, algomenorrhea

在经前或行经期间发生难以忍受的下腹疼痛。常表现为阵发性或持续性疼痛，且有阵发加剧的现象。症状表现各不相同，有些妇女会有腹部或背腰部钝痛，并发生尿频和有不断的排便感，有些则会出现严重的痉挛性腹痛、腹泻。典型表现为月经开始时腹痛严重，面色苍白、恶心、呕吐，甚至晕厥。

03.127　原发性痛经　primary dysmenorrhea, congenital dysmenorrhea

发生在月经初潮后3年内的痛经。一般认为是月经期激素正常变化所造成的，生殖器官不会明显病变，有可能在生育后解除。病因很多，正常情况下，子宫收缩及子宫周围的组织充血，可引起下腹及腰部不同程度的疼痛。另外，精神紧张和贫血及某些慢性疾病也可导致痛经，但紧张消除和体质增强后可使月经痛得到缓解。

03.128　继发性痛经　acquired dysmenorrhea

月经来潮3年后发生的痛经。可能是子宫内膜异位症、盆腔感染或子宫肌瘤等生殖器官的器质性病变引起的。

03.129　强直性子宫收缩　tetanic contraction of uterus

常见于引产及催产时缩宫药使用不当。特点是子宫收缩失去节律性，呈持续性强直性收缩。应及时应用缓解宫缩药，防止子宫破裂。

03.130　子宫绞痛　uterine colic

又称“子宫痉挛（hysterospasm）”。由于子宫内膜前列腺素增多，使子宫收缩过度或不协调、子宫局部缺氧导致过氧化物及组胺等释放，易引起痛经。

03.131　胎儿酒精综合征　fetal alcohol syndrome

孕期过量饮酒引起的包括发育迟缓、智力低下、小头、眼异常、关节异常、短睑裂等的多发性先天畸形。

03.132　便意　awareness of defecation, defecation desire

相当于有 25~50g（或 ml）粪便量压力时的感觉。

03.133　外阴刺激症状　vulval irritation

又称“外阴瘙痒（pruritus vulvae）”。为妇科患者的常见症状，多由外阴不同病变引起，外阴正常者也可发生。外阴阴道假丝酵母菌病和滴虫阴道炎是最常见的原因，还有细菌性阴道病、老年性阴道炎等。瘙痒多位于阴蒂、小阴唇，也可波及大阴唇、会阴甚至肛周等皮损区。

03.134　阴道排液　vaginal discharge, baptothecorrhea

又称“白带过多”。阴道分泌物增加。是妇科常见的一种症状。

03.135　血性阴道排液　bloody vaginal discharge

阴道分泌物中混有血液。量多少不一，可由宫颈糜烂、宫颈息肉、宫颈癌、子宫内膜癌、子宫黏膜下肌瘤或输卵管癌所致。放置宫内节育器也可引起。

03.136 水性阴道排液 watery vaginal discharge

量多、持续、淡乳白色，常伴有奇臭味的阴道分泌物。多见于宫颈腺癌、晚期宫颈癌、阴道癌或子宫黏膜下肌瘤伴感染。

03.137 生命体征 vital sign

能观测到的维持人体生存的基本体征。即心率或脉搏、血压、呼吸、体温。检查这四项体征，对于识别患者疾病和疾病的严重程度非常重要。

03.138 全身体格检查 general somatoscopy

应用望诊、触诊、叩诊、听诊等物理诊断方法对人体的头部、颈部、胸部、腹部、脊柱、四肢等部位进行的全面检查。

03.139 基础代谢率 basal metabolic rate, BMR

又称“基础能量消耗（basal energy expenditure）”。人体在清醒而又尽量安静的状态，不受肌肉活动、环境温度、食物及精神紧张等因素影响时的能量代谢率。

03.140 妇科检查 gynecologic examination

对女性内、外生殖器（外阴、阴道、宫颈、子宫、附件）进行的系统检查。

03.141 窥器 speculum

用以插入机体某个孔腔并保持其张开状态的器械。可以检查其内部情况。妇产科常用的是阴道窥器。

03.142 双瓣窥器检查 examination of bivalve speculum

将窥器的两叶合拢并沿顺时针方向插入阴道的后下方，窥器置入后两叶张开即可暴露阴道和宫颈进行检查。

03.143 双合诊检查 bimanual examination

应用腹部、阴道联合检查法了解盆腔脏器情况的检查方法。两手戴上手套，右手两个手指涂上润滑剂，插入阴道内用来抬高并固定子宫和附件，以便于位于腹部上的左手能触摸到盆腔脏器，确定子宫和附件的大小、位置（前倾、成轴、后倾）、子宫活动度，以及是否有压痛或穹隆的包块。未婚者不宜用腹部、阴道双合诊检查，而应用腹部、直肠双合诊检查。

03.144 三合诊检查 trimanual examination, vagino-recto-abdominal examination

应用腹部、阴道、直肠联合检查法了解盆腔情况的检查方法。左手或右手戴手套，示指、中指两指涂润滑油，用一手示指放入阴道，中指放入直肠以代双合诊时的阴道检查，其余检查步骤与双合诊相同。可弥补双合诊的不足，了解后倾后屈子宫的大小，发现子宫后壁、子宫直肠陷凹、宫骶韧带及双侧盆腹后壁的病变。未婚者不宜用。

03.145 四步触诊 Leopold maneuvers, four maneuvers of Leopold

了解胎产式、胎先露、胎方位及胎先露部是否衔接的触诊方法。操作前 3 步手法时，检查者面对孕妇；操作第 4 步手法时，检查者应面对孕妇足端。第 1 步，检查者两手置于宫底部，触摸宫底高度估计胎儿大小，与妊娠周数是否相符；然后以两手指腹相对交替轻推判断宫底部的胎儿部分。若为胎头则硬且有浮球感，若为胎臀则大而软，形状不规则。第 2 步，检查者两手分别置于腹部左右两侧，一手固定，另一手轻轻深按检查，两手交替触到平坦饱满部分为胎背，并确定胎背的朝向，凹凸不平为胎儿的肢体。第 3 步，检查者右手拇指与其余四指分开，置于耻骨联合上方握住胎先露部，判断是胎头还是胎臀，然后左右推动以确定是否衔接。第 4 步，检查者左右手分别置于胎先露的两侧，向骨盆入口方向往下深按，进一步确定胎先露及胎先露入盆的程度。

03.146　双顶径　biparietal diameter, BPD

胎头水平断面，在标准的丘脑与第三脑室水平测量的最大横径。

03.147　子宫增大　increment of uterus

子宫大小较正常状态变大。分生理性和病理性。生理性增大多为妊娠引起；病理性增大可为良性病变（子宫肌瘤、子宫内膜异位症、子宫腺肌病、子宫腺肌瘤等）和恶性病变（子宫体腺癌、子宫肉瘤等）引起。

03.148　盆腔包块　pelvic mass

又称“盆腔肿物”“下腹部包块”。来源于盆腔脏器（包括子宫、附件、膀胱、肠管、后腹膜等）的肿块。包括炎症、异位妊娠及良性肿瘤等。

03.149　附件包块　adnexal mass

又称“附件肿物”。来源于输卵管、卵巢的肿块。包括炎症、肿瘤及异位妊娠。

03.150　腹肌强直　abdominal muscle rigidity

又称“板状腹（board-like rigidity）”。由于急性脏器破裂导致急性弥漫性腹膜炎，腹膜刺激而引起腹肌痉挛，腹壁明显紧张，甚至强直硬如木板的症状。

03.151　阴道后穹隆触痛　posterior fornix tenderness

又称“宫颈刺激征”。当检查者的手移动宫颈引起阔韧带拉伸时，一侧或另一侧附件触痛。

03.152　移动性浊音　shifting dullness, moving fluid

叩诊时因体位不同而出现浊音区变动的现象。患者仰卧位时，腹部两侧呈浊音，腹中部呈鼓音；侧卧位时，下侧腹部呈浊音，上侧腹部呈鼓音。当腹腔内游离腹水在500~1000ml及以上时，则可查到移动性浊音。

03.153　基础体温　basal body temperature, BBT

在机体静息状态下测得的体温。是监测黄体功能较简便的方法，卵巢功能正常的育龄妇女，体温呈双相曲线，孕酮对体温调节中枢具有兴奋作用，可使基础体温在排卵后升高0.3~0.5℃。

03.154　体重指数　body mass index, BMI

又称“体质量指数”。以体重（kg）除以身高（m）的平方所得之商。主要反映全身性超重和肥胖。在我国，<18kg/m^2为低体重，18~2kg/$m^2$4为正常，24~28 kg/m^2为超重，>28为肥胖。

03.155　卵泡监测　follicle monitoring

通常从月经周期第10天开始应用B超监测卵泡大小，正常卵泡直径每日增长1.6mm，排卵前卵泡直径约达20mm。

03.156　黄体酮试验　progesterone test

使用黄体酮进行的内分泌功能试验。可判别闭经的程度。对可疑早期妊娠的妇女，可以每日肌内注射黄体酮20mg，连用3~5天，停药2~7天出现阴道出血，即为阳性，可以排除妊娠。停药后7天仍未出现阴道出血，为阴性，妊娠的可能性大。原理为当体内有一定量雌激素，注射孕激素后使增殖期子宫内膜转变为分泌期，停药后子宫内膜脱落，出现阴道出血。

03.157　妊娠试验　pregnancy test

利用绒毛膜促性腺激素的生物学和免疫学特点，检测受试者体内人绒毛膜促性腺激素或人绒毛膜促性腺激素β亚单位的水平，以确定妊娠、滋养细胞疾病等的试验。一般受精后7天即可在血清中检测到人绒毛膜促性腺激素。常用放射免疫法检测亚型，若值<3μg/ml 为阴性，>6μg/ml 为阳性，也常用试纸法检测尿中人绒毛膜促性腺激素。

03.158　人绒毛膜促性腺激素测定　human chorionic gonadotrophin test, HCG test

对人绒毛膜促性腺激素进行测定的试验。人绒毛膜促性腺激素主要由合体细胞分泌，可从受试者的血清和尿液中测出，协助诊断早孕和与妊娠有关的疾病。

03.159　人绒毛膜促性腺激素β亚单位测定　human chorionic gonadotrophin-β test, β-HCG test

对人绒毛膜促性腺激素β亚单位进行测定的试验。人绒毛膜促性腺激素分α、β亚单位，由于α亚单位与黄体生成素等有交叉反应，而β亚单位的测定可将交叉反应降到最低水平。

03.160　放射免疫测定　radioimmunoassay, RIA

又称“*放射免疫分析*”。将放射性同位素示踪法与抗原抗体间的免疫化学反应法结合起来进行测定的方法。

03.161　酶联免疫吸附分析　enzyme-linked immunosorbent assay, ELISA

又称“*酶联免疫吸附测定*”。将已知的抗原或抗体吸附在固相载体表面，使酶标记的抗原抗体反应在固相表面进行的检测方法。常用方法有双抗体夹心法和间接法，前者用于检测大分子抗原，后者用于测定特异抗体。

03.162　妇科内分泌激素测定　female hormone test

测定生殖激素水平的检查方法。常规包括卵泡刺激素（FSH）、黄体生成素（LH）、垂体泌乳素（PRL）、孕激素（P）、雌二醇（E_2）、睾酮（T）六项检查。有助于对下丘脑–垂体–卵巢轴功能异常、不孕症、月经病、闭经、多囊卵巢综合征等妇科内分泌疾病的诊断。

03.163　甲胎蛋白　α-fetoprotein, AFP

主要在胎儿卵黄囊、肝脏合成的一种蛋白质。部分来自胃肠道、肾脏及羊膜绒毛细胞，羊水中浓度为胎内的 1/（150~200）。目前主要通过测定羊水中甲胎蛋白含量，诊断胎儿开放性神经管缺陷，如无脑儿或脊柱裂。还可协助判断胎儿内脏外翻、肾变性、胎儿宫内发育迟缓、宫内窒息、双胎等。成人血中甲胎蛋白增高，提示某些癌症及慢性肝病等。

03.164　荧光原位杂交　fluorescence *in situ* hybridization, FISH

以荧光标记取代放射性同位素标记而形成的一种新的原位杂交方法。具有敏感、快速、增加特异性和同时显示多种颜色等优点；不仅能显示于中期分裂象中，还能显示于间期核中。用不同色荧光的几种探针同时杂交已完成。广泛用于种植前遗传病的诊断。

03.165　聚合酶链反应　polymerase chain reaction, PCR

用一对寡核苷酸链作引物，引导 DNA 聚合酶在引物识别位点之间两条互补链上进行 DNA 合成，经过模板变性、退火及引物延伸三步反应的多次循环，使特定 DNA 片段在数量上呈指数增加的实验方法。敏感性高，可较容易检测到低拷贝的 DNA 及几乎任何一种特定的核苷酸序列，甚至检出仅有一个拷贝的基因序列。

03.166　口服葡萄糖耐量试验　oral glucose tolerance test, OGTT

口服葡萄糖 75g 后，测定空腹血糖及服糖后 1h、2h、3h 四个时间点血糖水平的检查方法。正常值分别为 5.6mmol/L、10.3mmol/L、8.6mmol/L、6.7mmol/L。其中 2 项或 2 项以上超过正常值，可诊断为妊娠期糖尿病。

03.167 肿瘤标志物 tumor marker

肿瘤细胞异常表达所产生的蛋白抗原或生物活性物质。可在肿瘤患者的组织、血液或体液及排泄物中检测出，可协助肿瘤诊断、鉴别诊断及监测。有癌胚抗原（CEA）、糖类抗原 125（CA125）、CA199。

03.168 TORCH 筛查 TORCH test

检测以下病原体抗体的检查方法，包括弓形体 IgG、IgM 抗体，风疹病毒 IgG、IgM 抗体，单纯疱疹病毒（Ⅰ、Ⅱ型混合 IgM）抗体，巨细胞病毒 IgM 抗体，柯萨奇病毒 IgM 抗体。

03.169 梅毒螺旋体血凝试验 treponema pallidum hemagglutination assay, TPHA

直接以经过处理的梅毒螺旋体作为抗原，检测受检者是否存在特异性抗体的检查方法。具有快速、敏感、特异性强的特点，用于证实试验。

03.170 凝血功能检测 coagulation action test

用于诊断凝血功能是否正常的检查。包括血浆凝血酶原时间（PT）、活化部分凝血活酶时间（APTT）、血浆纤维蛋白原（FIB）、凝血酶时间（TT）等。

03.171 定性分析 qualitative analysis

鉴定物质中含有哪些元素、离子和功能基团等，但不确定其含量；也泛指在一般分析中注重对事物性质的分析而不做量的规定。如尿妊娠试验为定性试验，只报告“阳性”或“阴性”。

03.172 定量分析 quantitative analysis

测定物质中各成分含量的分析。泛指在一般分析中对事物做精确的、有数量规定的分析，如血的人绒毛膜促性腺激素（HCG）测定，需报告具体的监测数据。

03.173 细胞组织学诊断 cytohistologic diagnosis

应用组织细胞学技术进行诊断。如妇产科的阴道涂片和子宫颈分泌物的涂片检查。

03.174 阴道涂片 vaginal smear

取阴道上 1/3 侧壁的分泌物和细胞进行涂片检查。主要目的是了解卵巢或胎盘功能。

03.175 阴道分泌物检查 vaginal discharge examination

取阴道分泌物涂片或滴在生理盐水中，进行的滴虫、霉菌和阴道清洁度检查。

03.176 阴道清洁度 vaginal clearing degree

阴道炎症的判断指标。根据显微镜下观察到的阴道分泌物中细菌和细胞的种类和数量，阴道清洁度分为 4 级。经阴道进行宫腔手术前，应常规检查阴道清洁度，如为 3~4 级应治疗后手术。

03.177 胺[臭味]试验 whiff test

用于检测阴道炎症的一种方法。取阴道分泌物少许放在玻片上，加入 10%氢氧化钾 1~2 滴，产生一种烂鱼肉样腥臭气味。这是胺遇碱释放氨所致。

03.178 宫颈管拭子检查 endocervical swab

使用窥器扩张阴道，用阴道拭子从阴道后穹隆取材，将棉拭子置于适当的转移液中，以检查下生殖道病原体的方法。

03.179 宫颈黏液结晶试验 cervical mucus arborization test, cervical mucus crystallization test

观察宫颈黏液结晶形态的实验方法。宫颈黏液涂片干燥后置于显微镜下检查，可见羊齿植物叶状结晶，这种结晶在月经周期的第 6~7 天出现，到排卵期结晶形状最清晰而典型。排卵后受孕激素影响，黏液分泌量逐渐减少，拉丝度差。涂片检查结晶逐渐模糊，至月经周期第 22 天左右完全消失，而代之以排列成行的椭圆体。妊娠后，形成宫颈黏液栓，涂片干燥后光镜下可见椭圆体，无羊齿植物叶状结晶。宫颈黏膜腺细胞分泌的黏液（量和性状）在卵巢性激素的影响下有明显的周期性改变，临床上根据宫颈黏液检查，可了解卵巢的功能状态。

03.180　宫颈刮片试验　cervical smear test

一种取宫颈细胞进行宫颈细胞学检查的方法。使用窥器充分暴露宫颈，用刮板的窄端插入宫颈管内使其边缘紧靠宫颈，紧贴宫颈旋转 360°后移开。刮板上收集的标本在载玻片上均匀铺开后，立刻进入固定液中（3%乙酸溶于 95%的乙醇），然后对干燥的玻片进行读片。现在引进液基细胞学，采集标本后在转移液中搅动，使实验室准备的玻片更易读片。

03.181　巴氏染色　Papanicolaou stain

一种细胞学染色方法。可用于检查雌激素水平，也可用于查找癌细胞。

03.182　成熟指数　maturation index, MI

通过计算底层不成熟细胞和中层、表层细胞的百分率获得的指数。阴道细胞学卵巢功能检查最常用的一种。是在低倍显微镜下观察 300 个鳞状上皮细胞，求得各层细胞的百分率，并按底层/中层/表层顺序写出，如底层 5、中层 60、表层 35，MI 应写成 5/60/35。若底层百分率高，提示不成熟细胞多，即雌激素水平下降；若表层细胞百分率高，表示雌激素水平升高。

03.183　致密核细胞指数　karyopyknotic index, KI

鳞状上皮细胞中表层致密核细胞的百分率。计算方法：从视野中数 100 个表层细胞及其中致密核细胞数目，从而计算百分率。致密核细胞指数越高，提示上皮细胞越成熟。

03.184　嗜伊红细胞指数　eosinophilic index, EI

鳞状上皮细胞中表层红染细胞的百分率。通常表层红染细胞在雌激素影响下出现，所以此指数可以反映雌激素水平，指数越高，提示上皮细胞越成熟。

03.185　角化指数　cornification index, CI

鳞状上皮细胞中的表层（最成熟的细胞层）嗜伊红性致密核细胞的百分率。用以表示雌激素的水平。

03.186　宫颈黏液涂片　cervical smear, cervical mucus smear

一种宫颈黏液检查方法。检查时先擦净子宫颈外口的分泌物；然后将长无齿镊伸入宫颈管 0.5~1cm 处，夹取黏液并平铺于玻片上。排卵期黏液清澈透明，等黏液干燥后镜下观察结晶类型，在正常月经周期中，从第 7 天起，宫颈黏液涂片逐渐出现羊齿状结晶，从不典型结晶、较典型结晶到典型结晶，排卵后代之以成行排列的椭圆体。可帮助了解卵巢功能、是否排卵和诊断月经失调等。

03.187　挖空细胞　koilocytosis

人乳头瘤病毒（HPV）感染后细胞受损的退行性变。特点为细胞体积大，核大，单核或双核，核变形或不规则，轻度异型性，细胞核周围空晕。免疫组织化学研究提示核内或核周有 HPV 颗粒。

03.188　乙酸试验　acetic acid test

将乙酸涂抹在细胞表面以判断有无病变的试验方法。即在组织表面涂以 3%~5%乙酸溶液，3~5min 后组织变白为阳性，不变色为阴性。机制可能为乙酸使感染上皮细胞中的蛋白质凝固而呈白色。

03.189　计算机辅助细胞学检查　computer-assisted cytology test

利用计算机及神经网络软件对细胞涂片进行自动扫描、读片、筛查，最后由细胞学专业人员做出最后诊断的一种技术。在宫颈癌早期诊断中得到广泛应用。

03.190　液基薄层细胞学检查　thin-prep cytology test, TCT

一种特殊的对子宫颈细胞进行检查以判断宫颈病变的检查方法。是利用特制小刷子刷取宫颈细胞，标本取出后立即洗入有细胞保存液的小瓶中，通过高精密的杂质分离，并使滤后的上皮细胞呈单层均匀地分布在玻片上。可提高识别宫颈病变的灵敏度和特异度。

03.191　宫颈活检　cervical biopsy

对子宫颈进行活组织检查的手术。是确诊宫颈癌前期病变和宫颈癌最可靠的方法。在宫颈鳞柱交界部的 6 点、9 点、12 点和 3 点处取标本，或在碘试验不着色区或肉眼观察到的可疑癌变部位，取多次组织（不可过浅），进行连续切片病理检查。

03.192　血浆峰值浓度　peak plasma concentration

某物质在血浆浓度变化中的最高值。

03.193　中心静脉压　central venous pressure, CVP

大静脉及右心房室的充盈压。是了解患者心动功能的一项指标，也能判断血容量是否充足，指导补液量和补液速度。正常值为 8~12cmH_2O。

03.194　药物过敏试验　drug anaphylaxis test

检测药物有无过敏反应的试验方法。某些药物易引起过敏反应或可引起严重的过敏反应，在使用该药物前应做过敏试验，阳性者禁用此药物或此类药物。过敏体质或对此药有过敏史者，也应禁用此药。

03.195　药物敏感试验　drug susceptibility test

测试抗生素对某种致病菌治疗有效性的试验。能有效抑制或杀死致病菌的药物为敏感药物。临床应选用敏感抗生素治疗和控制感染。

03.196　无创性诊断　non-invasive diagnosis

临床上应用的物理诊断及超声诊断等检查方法。对人体无创伤。

03.197　宫内节育器定位诊断　localization diagnosis of IUD

根据临床症状和体征，应用 B 超等影像学检查方法，对宫内节育器的位置进行诊断。

03.198　超声诊断　ultrasound diagnosis, ultrasonic diagnosis

主要应用反射原理，根据超声的良好指向性与光相似的反射、折射、衰减及多普勒效应等物理特性，将超声发射到人体内，并在组织中传播，通过超声显示的图像，对脏器及病变部位进行诊断。

03.199　B 型超声诊断仪　B-mode ultrasound diagnosis instrument

超声诊断仪一种。B 型超声图像以光点的大小、辉度、亮暗来显示各种图像。主要通过对脏器或病变的周边回声、内部回声、后方回声、邻近关系与活动功能的观察来实现。

03.200　二维 B 超检查　two-dimensional ultrasound examination

应用二维超声诊断仪在荧光屏上以强弱不同的光点、光团、光带或光环，显示探头所在部位脏器或病灶的断面形态及其与周围器官的关系。

03.201　经腹部超声检查　ultrasound examination by abdomen

检查者手持探头在腹部皮肤上移行，获得脏器或病变的轮廓和内部结构图像，或在一个立体扇形范围内获得各个角度切面的声像图，以观察病变的整个情况。检查前适度充盈膀胱，形成良好的“透声窗”，便于观察盆腔内的脏器和病变。

03.202　经阴道超声检查　ultrasound scanning by vagina

通过阴道超声探头进行超声检查。与腹部超声扫描相比，阴道探头靠近盆腔深部的器官，大大缩短了扫描距离，克服了组织衰减。选用高频探头，获得高分辨率的图像，可观察盆腔器官的微细结构。操作简单，受检者不必充盈膀胱，对肥胖患者或盆腔深部器官的观察效果更佳。未婚者不宜选用。检查前探头需消毒，并套上一次性使用的橡胶套（常用避孕套），套内外涂耦合剂。

03.203　三维超声检查　three-dimension ultrasonography imaging

应用三维超声诊断仪的探头对脏器或病灶进行各种轴向的扫查，将二维图像加以存储，然后由计算机合成立体图像。有静态和动态两种。

03.204　彩色多普勒超声检查　color Doppler ultrasonography, CDS

利用多普勒原理，实时显示组织器官的血流速度、血液状态等信息的技术。是一种无创伤性检查心内分流和反流的技术。在妇产科领域，用于评估血管收缩期和舒张期血流状态的常用指数为阻力指数、搏动指数及收缩期舒张期比值（S/D）。

03.205　彩色多普勒血流图　color Doppler flow imaging, CDFI

应用彩色多普勒超声仪检查探头所在部位的血流图像。

03.206　B 超下过氧化氢通液术　H_2O_2 hydrotubation by ultrasound

判断输卵管通畅性及有无盆腔粘连的一种检查方法。先从宫腔灌注生理盐水 15ml，再缓慢注入 3%过氧化氢 3~5ml，并在 B 超下观察，如输卵管通畅，可见宫腔内有气体翻滚，并向两侧输卵管移动，最后在直肠陷凹可见液体和气体；如推注有一定阻力，盆腔内偶见气体，或直肠子宫陷凹有少许液体和气体，说明输卵管通而不畅；若子宫内有气体，部分输卵管内有气泡回声，但无气泡向盆腔溢出，说明输卵管阻塞，并可确定阻塞侧别和部位。溢入盆腔的气泡聚集成团不弥散，表明盆腔有粘连。此方法安全、简便，比较准确，且过氧化氢是消毒剂，加上推注的物理压力有一定的治疗炎症粘连的作用。缺点是不如 X 线造影清晰，少数患者术后腹痛。

03.207　计算机体层成像　computed tomography, CT

又称“计算机断层扫描”。以 X 线束从多个方向沿着身体某一选定断层层面进行照射，测定透过的 X 线量，数字化后经过计算得出该层面组织各个单位容积的吸收系数，然后重建图像的一种技术。

03.208　磁共振成像　magnetic resonance imaging, MRI

利用人体中质子在强磁场内受到脉冲激发，产生磁共振现象，经过空间编码技术，把以电磁波形式放出的共振信号接收转换，最后通过计算机形成图像，进行疾病诊断的技术。是 20 世纪 80 年代出现的彻底摆脱 X 线损伤的全新扫描技术。能从任何方向截面显示解剖病变和其质子密度图像，还可以得到反映组织生理生化信息的 T_1、T_2 图像，在某些方面优于 CT。

03.209　正电子发射体层成像　positron emission tomography, PET

一种通过示踪原理，以解剖结构方式显示体内生化和代谢信息的影像技术。

03.210　内[窥]镜　endoscope

由冷光源、光导纤维及内视镜组成，用于观察人体内某些器官状况的特制医疗器械。

03.211　内[窥]镜检查　endoscopy

用内镜查探人体体腔及脏器内部的检查方法。

03.212　妇科内[窥]镜　gynecological endoscope

应用于妇产科及计划生育专业的内镜。常用的有腹腔镜、宫腔镜、阴道镜、胎儿镜、羊膜腔镜等。

03.213　阴道镜　colposcope, vaginoscope

用于外阴、阴道和宫颈上皮结构及血管形态观察的一种光学内镜。可将被观察的局部放大 10~40 倍。

03.214　阴道镜检查[术]　colposcopy, vaginoscopy

用阴道镜对外阴、阴道和宫颈上皮结构及血管进行观察，以发现与癌有关的异型上皮、异型血管，直到可疑病变部位的活体组织检查，辅助诊断宫颈上皮内瘤变（CIN）及早期宫颈癌等的检查方法。方法：患者取截石位，使用窥器暴露宫颈。干棉球清除宫颈黏液，用 5%的乙酸将异常区域染白。如果移行带的上界位于宫颈管内，使用钳子可帮助暴露整个区域。如果移行带的上界不能看到，这样的检查是不完全的。应用活检钳从阴道镜下异常区域取样以确定组织学诊断。结果回报后，可用电凝或激光灼烧治疗。对移行带进行的电圈切除可用来切除宫颈病灶。

03.215　宫腔镜　hysteroscope

一种能进入宫腔进行检查、活体取材、手术的光导纤维内镜。

03.216　宫腔镜检查[术]　hysteroscopy

通过直接观察或连接于摄像系统和监视屏幕将宫腔、宫颈管内图像放大显示，以确诊或辅助诊断宫腔及宫颈管病变的方法。在宫腔镜下可以看到子宫内膜息肉、纤维瘤、粘连及不同类型的子宫内膜，如正常的、增生的、萎缩的、恶变的子宫内膜。还可使用宫腔镜进行内膜活检、分离粘连、取出息肉及异位的节育器。月经过多的妇女还可用电切环或激光切除子宫内膜内层，黏膜下肌瘤也可用此方法切除。

03.217　子宫输卵管造影　hysterosalpingography, HSG

一种用来评估输卵管是否通畅及显示宫腔结构异常的 X 线诊断方法。还可了解宫腔形态，如有无宫腔粘连、子宫内膜息肉及异物。

03.218　腹腔镜检查[术]　laparoscopy

通过腹腔镜检查盆腔、腹腔的方法。在腹腔充满 CO_2 气体后，将腹腔镜插入腹腔。腹腔镜使得妇科疾病的诊断和手术在非剖腹手术情况下完成成为可能。技术：患者被全身麻醉及给予人工通气，采取改良的劳埃德–戴维斯体位，头部向下，膀胱留置尿管。在脐部做一个小切口，将气腹针插入腹腔，CO_2 气体充填腹腔至压力达 20mmHg。把针退出，置入腹腔镜的套针及插管，取出套针，插入腹腔镜，直视盆腔器官。妇产科用于盆腔痛、异位妊娠的诊断和治疗，不孕症检查，绝育术，异位节育器的诊断与取出，辅助受孕及妇科癌症的分期和手术。

03.219　胎儿镜　fetoscope

直径很细的，带有羊膜穿刺针，可进入羊膜腔观察胎儿的双套管光导纤维内镜。

03.220　胎儿镜检查[术]　fetoscopy
通过母体腹部穿刺经过子宫肌层进入羊膜腔，观察胎儿情况的方法。还可进行脐带血和胎盘血的采集、胎儿组织活检，对异常胎儿进行宫内治疗甚至手术。因设备昂贵，技术要求高，对胎儿的危险性较大，目前应用少。

03.221　分段诊刮　fractional curettage
宫颈管和宫腔分别进行刮宫，能鉴别子宫内膜癌和宫颈管腺癌，也可明确子宫内膜癌是否累及宫颈管，为制定治疗方案提供依据的方法。

03.222　诊断性刮宫手术　diagnostic curettage
了解宫腔深度、宽度，并刮取子宫内膜和其他组织做病理检查，以明确诊断及指导治疗子宫内膜癌、子宫内膜结核、子宫颈管癌、子宫腔残留组织、功能失调性子宫出血等疾病，或了解不孕症患者卵巢功能的手术。也可对子宫内膜组织进行雌激素受体检查，以了解子宫内膜对雌激素的反应情况。

03.04　手　　术

03.223　绝育术　sterilization
通过手术或非手术途径切断或堵塞输卵管或输精管，以阻止卵子和精子相遇而达到永久性避孕目的。

03.224　男性绝育术　male sterilization
采用切断、结扎、堵塞等方法阻断阴囊段输精管，以阻止精子排出，使射出的精液不含精子，以达到永久避孕目的的手术。

03.225　输精管结扎术　vasoligation
切除一小段输精管并将两断端结扎阻断输精管道的手术。手术后射出的精液不含精子，从而达到绝育的目的。是男性绝育手术中应用最早最典型的方法。

03.226　直视钳穿法输精管结扎术　no-scalpel vasectomy
不用手术刀，而用特制的输精管皮外固定钳将输精管固定于阴囊皮下，再用输精管分离钳穿入阴囊皮肤直至输精管腔内，一次分开阴囊皮肤及输精管壁，提出输精管予以分离结扎，再将输精管残端分层隔离的一种手术方法。

03.227　钳穿法输精管结扎术　clamp pierced vasectomy
在局部麻醉下三指固定输精管后用特制的尖头输精管分离钳穿刺并分开阴囊壁，再用输精管固定钳提出并固定输精管，行输精管结扎的一种手术方式。

03.228　针头固定小切口法输精管结扎术　syringe needle fixed and mini-incision vasectomy
局部麻醉后将针头从输精管下方穿过阴囊皮肤，将输精管固定在针头与阴囊皮肤之间，再用刀片一次纵行切开阴囊皮肤直达输精管管腔，用输精管小提钩提出、游离并结扎输精管的一种手术方法。

03.229　穿针引线法输精管结扎术　percutaneous vasoligation by sewing machine needle
局部麻醉后用中号直圆针单孔引入丝线套住输精管，再从裂口中挑出，分离结扎输精管的一种手术方法。

03.230　针挑法输精管结扎术　syringe needle vasectomy
局部麻醉后用左手拇指、示指将输精管固定在阴囊皮下，用尖刀片直接刺到输精管并游离，再用 2 枚 8 号注射针头固定、挑出输精管，然后分离结扎的一种手术方法。

03.231 输精管药物注射黏堵术 chemical occlusion of vas

经阴囊皮肤穿刺输精管并将黏堵剂注入输精管腔内，造成管腔闭塞，以阻止精子排出，达到永久避孕的一种非手术切除输卵管的男性节育方法。

03.232 输精管黏堵剂 adhesive blocking agent

用于输精管黏堵术内含石炭酸和α-氰基丙烯酸正丁酯的化学药物。

03.233 经皮输精管穿刺术 percutaneous vas deferens puncture

将输精管固定在阴囊皮下，用注射针头直接穿刺入输精管腔，行管腔内注射的一种技术。

03.234 输精管栓堵术 vas occlusion

又称“输精管堵塞术”。经阴囊皮肤穿刺的方法将液态高分子化合物聚醚型聚氨酯弹性体或者硅橡胶，加压注入输精管腔内，在管内迅速固化为栓子，堵塞输精管腔以阻止精子排出，达到避孕目的的一种男性节育方法。

03.235 栓堵剂 vas occluding material

用于输精管栓堵术的高分子化合物聚醚型聚氨酯。特点是在体外呈液态，注入输精管腔后迅速固化形成栓子。

03.236 附睾内注药术 epididymal agent injection

经阴囊皮肤穿刺，将硬化性化学药物（硬化剂）经输精管近睾端注射到附睾尾部，以阻塞附睾管腔，阻断精子排出的通道而达到永久避孕目的的一种男性节育方法。

03.237 输精管内节育装置 intra-vas device, IVD

一种用手术方法置入输精管腔内并固定、阻止或限制精子通过，或灭活精子，使其失去受精能力达到避孕目的的装置。

03.238 输精管夹闭塞术 vas oalusion by clip

在暴露、游离输精管后，用金属夹将输精管腔闭合以阻止精子排出，达到永久避孕目的的一种男性节育方法。

03.239 输精管电凝绝育术 vasal electric coagulation

将电极插入输精管断端或输精管腔，使其一小段电凝、形成瘢痕闭塞，达到避孕目的的一种男性节育方法。

03.240 精囊灌注 seminal vesicle perfusion

在输精管结扎术中，用生理盐水或杀精药液向输精管精囊端低压缓慢灌注，冲洗及灭活远端输精管道和精囊内残余精子，能较快产生节育效果，防止残余精子使女方受孕的有效措施。

03.241 输精管吻合术 vasovasostomy

将人为阻断或病理性堵塞的输精管段切除，两断端行端端吻合，恢复其通畅性的一种手术方式。

03.242 显微外科输精管吻合术 microsurgical vasovasostomy

借助手术显微镜及显微外科器械施行的输精管端端吻合术。用于恢复输精管的通畅。

03.243 显微外科输精管附睾管吻合术 microsurgical vasoepididymostomy

应用显微外科技术施行的输精管与附睾管的吻合术。使附睾精子能够顺利通过输精管排出。

03.244 激光节育 vas occlusion by laser irradiation

利用光导纤维将激光束引入照射输精管腔黏膜产生凝堵效果，形成瘢痕闭塞，达到节育目的的一种男性节育方法。

03.245　宫内节育器放置术　insertion of intrauterine device, insertion of IUD

将节育器经宫颈置入宫腔底部中央的手术方法。

03.246　宫内节育器取出术　removal of intrauterine device, removal of IUD

因不良反应或并发症、改用其他避孕方法、带器妊娠、放置期已满、要求生育或已绝经等，经宫颈将节育器由宫腔内取出的手术。

03.247　宫内节育器换置　replacement of IUD

在取出宫内节育器的同时放置另一枚节育器的手术。

03.248　经期宫内节育器放置　IUD insertion during menstrual period

在经期放置宫内节育器的手术。因经期宫颈口松弛，放置节育器不必扩张宫颈；同时也减少一次阴道出血。

03.249　经后宫内节育器放置　IUD insertion after menstrual period

又称“经间期放置宫内节育器”。最常放置节育器的时间是月经干净后3~7日。

03.250　剖宫产即时宫内节育器放置　immediate post-cesarean IUD insertion

剖宫产取出胎盘后，即时放置节育器的手术。可避免产后近期内妊娠。

03.251　产时即时宫内节育器放置　immediate post-partum IUD insertion, IPPI

产后胎盘娩出后，即时放置节育器的手术。可避免产后近期内妊娠。

03.252　流产后即时宫内节育器放置　immediate post-abortion IUD insertion

在流产手术后即时放置节育器的手术。可避免流产后近期妊娠。

03.253　皮下埋植剂放置术　insertion of implant

在局部麻醉下将载有左炔诺孕酮避孕药的埋植剂置于上臂内侧皮下的手术。

03.254　皮下埋植剂取出术　removal of implant

在局部麻醉下将载有左炔诺孕酮避孕药的埋植剂从埋植部位取出的手术。

03.255　女性绝育术　female sterilization

又称“输卵管绝育术（tubal sterilization）”。通过阻断输卵管、阻止精卵相遇而达到绝育目的的手术。可以通过腹腔镜下切除，夹子、环套、药物黏堵、闭塞输卵管或电凝输卵管，或者小切口开腹手术行输卵管阻断。此方法高效但不可逆，失败率大约为0.1%。手术常规在局部麻醉下进行，月经过期或自认为可能妊娠的妇女必须先排除妊娠。

03.256　输卵管结扎术　uterine tube ligation

将输卵管结扎（输卵管可以切断或不切断），阻断输卵管，达到绝育目的的手术。包括经腹输卵管结扎术、经阴道输卵管结扎术、腹腔镜下输卵管结扎术等。

03.257　经腹输卵管结扎术　abdominal tubal ligation

经腹壁进入盆腔将输卵管结扎的手术。是临床上最常用的一种安全、可靠的女性绝育方法。

03.258　经阴道输卵管结扎术　vaginal tube ligation

将阴道后穹隆切开，进入盆腔，环扎输卵管，阻断输卵管的手术。应注意避免直肠损伤、术后感染等并发症。

03.259　抽芯包埋法输卵管结扎术　translation of core packing method

又称“近端包埋法（translation of near end bury method）”。在输卵管峡部无血管区浆膜下注射少量生理盐水，切开浆膜，游离输卵管后，用蚊式钳夹住两端，中间切除1~1.5cm输卵管，结扎线分别结扎输卵管两断端，近端包埋在输卵管浆膜内，远端游离在浆膜外的手术。

03.260　输卵管双折切断结扎术　Pomeroy sterilization

又称“波氏改良法输卵管结扎术”。环扎输卵管后，在结扎线上方剪去约1cm长的一段输卵管，以防止输卵管复通的手术。

03.261　银夹法输卵管绝育术　tube sterilization by silver clip

将特制的银夹放在放置钳上，再将放置钳钳嘴对准提起的输卵管峡部，使其全部置入银夹内的二臂之中，缓慢紧压钳柄，压迫夹的上下臂，持续压迫1~2s后放开上夹钳，银夹被平整地夹在输卵管上的手术。

03.262　电凝法输卵管绝育术　tube sterilization by electric coagulation

利用电凝器通电烧灼输卵管，破坏或闭锁输卵管管腔而达到绝育目的的手术方法。

03.263　输卵管黏堵绝育术　chemical tube occlusion

将套有塑料管的导管经宫颈、宫腔侧壁达宫角，将塑料管盲插入输卵管内，或在宫腔镜下将塑料管插入输卵管内，再注入黏堵剂，阻塞输卵管或引起输卵管内膜化学性损伤、粘连，继发输卵管阻塞的手术。

03.264　输卵管黏堵剂　adhesive blocking agent

用于堵塞输卵管的化学药剂。常用的为复方苯酚糊剂。

03.265　腹腔镜下输卵管绝育术　peritoneoscopic tubal sterilization, laparoscopic tube sterilization

在腹腔镜直视下通过结扎、电凝、钳夹、硅胶环套或用药物黏堵输卵管，以达到输卵管阻断的一种绝育手术。

03.266　套环法腹腔镜输卵管绝育术　laparoscopic sterilization by Falope ring

腹腔镜下应用特制双圆筒套环器放置，将由硅橡胶制成的套环套在输卵管结襻上，阻断输卵管，达到绝育目的的手术方法。

03.267　置夹法腹腔镜输卵管绝育术　laparoscopic sterilization by Hulka clip or Filshie clip

腹腔镜下应用特制的放置器将输卵管夹置于输卵管峡部，阻塞输卵管达到绝育目的的手术方法。

03.268　银夹　silver clip

用于阻断输卵管的银质夹子。

03.269　输卵管套环　Falope ring

输卵管绝育的器具。由硅橡胶制成。套环内径1mm，外径3.5mm，厚2.2mm。将输卵管呈襻状嵌入环套内，使之管腔闭塞，达到避孕目的。

03.270　电凝法腹腔镜输卵管绝育术　laparoscopic sterilization by electro-coagulation

腹腔镜下使用抓钳夹住输卵管，利用电凝器通电烧灼输卵管，破坏或闭锁输卵管以达到绝育目的的手术方法。

03.271　人工流产　induced abortion

通过机械或药物等方式，人工终止妊娠的手

术方法。包括早期人工流产和中期妊娠引产。早期人工流产可分为手术流产（负压吸引术、钳夹术）和药物流产。可作为避孕失败的补救措施或治疗性终止妊娠的手段，不能作为常用的节育方法。

03.272　负压吸引术　vacuum aspiration

利用负压通过吸管将早期妊娠产物自宫腔吸出，以达到终止妊娠的手术方式。用于终止 10 周以内的妊娠。是我国自主发明的人工流产手术。

03.273　药物流产　medical induction

应用药物促使早期（一般为停经 49 天内）或中期妊娠终止的一种人工流产方法。最常用的药物是米非司酮与前列腺素配伍。原理为米非司酮能和孕酮竞争性结合蜕膜的孕激素受体，从而阻断孕酮活性而终止妊娠。同时由于妊娠蜕膜坏死，释放内源性前列腺素，促进子宫收缩及宫颈软化。前列腺素对妊娠子宫有明显的收缩作用。两者合用效果较好。

03.274　钳夹术　clamping and curettage

妊娠 10~14 周时，因胎儿逐渐长大，胎盘已经形成，子宫也随着长大变软，将大号吸管或卵圆钳插入宫腔，先破羊水，待羊水流尽后再夹取胎盘及胎儿的手术。此时终止妊娠不宜采取负压吸宫术。

03.275　清宫术　evacuation of uterus

在人工流产手术、药物流产、中期妊娠引产后并发流产不全、妊娠组织物（蜕膜、绒毛、部分胎盘、胎膜等）有残留时，将残留物清除干净的手术。

03.276　药物刮宫　medical curettage

应用孕酮或人工周期治疗，停药后导致撤退出血，使宫腔内组织排出体外的手术。

03.277　探宫腔术　sounding of uterine cavity

宫颈、宫腔粘连后，经期经血无法流出，会引起腹痛及经血逆流而导致子宫内膜异位症，需用探针沿宫腔方向探入，再用扩张器扩张宫口引流经血的手术。

03.278　阴道冲洗　vaginal douche

以消毒液灌洗阴道的方法。宫腔手术术前应常规进行阴道冲洗，防止术后上行性感染。

03.279　中期妊娠特点　character of second trimester pregnancy

妊娠 13~27 周的特点。此时胎盘形成，分泌大量孕酮，使子宫肌对催产素不敏感，诱发宫缩困难；子宫增大、充血，肌壁软，易损伤；胎盘面积增大增厚，但小叶发育不完善，不易自宫壁完整剥离；蜕膜较厚，易致蜕膜残留；羊水较多，易致羊水栓塞；胎儿骨骼形成，胎体较硬易致子宫、宫颈损伤。

03.280　中期妊娠终止术　termination of second trimester pregnancy

在中期妊娠时终止妊娠的手术方法。现常用的有依沙吖啶羊膜腔内注射、水囊引产、经腹剖宫取胎术等。

03.281　经腹羊膜腔穿刺术　transabdominal amniocentesis

利用长针穿过腹壁和子宫壁进入羊膜腔的手术操作。用于抽取羊水或脐带血标本，进行细胞遗传学染色体核型和生物化学的检查分析；或注入药物进行引产；或注入等渗液体以增加羊水量。

03.282　引产　induction of labor

利用人工方法终止 13 周以上妊娠的手术。分为中期引产（妊娠 14~27 周）和晚期引产（妊娠 28 周以后）。引产常用的药物有前列腺素、依沙吖啶、天花粉等。手术方法主要有水囊引产和剖宫取胎术。

03.283　前列腺素引产　prostaglandin induction of labour

应用前列腺素（PG），通过静脉滴注、舌下含服或口服、羊膜腔内或阴道内用药进行引产的一种方法。临床常用的前列腺素是前列腺素 E_2（PGE_2）和前列腺素 $F_{2\alpha}$（$PGF_{2\alpha}$），应用途径：口服、阴道用药。

03.284　水囊引产术　induced abortion by water bag, induction of abortion with water bag

将消毒过的特制水囊置入宫腔，引起宫缩，将胚胎及妊娠产物排出宫腔的手术方法。

03.285　治疗性流产　therapeutic abortion

妊娠 27 周以内，因母体患某种严重疾病或发现胎儿异常，经妇产科及相关专科医生会诊认为不宜生育，继续妊娠对母亲和胎儿将造成严重危害，甚至对母亲的健康和生命造成威胁，应及时终止妊娠，此时实施的流产即为治疗性流产。

03.286　经阴道后穹隆穿刺术　transvaginal culdocentesis

由阴道后穹隆顶端行穿刺，对抽出物进行肉眼观察、化验、病理检查，是妇科常用的辅助诊断方法。

03.287　输卵管通气术　tubal insufflation

一种检查卵输管通畅性的方法。即应用造影器，将头部置入宫颈内，导管的后端一侧连接压力管，一侧连接注射器管或二氧化碳通气装置，若输卵管通畅，压力会逐渐下降。

03.288　输卵管通液术　hydrotubation

检查输卵管是否通畅的一种方法，并具有一定的治疗功效。即通过导管向宫腔内注入液体，根据注液阻力大小、有无回流及注入液体量和患者感觉等判断输卵管是否通畅的手术方法。

03.289　宫腔镜下输卵管插管通液术　fallopian tubal recanalization by hydrotubation

在宫腔镜下将导管插入双侧输卵管后再进行的通液术。

03.290　宫腹腔镜联合输卵管通液术　fallopian tubal recanalization by hydrotubation combined laparoscope

在宫腔镜下，将导管插入输卵管进行通液术的同时，在腹腔镜下观察输卵管的通畅情况。

03.291　宫颈扩张器　cervical dilator device

又称“黑加尔扩张器(Hegar dilator device)”。扩张宫口部或宫腔的细棒状器械，顶端圆钝。在刮宫术或人工流产手术时扩张子宫颈管。

03.292　刮匙　curette

一种用于自腔隙刮除组织的匙形器械。

03.293　宫颈扩张术　dilatation of the cervix

利用宫颈扩张器自小至大，逐步钝性扩张宫颈内外口，以便于宫腔操作的方法。

03.294　宫颈扩张及刮宫术　dilatation and curettage, D&C

利用扩张器扩张子宫颈和应用刮匙刮除子宫内膜的手术。常用于诊断、治疗子宫出血，流产后宫内残留物、息肉去除，肿瘤摘除。

03.295　宫颈扩张及清宫术　dilatation and evacuation, D&E

利用扩宫器扩张宫颈管，应用刮匙、吸管、胎盘钳去除宫腔内妊娠组织物的手术。常用于产后或引产后胎盘胎膜残留、不全流产及人工流产不全（包括药物流产不全）、稽留流产、葡萄胎。

03.296　子宫内膜切除术　endometrial ablation, transcervical resection of endometrium

利用宫腔镜下金属套环、激光、滚动球电凝或热疗等方法，使子宫内膜组织凝固或坏死的手术。

03.297　子宫切开术　hysterotomy corporeal cesarean section

又称“宫体剖宫产（mini-cesarean section）”。妊娠小于 5 个月在宫体、妊娠大于 5 个月选择子宫体下部，切开宫壁，取出胎儿及附属物的手术操作。仅用于中期妊娠流产失败或发生并发症时。

03.298　输卵管切开术　salpingotomy

输卵管妊娠的保守性手术。在输卵管妊娠部位对着输卵管系膜的边缘做一小直线切口，将妊娠产物取出的手术方法。

03.299　输卵管造口术　fallostomy

在闭锁的输卵管伞端造口以畅通卵子进入宫腔通道的手术。适用于因输卵管伞端闭锁所导致的不孕症。

03.300　输卵管伞端成形术　fimbriated extremity of fallopian-plasty

重建远端闭合的输卵管，使其恢复正常输卵管结构的手术。适用于治疗输卵管伞部阻塞而伞外形正常、输卵管伞部黏膜皱襞依然可以辨别的不孕症。

03.301　输卵管成形术　salpingoplasty

对异常的输卵管进行手术，使其恢复正常结构的手术方法。适用于不孕患者子宫碘油造影显示输卵管积水或闭锁者。输卵管结核不宜造口。

03.302　输卵管切除术　tubal resection, salpingectomy

切除输卵管的手术。适用于输卵管结扎术失败后再次绝育、输卵管炎性包块经保守治疗无效、输卵管妊娠者等。

03.303　输卵管伞端切除术　fimbriectomy

将双侧输卵管伞端切除而达到绝育的一种手术。复通手术的成功率低，故很少采用。

03.304　腹式输卵管切除术　abdominal salpingectomy

经腹实施的输卵管切除手术。用于输卵管妊娠有腹腔大出血、伴有休克的患者。

03.305　腹式输卵管切开术　celiosalpingotomy

经手术切开腹壁进入盆腔，沿输卵管长轴做一切口，切开输卵管壁进入管腔的手术。多用于输卵管妊娠保守手术时胚胎组织取出。

03.306　子宫输卵管吻合术　uterosalpingostomy

楔形切除部分宫角和阻塞段输卵管，暴露宫角部宫腔，将输卵管峡壶部或壶腹部经切口置入，并将管壁分别缝吊于切口两侧宫壁，以使输卵管管腔与宫腔相通的手术。常用于输卵管间质部堵塞或黏堵绝育术后复通手术。

03.307　显微输卵管吻合术　tube anastomosis by microsurgery

在显微镜下进行的输卵管吻合术。适用于绝育术后要求复通的受术者和因输卵管狭窄或梗阻引起的不孕症。

03.308　微创手术　microtraumatic operation

比一般性手术创伤小的手术。如妇产科的腹腔镜手术、宫腔镜手术、经阴道输卵管结扎术等。

03.309　子宫内口缝扎术　transfixion of

ostium internum uteri

在特定病理状态下缝扎子宫内口的手术。在妊娠 26 周前发生无痛性流产，且检查时宫颈口呈松弛状态，可诊断为宫颈内口松弛症，一旦确诊，应在再次妊娠后及时采取子宫内口缝扎术。在以往流产孕周之前进行。通常选在妊娠第 12~14 周。到妊娠足月或有临产先兆时，再拆除缝扎线，胎儿就能顺利产出。

03.310 宫颈切除术 amputation of cervix

切除异常子宫颈的手术方法。对因宫颈陈旧裂伤，尤其是双侧裂伤所致的慢性宫颈炎、宫颈肥大，经电烙无效，可考虑宫颈切除术及修整术。也可用于子宫脱垂、子宫颈延长症。

03.311 宫颈修补术 trachelorrhaphy

缝合子宫颈裂伤的手术操作。以恢复其原有的解剖结构。

03.312 髂内动脉结扎术 ligation of hypogastric artery

打开后腹膜，游离髂内动脉，在其起始部 2.5~3.0cm 处带两根 7 号丝线，将两根丝线间隔 0.5cm，分别结扎，不剪断血管的手术。妇产科做盆腔手术产生难以控制的出血时，行髂内动脉结扎术是一种有效的拯救生命的措施。产科施行髂内动脉结扎术的适应证包括妊娠子宫破裂、前置胎盘及子宫颈管和腹腔妊娠。

03.313 人工破膜术 artificial rupture of membrane

为促进分娩，而采用长针头刺破胎膜，使羊水缓缓流出，造成子宫体积缩小和先露部位下降，压迫宫颈反射地引起子宫收缩，加速分娩进程的技术。也是引产的一种手段。

03.314 瘢痕切除术 cicatrectomy

切除特定部位或异常瘢痕的手术。瘢痕充血、增生期或瘢痕体质者禁忌手术。适应证：①各种条索状瘢痕，影响美观或功能者；②瘢痕组织痒、痛，经常破溃或形成溃疡者；③怀疑瘢痕癌变者。

03.315 吻合术 anastomosis, ostomy

将有腔器官或条索状组织的两个断面连接起来的手术。

03.316 端端吻合 end-to-end anastomosis

将断裂、部分切除、损伤的组织两端进行缝合的手术。如血管、神经、肌腱、肠管、输卵管、输精管等。

03.317 内镜置管[术] endoprosthesis

将内镜置入体腔或体内器官的手术。

03.318 复孕术 reproductive surgery

恢复生育能力的一类手术。如取出宫内节育器、皮下埋植剂、输卵管复通术等。

03.319 羊膜腔穿刺[术] amniotomy, amniocentesis

利用长针穿过腹壁和宫壁进入羊膜腔内的操作。用于抽取羊水或脐带血标本，进行细胞遗传学染色体核型和生物化学检查分析；或注入药物进行引产治疗；或注入等渗液体以增加羊水量。

03.320 B 超监测 ultrasonic examination

在 B 超监视下实施负压吸宫术、钳夹术、探宫腔术、取宫内节育器等宫腔手术。还可以检测排卵。

03.321 监护麻醉 monitored anesthesia care

对患者施行监护的麻醉手术。可观察受术者的血压、脉搏、呼吸、体温、氧饱和度等参数。

03.05　手术并发症、避孕药具不良反应及相关疾病

03.322　手术并发症　complication of operation

由手术引起的其他疾病。计划生育手术虽是妇产科和外科的基本手术，但是大部分为盲视操作和小切口手术，有一定难度，也可能引起手术并发症。

03.323　男性绝育术后并发症　complication post male sterilization

由于实施男性绝育手术所引起的术后并发症。包括血肿、感染、痛性结节、附睾淤积症及性功能障碍等。

03.324　输精管精液囊肿　vasal semen cyst

输精管栓堵术特有的术后并发症。囊肿壁为增厚的输精管外膜，囊内容物为乳白色附睾液，镜下可见精子，如囊内出血，内容物可呈咖啡色。

03.325　精子肉芽肿　sperm granuloma

输精管绝育术后由于断端或输精管穿刺孔未完全闭合，或附睾管管腔扩张破裂，精子外漏到输精管外或附睾间质而引起的特有的病理变化，形成由精子、吞噬了精子的吞噬细胞和增生的纤维细胞所组成的肉芽肿。

03.326　精索血肿　spermatic cord hematoma

输精管结扎术中止血不彻底或者血管结扎线脱落导致出血，血液积于精索鞘膜内，形成的梭形肿块。边界清楚，张力高，随精索活动。

03.327　阴囊血肿　scrotum hematoma

输精管结扎术中因损伤输精管动脉且未能有效止血或者结扎线脱落导致阴囊内的出血肿大。皮肤红紫，阴囊内可触及边界不清肿块，可向会阴部弥散，重者可出现失血性休克。

03.328　痛性结节　painful nodule

输精管绝育术后远期并发症之一。为各种病理改变所致的有症状的输精管残端周围炎。常见于绝育术后 3 个月。结扎部位疼痛，可放射至腹股沟及腰骶部，性兴奋或射精时加剧，结扎结节触痛明显。

03.329　附睾淤积　epididymal stasis

输精管绝育术后，由于输精管管腔被阻断，附睾液和精子无法排出，积存在近端输精管和附睾尾部，造成近端输精管与附睾管管腔扩张、输精管增粗、附睾轻度肿大。但没有不适感或压痛。

03.330　附睾淤积症　epididymal stasis syndrome

输精管绝育术后远期并发症之一。输精管阻断术后附睾内压急性增高所导致的一过性充血性炎症，实质为附睾对外溢精子的无菌性炎症反应。常见于术后 6 个月以上。附睾肿胀、疼痛，并向腹股沟、下腹及腰骶部放射，较长时间站立、行走及性生活后加重；结节有明显触痛，与周围无粘连。

03.331　输精管自然再通　spontaneous recanalization of vas deferens

男性绝育术后，输精管在某些病理情况下自行恢复通畅，精液中出现精子的现象。

03.332　残余精子　residual sperm

输精管绝育术后短时间内存在于远端输精管、射精管和精囊等部位的精子。

03.333　棉酚中毒　gossypol poisoning

摄入棉酚引起的中毒。棉酚不仅可使男性睾

丸损伤，精子减少，还可使女性发生闭经及子宫萎缩。临床上分为烧热型及低钾型。烧热型以皮肤灼热但无汗为主，可伴有头晕、乏力、烦躁、恶心、瘙痒等；低钾型以肢体无力、麻木、口渴、心悸、肢体软瘫为主，若治疗不及时，可致死亡。

03.334 宫内节育器移位 displacement of IUD

又称“宫内节育器下移”。节育器的顶端离宫底内膜层的距离大于 1cm 的情况。会引起出血、带器妊娠等。

03.335 宫内节育器部分脱落 partial expulsion of IUD

宫内节育器移位到宫颈管或宫颈外口的情况。会引起出血、腹痛、带器妊娠等。

03.336 宫内节育器完全脱落 complete expulsion of IUD

宫内节育器移位到阴道或体外的情况。已无避孕效果。

03.337 宫内节育器异位 abnormal position of IUD

宫内节育器部分或全部嵌入子宫肌层，或异位到子宫外的盆腹腔内、腹膜外、阔韧带、膀胱、肠管等部位的情况。是较严重的并发症，应及时取出。

03.338 宫内节育器嵌顿 embedding of IUD, inlaid of IUD

节育器部分或全部嵌入子宫肌层的情况。常无临床症状，在取节育器遇到困难和失败时才被发现。

03.339 宫内节育器子宫外异位 extrauterine of IUD, ectopia of IUD

节育器异位到盆腹腔内、腹膜外、阔韧带、膀胱、肠管等部位的情况。

03.340 宫内节育器断裂 breakage of IUD

宫内节育器在子宫内断裂。节育器自发断裂较为少见，多数系取器手术困难时发生。常无临床症状，或有轻度腹痛及出血。

03.341 宫内节育器残留 remain of IUD, residual of IUD

宫内节育器在子宫内的残留。多数系取器手术困难时发生。常无临床症状，或有轻度腹痛及出血。可在宫腔镜下取出部分残留节育器。如残留的节育器位于子宫的肌壁内而无临床症状，则不必取出。

03.342 带器宫内妊娠 pregnancy with IUD

宫内节育器的位置正常或移位，同时合并妊娠的情况。应及时行人工流产手术，同时取出节育器。

03.343 带器异位妊娠 ectopic pregnancy with IUD

宫内节育器位于宫腔，同时合并异位妊娠。根据病情，先处理异位妊娠，节育器可待下次月经后再取。

03.344 皮下埋植剂脱出 expulsion of implant

埋植剂的部分脱出。硅胶棒一端裸露在表皮外。

03.345 皮下埋植剂移位 dislocation of implant, displacement of implant

埋植剂已远离原切口部位。在取出时应慎重选择切口位置，便于将埋植剂从一个切口取出。

03.346 皮下埋植剂断裂 breakage of implant

常发生在取埋植剂时用力不当，致使埋植剂断裂。必须及时将断裂的埋植剂取出，避免药物爆破性吸收。

03.347 皮下埋植剂迷失 aberration of implant
埋植剂埋植过深，取出术前用手指无法触及，需借助 X 线或 B 超检查协助定位后再手术。

03.348 埋植部位感染 infect of implant incision
在皮下埋植剂植入后发生在埋植部位的感染。与手术器械消毒不规范和施术者手术操作的无菌技术不严有关。埋植部位红肿、有压痛，极少数合并淋巴管炎。可按照一般外科常规处理。

03.349 埋植部位血肿 hematoma of implant incision
在皮下埋植剂植入后出现在埋植部位的血肿。与放置套管针时损伤皮下血管，而又未及时压迫止血，或术后未裹紧包扎绷带有关。

03.350 埋植剂取出困难 difficulty of removing implant
常因埋植剂异位或埋植剂与周围组织粘连，不能将埋植剂推至切口处的情况。

03.351 埋植剂取出失败 failure of removing implant
常因埋植剂埋植过深而难以取出，或因埋植剂离散，难以一个切口取出所有埋植剂的情况。

03.352 乳腺增生症 cyclomastopathy
由于体内雌激素、孕激素不平衡，可摸到乳腺增生结节，需排除乳腺癌。

03.353 功能性卵巢囊肿 functional oophoritic cyst
能自行萎缩或消失的卵巢囊肿。埋植剂中的左炔诺孕酮可刺激卵泡增大，形成功能性卵巢囊肿。大部分可自行萎缩或消失，不需手术，但需定期随访。

03.354 子宫损伤 injury of uterus
特定原因造成的子宫肌层和（或）浆膜层的损伤。任何进宫腔操作的手术均可引起。

03.355 子宫穿孔 perforation of uterus
实施宫腔手术操作时，由于机械造成宫壁损伤形成的孔洞。可由手术器械损伤；或发生在某种支撑力较大的宫内节育器展开或长时间压迫宫壁局部；或取出宫内节育器时，器具开放端穿透宫壁所致。

03.356 不完全性子宫损伤 incomplete injury of uterus
子宫肌层部分或全部损伤，但浆膜层完整。

03.357 完全性子宫损伤 complete injury of uterus
子宫肌层部分及浆膜层全部损伤

03.358 单纯性子宫损伤 simple injury of uterus
仅有子宫体本身损伤而无邻近器官的损伤。

03.359 复杂性子宫损伤 complicated injury of uterus
损伤子宫外同时累积邻近脏器，如子宫附件、肠管、膀胱、大网膜等。

03.360 子宫破裂 rupture of uterus
由于难产或引产处理不当，引起子宫肌壁全层断裂，瞬时可引起腹腔大出血。常由胎位不正、头盆不称、使用药物或助产不当引起。

03.361 人工流产出血 bleeding during induced abortion
人工流产负压吸宫术及钳刮术时出血量≥200ml 的情况。多由施术者未能迅速而完整将孕囊吸出、子宫收缩不良、子宫损伤、罕见的宫颈妊娠、子宫峡部妊娠、剖宫产瘢痕处妊娠及凝血机制障碍等造成。

03.362　人工流产术后感染　infection after induced abortion

人工流产手术后由致病菌所致的生殖器官炎症。多表现为急性子宫内膜炎、急性输卵管炎、急性盆腔炎、盆腔脓肿等。严重者可继发败血症、感染中毒性休克。

03.363　人工流产综合征　induced abortion syndrome, syndrome for artificial abortion

又称“*血管迷走反应*（vaso-vagal reaction）”。在实施负压吸引人工流产术时出现的一些体征和症状的集合，构成代表特殊疾病的独特临床征象。包括受术者在人工流产术中或手术结束时，出现心动过缓、心律不齐、血压下降、面色苍白、出汗、头晕、胸闷，甚至发生晕厥和抽搐等症状和体征。主要是由宫颈和子宫受到机械性刺激引起迷走神经兴奋所致，同时与孕妇精神紧张，不能耐受宫颈管扩张、牵拉和过高的负压有关。

03.364　人工流产吸空　misdiagnosis of pregnancy, erroneous aspiration

将未妊娠、异位妊娠、滋养细胞疾病诊断为宫内妊娠而误做流产手术。如术中未吸出绒毛组织，应将吸出物送检，并检测血 HCG 及进行 B 超检查，防止异位妊娠及滋养细胞疾病漏诊。

03.365　人工流产漏吸　missed aspiration

确定为宫内妊娠，但术时未能负压吸引到胚胎或绒毛组织，或只吸到部分蜕膜组织及少许绒毛组织，导致胚胎停止发育或继续发育，需再次手术终止妊娠。往往由胎囊过小、子宫过度屈曲或子宫畸形造成。

03.366　人工流产不全　incomplete induced abortion

人工流产手术未将胎囊、胎体全部取出，导致绒毛、部分胎体残留宫腔。

03.367　子宫内膜萎缩　endometrial atrophy

子宫内膜功能不全的一种类型。可以由卵巢功能低下、垂体病变、子宫内膜癌等多种病因引起。临床表现是月经量减少、不孕等严重的病变。一般多见于育龄期妇女。

03.368　子宫内膜增生　endometrial hyperplasia

因卵巢长期不排卵，缺乏孕激素对雌激素的抗衡作用，在雌激素持续作用下，使子宫内膜增生过长。往往发生于青春期或 40 岁以上的妇女。绝经前后妇女若长期使用雌激素，又未使用孕激素对抗也会引起子宫内膜增生过长。表现为不规则阴道出血，B 超检查显示：①内膜增厚呈梭状高回声；②内膜内可见散在的点状高回声区及小的无回声区；③内膜边缘不光整，但与肌层分界清楚。需刮宫或宫腔镜引导下组织活检才能明确诊断。在病理上分为腺囊型增生过长、腺瘤型增生过长及不典型增生过长。后两者被认为系子宫内膜癌的“癌前病变”，应引起重视。

03.369　宫腔积血　hematocele of uterine cavity

人工流产术后无出血或仅有少量出血，而宫腔内积有大量血液。需再次手术将宫腔内积血及残留组织清理干净。原因尚不明确。

03.370　宫腔积脓　pyometra, uterine empyema

子宫腔内炎性分泌物的潴留。常由子宫内膜急、慢性炎症或其他原因（宫颈肿瘤、炎症或医疗操作等）引起宫颈阻塞所致。

03.371　宫颈宫腔粘连　adhesion of cervical and uterine cavity

又称"阿什曼综合征（Ashman syndrome）"。子宫腔内手术操作如人工流产、诊刮、息肉及肌瘤摘除术等，特别是伴有感染的情况，有可能引起子宫腔呈部分或全部闭锁的状态。人工流产后继发宫颈、宫腔粘连，术后出血较少，继发闭经伴周期性腹痛，应及时行探宫腔术引流积血，防止继发子宫内膜异位症。

03.372　空气栓塞　air embolism

气泡经静脉或动脉进入血液循环系统造成的血管阻塞疾病。为负压吸宫术最为严重的并发症，抢救不及时可导致死亡。为防止本症发生，必须应用合格的吸引器。现在发现宫腔镜术中也合并 CO_2 气体栓塞，应引起重视。

03.373　自然流产　spontaneous abortion

妊娠 28 周前，胎儿体重低于 1000g，不能独立生存，未使用人工方法而自母体自然分离的流产。发生在 12 周以前者称早期流产，发生在 12~28 周者称晚期流产。根据流产的进展过程，又可分为以下几类：先兆流产、难免流产、完全流产、不全流产、稽留流产、习惯性流产、复发性流产及感染性流产。

03.374　先兆流产　threatened abortion

指妊娠 28 周前，出现少量阴道出血，或伴有轻微腹痛、腰痛，或下坠感，但早孕反应仍存在。妇科检查时子宫颈口未开，羊膜囊未破裂，子宫大小与停经月份相符。尿妊娠试验阳性，B 超示妊娠早期有胚囊、胚芽搏动，中期可见胎儿成形，有胎动、胎心搏动。如胚胎正常，消除流产的原因则出血停止，症状消除，妊娠可以继续。

03.375　难免流产　inevitable abortion

先兆流产经治疗仍无好转，流血增多，腹痛加剧，子宫口开大或已有羊水流出。

03.376　完全流产　complete abortion

通过先兆流产及难免流产阶段，胚胎或胎儿、胎盘已完全排出，阴道出血逐渐停止，腹痛随之消失。妇科检查发现子宫颈口多已关闭，子宫接近正常大小。一般不需特殊处理，必要时可做一次刮宫，以保证流产完全。

03.377　不全流产　incomplete abortion

部分胚胎已排出体外，尚有部分残留在子宫腔内的流产。阴道仍有出血，妇科检查子宫复旧差，尿妊娠试验为阳性，B 超检查宫内仍有异常强回声。一般都从难免流产发展而来。

03.378　稽留流产　missed abortion

又称"过期流产"。如胎儿死于子宫内超月仍未排出的流产。

03.379　习惯性流产　habitual abortion

连续流产 3 次以上者。

03.380　复发性流产　recurrent abortion, RA

与同一伴侣连续遭受 2 次或 2 次以上在妊娠 20 周前的流产。

03.381　感染性流产　infected abortion

流产合并生殖系统感染。是严重的流产并发症，多继发于不全流产或人工流产消毒不严格。患者有各阶段流产症状，伴发热、下腹痛及阴道分泌物有臭味。妇科检查发现子宫及附件有明显压痛。易并发腹膜炎或败血症，可引起感染性休克而危及生命。治疗应先控制感染，及时行刮宫术。

03.382　引产出血　bleeding during induced labor

引产过程中发生的出血。出血是中期妊娠引产中最常见的并发症。诊断标准为流产后

24h 内总出血量≥300ml。异位妊娠、软产道损伤、子宫破裂、胎盘因素、宫缩乏力、凝血功能障碍、羊水栓塞、弥散性血管内凝血（DIC）等均可引起出血。应及时诊治，防止失血性休克发生。

03.383　失血性休克　hemorrhagic shock

又称“低血容量休克（hypovolemic shock）”。由出血引起机体有效循环血容量减少而发生的休克。计划生育手术引起的失血性休克起病急骤，病程进展快，病情严重。抢救不及时可危及生命。

03.384　血容量减少　hypovolemia

又称“低血容量症”。体内血量减少的状况。出血、失液等各种原因都可导致血容量减少，当血容量减少到一定程度，超出机体的代偿能力时，组织的血液灌流量就减少，微循环发生障碍，组织细胞缺血、缺氧，器官功能受到损害而发生休克。

03.385　前置胎盘状态　placenta preposition, resolved praevia

妊娠中期胎盘附着于子宫下段，甚至胎盘下缘达到或覆盖宫颈口。由于胎盘位置低，在放置水囊后宫腔插管时可引起出血。也可在引产中及流产后出血，应及时诊治，防止失血性休克。

03.386　胎盘滞留　retained placenta, retention of placenta

胎儿娩出 30min 后，胎盘仍留在子宫内而未排出的现象。由胎盘与子宫壁粘连或产后子宫收缩不全，未能将已分离的胎盘及时排出所致。胎盘滞留妨碍子宫收缩，可引起产后大量流血。治疗上，可揉子宫或注射子宫收缩剂促进胎盘排出；正确处理第三产程可防止胎盘滞留，必要时，应手术取出胎盘。

03.387　蜕膜残留　retained decidua

中期妊娠蜕膜较厚，在胎盘娩出时，引起的部分蜕膜残留。可引起阴道大量出血，清宫术有效。

03.388　胎盘粘连　placental adherence

胎盘全部或部分与子宫壁粘连，不能自行剥离。多见于子宫内膜炎、多次刮宫术后，胎盘全部粘连者不出血，部分粘连者出血严重，治疗应行人工剥离胎盘术。

03.389　植入性胎盘　placenta increta

胎盘组织已全部或部分植入子宫肌层，导致胎盘不能全部剥离或部分不剥离，会引起产后大出血。

03.390　胎盘早剥　placental abruption

妊娠 20 周后或分娩期，正常位置的胎盘在胎儿娩出前部分或全部从子宫壁剥离。临床表现为突发性、持续性腹痛，伴阴道出血。有妊娠高血压综合征、高血压或外伤史的孕妇，于妊娠末期或临产时忽然发生腹部剧痛，继之发生少量阴道出血、急性贫血及休克，休克程度与阴道外出血不成比例。

03.391　绒毛膜血管瘤　chorioangioma

一种胎盘常见的肿瘤。较大的血管瘤常伴发羊水过多、胎儿宫内生长迟缓、先兆子痫。但大多数肿瘤直径小于 1cm，往往是产后检查胎盘时才发现。较大的混合瘤超声下可在胎盘切面内见到一较大的混合性回声团。此混合团在彩色多普勒下可录及血流频谱曲线。

03.392　产道梗阻　obstruction of birth canal

不同原因引起的产道不通畅。中期妊娠胎儿骨骼发育、胎体增大，难以通过未扩张或扩张不全的宫颈；胎位异常；盆腔有肿物均可造成软产道梗阻。处理不当可以引起子宫破裂。

03.393 子宫积血 hematometra

临床上偶见因阴道及子宫颈先天性发育畸形（处女膜闭锁、阴道闭锁、子宫颈闭锁，或者阴道缺如的各种情况），阻塞了月经血的排出而致经血潴留于阴道和子宫。可产生周期性下腹部疼痛。

03.394 宫颈裂伤 laceration of cervical

宫颈裂口大于 1cm，伴不同程度的出血。病因：①宫口未开全，产妇即用力屏气；②宫缩过强、急产、宫颈来不及充分扩展而致破裂；③产程延长，胎头长时间压迫宫颈以致水肿及缺血；④阴道手术助产术或手术操作不当；⑤催产素引产或加强宫缩；⑥宫腔手术中强行扩张宫颈或钳夹术中强行将较大的骨骼横行通过宫颈。诊断：①胎儿娩出后，阴道有持续鲜血流出，且子宫收缩良好，是最主要的特征；②阴道检查见宫颈边缘有裂口且＞1cm，多位于 3 点、9 点方向，常自宫颈外口向上扩展，延至穹隆，甚至可累及子宫下段。发现后应立即修补缝合。

03.395 阴道穹隆部裂伤 laceration of vaginal fornix

在中期妊娠引产中宫缩过强而宫颈扩张缓慢，两者不同步引起的宫颈阴道断裂伤合并阴道穹隆损伤。中期妊娠引产后应常规检查，发现裂伤应及时缝合。

03.396 会阴阴道裂伤 colpoperineal laceration

有三种情况。Ⅰ度裂伤：会阴皮肤及黏膜、阴唇系带、前庭黏膜或阴道黏膜等裂伤，不累及肌层和筋膜。Ⅱ度裂伤：包括会阴皮肤及黏膜、阴道黏膜、盆底肌肉及筋膜损伤，而肛门括约肌保持完整。多数呈向上与向两侧的方向撕裂并延及阴道侧沟，阴道后壁的下段黏膜呈舌状。Ⅲ度裂伤：除盆底肌肉外，裂伤累及部分或全部肛门括约肌，甚至损伤直肠壁。

03.397 子宫脱垂 descensus uteri

子宫从正常位置沿阴道下移，宫颈外口达坐骨棘水平以下，甚至全部脱出阴道口外。常伴有不同程度的阴道前后壁膨出，而以阴道前壁膨出多见。

03.398 阴道直肠膨出 colpoproctocele

重度以上子宫脱垂常伴有不同程度的阴道壁膨出。阴道壁膨出度分为：①轻度，阴道壁已达处女膜缘；②中度，部分阴道壁已膨出阴道外；③重度，阴道壁全部膨出阴道外。

03.399 内分泌失调 endocrine dyscrasia

人体内分泌系统所分泌的各种激素失去平衡（过多或过少）引起的相应临床表现。

03.400 女性绝育术并发症 complication of female sterilization

女性经腹部绝育术、经阴道绝育术、腹腔镜下绝育术等手术引起的其他术后疾病。

03.401 女性绝育术失败 failure of female sterilization

女性绝育术后再次妊娠。失败原因有绝育术后输卵管管腔再通、新生伞形成、输卵管瘘形成等，也与施术者技术、结扎方法及手术时机有关。

03.402 银夹移位 dislocation of silver clip

在输卵管绝育术时，用特制的银质夹子来阻断输卵管，因未能夹紧输卵管或银夹质量差而自行松开、移位。X 线检查可做定位检查。确诊后应及时取出。

03.403 腹壁切口感染 infect of abdominal incision

术后腹部切口红、肿、热、痛，伤口不愈合，甚至继发脓肿的现象。如保守治疗无效，应及时切开引流。

03.404　腹壁切口血肿　hematoma of abdominal incision

腹部输卵管绝育术在分离腹直肌或腹膜前脂肪层时，未能及时止血，术后伤口渗血，局部隆起，形成包块。有时有广泛瘀斑。应及时处理。受术者合并血液疾病也易发生。

03.405　输卵管系膜损伤　injury of tube mesentery

输卵管绝育术时提起输卵管过分用力导致系膜撕裂或局部粘连在游离输卵管时损伤系膜。可引起系膜血肿，应及时缝扎。

03.406　输卵管积血　hemosalpinx

病理条件下输卵管处的血液积聚。绝大多数为输卵管妊娠破裂或流产所造成。处女膜无孔、阴道闭锁或阴道横隔也可能引起。输卵管积水扭转或单纯性输卵管扭转均可引起继发性输卵管出血。此外，在某些极其个别的输卵管炎症情况下，输卵管间质层可能发生出血，当血液突破黏膜上皮进入管腔时，即可形成输卵管积血。

03.407　盆腔静脉淤血综合征　pelvic venous congestion syndrome

盆腔静脉淤血扩张导致患者出现以疼痛为主的一系列症状，而无明显阳性体征的一种综合征。可能与输卵管结扎后盆腔静脉回流障碍、盆腔血流动力学变化、前列腺素增加、雌雄激素比例失调、心理因素等多种因素有关。

03.408　盆腔感染　infection of pelvic

女性生殖器官、子宫处及盆腔腹膜的炎症。常因内外生殖器炎症未治疗而手术引起，也与手术器械、敷料消毒不严，术中无菌操作不规范有关。包括急性附件炎、盆腔腹膜炎、盆腔脓肿等。

03.409　脓肿　abscess

急性感染导致局部组织坏死、脓液淤积的病理状态。由于凝固酶的作用使病变局限形成脓腔，腔内脓液包括渗出液、细菌、坏死组织等。一旦形成，应及时切开引流。

03.410　上行感染　ascending infection

感染外生殖器的微生物上行引起内生殖器的感染。最常见的是炎症由外阴和阴道上行至子宫颈管和子宫内膜，即炎症由下而上蔓延。如不积极治疗，炎症就会由输卵管扩散到盆腔腹膜。是内生殖器炎症最主要、最常见的途径。

03.411　败血症　septicemia

细菌在血循环中持续存在并迅速繁殖所致的全身性感染。致病菌分革兰氏阳性球菌、革兰氏阴性杆菌和真菌三大类。起病急重，进展迅速，主要表现为寒战、高热、脉细速、多汗、头痛、腹泻、皮肤及黏膜瘀点，重者神志模糊甚至昏迷、血压下降，出现感染性休克，血白细胞增高，血培养阳性。治疗原则为大剂量应用有效抗生素，及时处理原发感染灶，加强全身支持疗法，增强抗病力。

03.412　感染性休克　septic shock

手术后并发严重全身感染（败血症、脓毒血症）引起的休克。除有感染症状外，还可出现意识障碍、心率加快、心音弱、脉搏细弱甚至不能触及、血压下降、脉压下降、尿量减少等。应及时抢救。

03.413　医院感染　nosocomial infection

全称“医院获得性感染（hospital-acquired infection）”。住院患者在医院获得的感染。包括在住院期间发生的感染和医院内获得的出院后发生的感染。

03.414　交叉感染　cross infection

外源性病原体引起的医院感染。

03.415　自身感染　self-infection

内源性病原体引起的医院感染。

03.416　大网膜粘连综合征　omentum adhesion syndrome

腹部手术后大网膜与腹壁组织或盆腔脏器有粘连导致的临床综合征。术后有腹痛，直立位时加重；伴有消化道症状。保守治疗无效需开腹手术。

03.417　脏器损伤　visceral injury

经腹绝育术、经阴道绝育术、腹腔镜下绝育术等均可能损伤腹腔内脏器，如肠管、膀胱、输卵管系膜、卵巢门等脏器的损伤。

03.418　肠损伤　enteric injury

外伤或手术原因导致的肠部损伤。常发生于开腹钳取腹膜时误夹肠管、用有齿有扣的卵圆钳夹取输卵管时误伤肠管或分离粘连时造成的损伤。

03.419　膀胱损伤　injury of urinary bladder

外伤或手术原因导致的膀胱处损伤。常发生于受术者术前未排空膀胱、手术切口偏低及术者分离腹膜前脂肪层时未认真辨认腹膜和膀胱壁的解剖特点时造成的损伤。发现损伤，及时缝合预后较好。

03.420　输卵管损伤　injury of uterine tube, injury of oviduct

输卵管绝育术时，输卵管与周围组织粘连，或提取输卵管时过分用力导致的损伤。在负压吸宫术和钳夹术时，子宫角损伤而继续操作也可损伤输卵管。发现损伤，及时处理。

03.421　卵巢损伤　injury of ovary

输卵管绝育术时，输卵管与周围组织粘连，或提取输卵管时过分用力导致的卵巢处损伤。在负压吸宫术和钳夹术时，子宫角被损伤而继续操作也可损伤同侧卵巢。发现损伤，及时处理。

03.422　卵巢门损伤　injury of ovarian hilus

严重的卵巢、输卵管损伤合并卵巢门血管损伤。发现损伤，及时处理。

03.423　阔韧带血肿　hematoma of broad ligament

在负压吸宫术和钳夹术时，子宫侧壁被损伤而继续操作，可损伤阔韧带内血管而继发的血肿。血肿较大，需开腹手术。

03.424　腹腔内异物遗留　foreign body of abdominal cavity

施术者缺乏责任心，工作粗心大意，未严格执行手术前、中、后清点手术器械及敷料的常规检查，导致上述物品遗留腹腔。一旦诊断应及时手术。

03.425　输尿管损伤　injury of ureter, injury of renal duct

严重的卵巢门损伤可同时损伤输尿管盆腔段的血管而继发输尿管瘘。应及时诊治。

03.426　腹腔镜输卵管绝育术并发症　complication of laparoscopic tube sterilization

腹腔镜输卵管绝育术导致的并发症。如麻醉并发症、气腹、血管损伤、胃肠道损伤、神经损伤等。腹腔镜输卵管绝育术的开展使妇科临床诊断技术得以提高，并避免了不必要的开腹手术，切口小、术后恢复快。

03.427　腹膜后血管损伤　injury of retroperitoneal blood vessel

腹腔镜手术时，穿刺针、手术刀等误伤腹主动脉、腔静脉、髂动静脉等血管而造成的损伤。这些大血管损伤是严重威胁受术者生命的并发症。应及时诊断，积极抢救，挽救生命。

03.428　腹膜外气肿　extraperitoneal aerocele
腹腔镜手术时，由于气针未穿入腹腔内导致的腹腔外充气。轻者无症状，数日内会自行吸收，无须处理。若皮下气肿延伸至纵隔或气体通过横膈裂孔而继发纵隔气肿，可引起呼吸循环功能障碍，甚至出现休克等，应积极诊治。

03.429　电烧伤　electric burn
腹腔镜手术中使用的能量如电流、激光、微波等，操作不当而导致的腹腔内器官热灼伤。一旦诊断，应积极进行修补术。

03.430　腹腔镜绝育术环或夹脱落　explusion of Falope ring or silver clip in laparoscopic sterilization
用特殊放置器将输卵管夹通过腹腔镜置于输卵管上，但由于未完全夹住输卵管或夹得过浅使夹滑脱，或应用特制双圆筒套环器将特制的环套在输卵管结襻上，由于套得太浅使环脱落。可导致绝育术失败，一旦诊断，应积极处理。

03.431　异位妊娠　ectopic pregnancy, eccyesis
又称“宫外孕（extrauterine pregnancy）”。受精卵在子宫体腔以外着床。是妇产科常见的急腹症之一，若不及时诊断和积极抢救，可危及生命。包括宫颈妊娠、卵巢妊娠、输卵管妊娠、腹腔妊娠、阔韧带妊娠等。

03.432　宫颈妊娠　cervical pregnancy
受精卵在宫颈管内着床和发育。较为罕见，多发生于经产妇或曾行多次人工流产手术者。子宫内膜缺损或瘢痕，严重宫腔粘连或孕囊游走速度过快等均与本病有关。诊断要点：有停经史，伴早孕反应；持续性阴道出血，时多时少，有时出现间歇性大出血以致休克；无腹痛症状；体征有宫颈软，呈紫蓝色，宫颈管增大，与宫体相等大小或大于宫体，呈葫芦形；宫颈外口扩张，内口紧闭。

03.433　卵巢妊娠　oocyesis, ovariocyesis, ovarian pregnancy
受精卵在卵巢内种植和发育。极为罕见。病因不明。一般要依据病理确定诊断。

03.434　子宫角妊娠　angular pregnancy
受精卵附着在输卵管口近宫腔侧或在输卵管间质部，但向宫腔侧发育而不在间质部发育的妊娠。与输卵管间质部妊娠有区别。严格来说，这种妊娠不应属于异位妊娠。大多数子宫角妊娠在3个月内流产，少数可引起子宫角破裂。个别达足月者，胎儿、胎囊逐渐充满宫腔，只是常常胎盘发育异常，不论流产或是足月分娩，胎盘都较难剥离，治疗应手术切除。

03.435　输卵管妊娠　tubal pregnancy, salpingocyesis, oviductal pregnancy,
胚泡在输卵管腔内植入并发育的异常妊娠。约占异位妊娠的95%。最常发生于壶腹部，其次为峡部，余为伞部及间质部。主要由输卵管腔通畅不佳所致，常见于输卵管炎。可导致：①输卵管妊娠流产；②输卵管妊娠破裂；③继发性腹腔妊娠。输卵管妊娠破裂可因急性内出血及剧烈腹痛而晕厥、休克。体征有阴道后穹隆饱满、触痛，该处或腹膜穿刺可抽出不凝固血液，应立即手术，大量出血并发休克者在纠正休克的同时手术抢救。

03.436　输卵管妊娠破裂　rupture of tubal pregnancy
囊胚在输卵管内继续生长，绒毛侵蚀、穿透肌层及浆膜层，导致管壁破裂，妊娠产物流入腹腔，也可破入阔韧带而形成阔韧带妊娠。可致短时间内大量出血，形成盆腔或腹水，患者出现肛门坠胀、剧烈腹痛、休克、晕厥等临床症状。

03.437　腹腔妊娠　abdominal pregnancy

受精卵在腹腔内生长发育。原发性腹腔妊娠极为少见，继发性腹腔妊娠多发生于输卵管妊娠流产或破裂后。胎盘可附着在骨盆壁、肠管、阔韧带等处，胎儿仅为胎膜所覆盖，或裸体处于腹腔中。多数不能生存，偶可形成石胎，少数可达足月。孕妇可有停经、早孕反应、腹痛及少量不规则阴道出血等病史。继之阴道出血停止，腹部增大，胎动时感腹痛。

03.438　子宫峡部妊娠　pregnancy of isthmus uteri

受精卵在子宫峡部植入并发育。在引流产术中或产时会引起大出血。剖宫产切口部妊娠也属于子宫峡部妊娠。

03.439　剖宫产切口部妊娠　cesarean scar pregnancy, CSP

受精卵在原剖宫产的切口部植入并发育。随剖宫产的增加，剖宫产切口部妊娠也增加。可在引流产术中或产时发生大出血。

03.440　滋养层疾病　trophoblastic disease

一组由胚胎滋养细胞发生变化引起的疾病。包括葡萄胎、侵蚀性葡萄胎及绒毛膜癌三种。除个别绒毛膜癌原发于卵巢外，绝大多数为继发。

03.441　输卵管卵巢囊肿　tubo-ovarian cyst

输卵管卵巢脓肿的脓液被吸收，输卵管卵巢粘连形成的囊肿。

03.442　子宫内膜异位症　endometriosis

简称“内异症”。子宫内膜组织（腺体和间质）出现在子宫体以外部位的疾病。异位内膜可侵犯全身任何部位，但绝大多数位于盆腔脏器和壁腹膜，以卵巢、宫骶韧带最常见，其次为子宫及其他脏腹膜、直肠阴道隔等部位。是激素依赖性疾病。在形态学上呈良性表现，但在临床行为学上具有类似恶性肿瘤的特点，如种植、侵袭及远处转移等。持续加重的盆腔粘连、疼痛、不孕是主要的临床表现。

03.443　绝经综合征　menopausal syndrome, MPS

由于围绝经期雌激素水平下降或波动导致的身体及精神心理症状。可出现血管舒缩障碍和精神神经症状，部分妇女会出现潮热、盗汗的典型绝经期症状，其他症状包括骨质疏松、情绪低落、阴道疼痛、阴道干涩、尿频、尿急、头痛、关节痛、脱发、皮肤干燥和阴道萎缩。

03.444　凝血功能障碍　coagulation disorder, coagulopathy

凝血效能的减损或破坏。受伤后，受伤部位的血管发生反射性的收缩；然后血小板在损伤的血管口上凝集，一方面血小板可机械地堵塞小血管口，另一方面血小板凝集力和溶解后释放出强力收缩血管的血清素和血小板凝血因子，后者和组织凝血活酶一起作用于血浆中的凝血因子（目前已知有 12 种凝血因子），发生一系列的凝血作用。正常人血液中尚有一定数量的抗凝血因子，凝血与抗凝血功能保持平衡。如果血小板的质或量不佳，抑或凝血因子缺乏或抗凝血物质太多，都可导致凝血功能障碍。

03.445　血栓栓塞　thromboembolic

血栓或其部分脱落后突然阻塞血管，致血流停止。来自右心或静脉的血栓，随血流可引起肺栓塞；来自左心或动脉者，可引起脑、四肢、肠系膜等动脉栓塞。危害程度与血栓的大小和累及的脏器有关。治疗方法为药物溶解血栓或手术取出血栓。

03.446　肺栓塞　pulmonary embolism

肺动脉及其分支被血栓或其他类型栓子堵

塞引起肺循环障碍的临床和病理生理综合征。表现为剧烈咳嗽伴暗红或鲜红色血痰、胸痛、呼吸困难、休克等，可迅速死亡，应迅速抢救。患者应绝对卧床，取半卧位或坐位，吸氧，可静脉注入强心剂、血管活性剂、利尿剂，必要时进行抗凝治疗。严密观察患者心律、心率、血压、尿量和强心剂毒性反应等。

03.447　羊水栓塞　amnionic fluid embolism
分娩过程中，羊水由胎膜破口通过胎盘边缘血窦，或宫颈管破裂的静脉进入母体血液循环，引起肺栓塞、休克等一系列严重症状的综合征。是一种严重的产科并发症，起病急骤，病情凶险。

03.448　血栓性静脉炎　thrombophlebitis
静脉发生炎症引起闭塞的疾病。多数发生在手术后或外伤后，或在恶性肿瘤、糖尿病、心脏病、妊娠等时，并发多见于下肢。发生静脉炎的下肢突然肿胀，沿着静脉走向发热、疼痛。治疗以预防为主，方法是经常活动下肢。如为初次发病，可用溶血栓的药物。但疾病呈慢性后，药物未必有效。有时也可引起肺梗死。

03.449　低氧血症　hyoxemia
各种原因引起的动脉血氧分压（PaO2）＜12.0kPa（90mmHg），老年人可＜10.6kPa（80mmHg）的症状。引起本症的原因和疾病较多，包括中枢神经系统疾病、支气管肺部病变等。因程度、复发的速度和持续时间不同，对机体影响也不同。临床可见脑缺氧症状轻者表现为兴奋、烦躁，重者表现为昏迷、全身抽搐。缺氧时可致心律失常、心率增快、心输出量增加等心血管系统症状。

03.450　假孕疗法　pseudocyesis therapy
长期口服大量高效孕激素，辅以小剂量雌激素，防止突破性出血，以造成类似妊娠的人工闭经的方法。目前多主张对一些确实不能耐受手术的子宫内膜异位症患者使用。

03.451　假孕　pseudopregnancy
又称“假妊娠”。女性未受孕的情况下，全身状况和行为出现妊娠所特有的变化的一种综合征。一般认为可能与黄体活性延长有关，是黄体持续分泌孕激素和少量雌激素使子宫内膜和乳房发育所致。

03.452　宫颈狭窄　cervical stenosis
宫颈管通道的狭小。正常宫颈管横截面径线3~4mm，宫颈狭窄一般为某一截面或全段颈管径线<2mm。因经血流通不畅，往往引起痛经，经血潴留宫腔或造成不孕，可行宫颈扩张术，如宫颈管过长可行宫颈管部分切除。

03.453　宫颈外翻　cervical ectropion
宫颈管向外翻呈现肉眼可见的红色、炎性宫颈口肿物。好发于生育年龄，因慢性宫颈炎、雌激素影响（口服避孕药），临床多无症状或月经期及性交后出血。

03.454　宫颈闭锁症　cervical atresia
双侧中肾旁管下段形成或融合不全所致，为先天性宫颈闭锁。临床上罕见。患者子宫内膜有功能，青春期后可因宫腔积血而出现周期性腹痛，经血还可经输卵管逆流入腹腔而引起子宫内膜异位症。治疗采用手术穿通宫颈、建立人工宫颈阴道瘘或行子宫切除术。

03.455　宫颈坚韧　cervical rigidity, cervical tenacity
宫颈缺乏弹性或精神过度紧张使宫颈挛缩，宫颈不易扩张。常见于高龄初产妇。

03.456　宫颈功能不全　uterine cervical

incompetence

宫颈环形肌肉松弛、宫颈内口扩张等原因导致的宫颈病理性扩张和松弛。功能不全的宫颈比正常宫颈柔软、无力，因此在妊娠过程中可能提前张开。症状包括骨盆区域有沉重感和压迫感、阴道分泌物增多等，通常在中期妊娠终止时诊断出来。但有时在超声检查中发现宫颈过短也可确诊此病。一旦确诊，应在再次妊娠后及时采取子宫内口缝扎手术。若不进行有效治疗，可导致胎膜破裂，继而分娩未成熟胎儿。导致晚期流产的常见原因之一。

03.457 输卵管闭锁 atresia of uterine tube

输卵管腔因粘连而不通畅。继发于各种原因引起的输卵管炎；或粗暴的直肠检查，腹腔炎症的波及、压迫等均可引起。进而导致继发性不孕。

03.458 子宫闭锁 atretometria

子宫腔部分或全部粘连。常引起不孕、无月经、性交不能、习惯性流产、子宫经血潴留、输卵管血肿。

03.459 血尿 hematuria

尿液中混有红细胞的异常状态。根据程度可分为肉眼血尿和镜下血尿。尿液中红细胞≥3 个/HP，离心尿红细胞>5 个/HP，或 12h 尿沉渣红细胞计数>50 万个即为血尿。根据病因又可分为内科性血尿和外科性血尿。多数泌尿系统疾病，如肿瘤、结石、外伤、梗阻和感染等均可伴有血尿。

03.460 尿闭 ischuria, uroschesis

无尿或少尿。是泌尿系（肾脏、膀胱，尿道）发生病变或阻塞引起。可分为真性无尿和假性无尿。真性无尿即尿液的生成减少，见于肾炎、脱水、失血、心脏病；假性无尿为尿的生成并未减少，而是尿道阻塞，膀胱内有尿液潴留而排出受阻，见于尿道结石、膀胱括约肌痉挛等。

03.461 过敏反应 anaphylactic response

又称“变态反应”。某些抗原或半抗原物质再次进入致敏的机体，在体内引起特异性体液反应或细胞免疫反应，由此导致组织损伤或生理功能紊乱。

03.06 炎　　症

03.462 生殖道感染 reproductive tract infection, RTI

发生于生殖系统的感染性疾病。病原体包括细菌、真菌、病毒、原虫、支原体、螺旋体等。

03.463 外阴炎 vulvitis

由于阴道分泌物增多、月经垫或尿液的刺激，以及糖尿病、滴虫及真菌感染等引起的炎症。幼女不注意外阴卫生也易发生。临床表现为瘙痒、疼痛，外阴皮色发红、粗糙、肿胀、溃烂。幼女可发生小阴唇粘连，严重者可将尿道口和阴道口遮盖。

03.464 非特异性外阴炎 nonspecific vulvitis

外阴细菌感染导致的炎症。常见病原菌为葡萄球菌、乙型溶血性链球菌、大肠杆菌及变形杆菌等。

03.465 尿道旁腺炎 skenitis

尿道旁腺细菌感染导致的炎症。临床表现为尿道口后壁两侧腺管开口处充血水肿，按之有脓性分泌物溢出。

03.466 前庭大腺炎 bartholinitis

前庭大腺的炎症。可形成前庭大腺脓肿或前庭大腺囊肿。

03.467　前庭大腺脓肿　abscess of Bartholin gland

急性前庭大腺炎的一种表现。腺管呈化脓性炎症，腺管开口肿胀、渗出物阻塞，分泌物不能顺利排出而形成脓肿。

03.468　前庭大腺囊肿　Bartholin gland cyst

又称“巴氏腺囊肿”。慢性前庭大腺炎或外阴损伤（包括分娩时会阴侧切）瘢痕形成的囊肿。因前庭大腺管开口阻塞，分泌物聚积于腺腔而形成。

03.469　溃疡性外阴炎　ulcerative vulvitis

有溃疡面形成的外阴炎。溃疡可见于外阴各部，以小阴唇和大阴唇内侧多见。

03.470　阴道炎　vaginitis

病菌入侵阴道并繁殖引起的炎症。病原体可为细菌、真菌、原虫等，也可由正常菌群失调或过敏引起。可分为浆液性阴道炎与化脓性阴道炎。浆液性阴道炎患者患部黏膜紧张，有点状出血和水肿。化脓性阴道炎患者阴道有剧烈的水肿和疼痛，阴道可排出大量白色、黄色的脓液，常有全身症状，如体温升高等。

03.471　外阴阴道炎　vulvovaginitis

外阴和阴道炎症同时存在的疾病。如外阴阴道念珠菌病。

03.472　滴虫阴道炎　trichomonas vaginitis

由阴道毛滴虫感染引起的阴道炎。主要表现为阴道分泌物增多及外阴瘙痒，分泌物特点为稀薄脓性、黄绿色、泡沫状、有臭味。检查见阴道黏膜充血，严重者有散在出血斑点，甚至宫颈有出血点，形成“草莓样”宫颈，后穹隆有多量白带，呈灰黄色、黄白色稀薄液体或黄绿色脓性分泌物，常呈泡沫状。

03.473　真菌性阴道炎　colpitis mycotica, mycotic vaginitis

多由白念珠菌感染引起的阴道炎。多见于孕妇、糖尿病患者、长期应用抗生素者及接受大量雌激素治疗者。外阴瘙痒或灼痛为主要症状，急性期白带增多，呈乳凝块或豆腐渣样。检查可见阴道黏膜上有一层白色黏稠或豆腐渣样分泌物覆盖，擦净后可见黏膜充血红肿，甚至有糜烂面及表浅溃疡。取分泌物置于滴有10%氢氧化钾玻片上做镜检，可发现真菌。多次检查皆为阴性而症状典型者，可改用培养法。

03.474　淋病性阴道炎　gonorrheal vaginitis

女性感染淋病后，阴道内原有菌群失调而导致的阴道炎。常累及宫颈、尿道、前庭大腺、外阴等部位。

03.475　细菌性阴道病　bacterial vaginosis, BV

又称“阴道嗜血杆菌性阴道炎”。一种阴道炎症性疾病。病原体为阴道嗜血杆菌，因阴道嗜血杆菌单独存在，很少有临床症状。实际上是一种以阴道嗜血杆菌、各种厌氧菌、动弯杆菌和支原体引起的混合感染。

03.476　阴道嗜血杆菌　vaginal hemophilus

又称“加德纳菌（Gardnerella）”。细菌性阴道病的病原体，由加德纳和杜克斯于1955年首先从细菌性阴道病患者的阴道分泌物中分离出来。

03.477　线索细胞　clue cell

一种阴道上皮脱落细胞。特点是细胞边缘粘附大量颗粒状物即各种厌氧菌，尤其是阴道嗜血杆菌，细胞边缘棱角消失。阴道分泌物中存在线索细胞是诊断细菌性阴道病的依据之一。

03.478　老年性阴道炎　senile vaginitis,

atrophic vaginitis

阴道炎的一种。因老年女性卵巢功能衰退，雌激素水平降低导致阴道黏膜萎缩变薄，局部抵抗力下降而细菌入侵引起的阴道炎症。

03.479 急性宫颈炎 acute cervicitis

宫颈炎的一种。常因不洁性交、宫颈局部损伤（分娩、人工流产等）后病原体（细菌、衣原体、毛滴虫、念珠菌、原虫等）入侵而发生的宫颈炎症。

03.480 慢性宫颈炎 chronic cervicitis

宫颈炎的一种。常由急性宫颈炎转变而来，也有无急性症状直接发生慢性炎症的现象。临床常表现为宫颈糜烂、宫颈息肉、颈管内膜炎和宫颈腺囊肿等。

03.481 宫颈上皮内瘤变 cervical intraepithelial neoplasia, CIN

一组子宫颈癌前期病变的统称。包括子宫颈上皮细胞不典型增生和子宫原位癌。

03.482 人乳头瘤病毒 human papilloma virus, HPV

一类与人子宫颈上皮内瘤变、子宫颈癌发病有一定关联的病毒。根据其致癌性不同可分为高危型（数十种）、中危型（数种）和低危型（数十种）。

03.483 宫内感染 intrauterine infection

又称“羊膜腔内感染”“羊膜感染综合征”。在产前或产时，由胎膜早破等原因，使病原微生物进入羊膜腔引起羊水、胎膜及胎盘的感染。

03.484 子宫内膜炎 endometritis

为子宫内膜的炎症性病变。子宫内膜充血、水肿，有炎性渗出物，严重者内膜坏死、脱落形成溃疡。症状有下腹痛、发热、阴道分泌物增多，查体时宫体有压痛。分急性和慢性两种，严重时可影响到子宫肌层，成为“子宫内膜–肌炎”。

03.485 急性子宫内膜炎 acute endometritis

子宫内膜炎的一种急性表现。发病常与妊娠有关，如产褥感染、感染性流产等，宫腔手术和子宫内膜病变（息肉、肌瘤、癌等）也可导致急性炎症。病原体大多为寄生于阴道及宫颈的菌丛。

03.486 慢性子宫内膜炎 chronic endometritis

子宫内膜炎的一种慢性表现。不常见，临床症状也不明显。发生原因为局部防御机制受损、病原体作用时间过长或急性炎症治疗不彻底的转归。

03.487 输卵管炎 salpingitis

输卵管的炎症。多为子宫内膜炎或腹膜炎的并发症。微生物由血液或淋巴侵入输卵管也能引起。单纯输卵管炎不伴有输卵管形态上的变化，不易发现。直肠检查摸到输卵管增粗，有结节的硬固索状物时，多是结核性输卵管炎。在输卵管和子宫之间，发现圆形、卵圆形或锯齿形的囊，如黄豆至卵巢大小，触之有波动，或摸到输卵管充满液体而有弹性，粗似铅笔或更粗一些，多为化脓性输卵管炎或输卵管水肿。

03.488 急性输卵管炎 acute salpingitis

输卵管炎的一种急性表现。多为混合感染，临床上有发热、头痛等全身症状，也有下腹痛的局部症状。可由分娩、流产、经期性交、妇科手术等病原体上行感染，也可由邻近器官炎症蔓延或血行传播所致。

03.489 慢性输卵管炎 chronic salpingitis

输卵管炎的一种慢性表现。多为急性炎症未彻底治疗或体质差、病程迁延所致；衣原体感染时，急性症状不明显而形成慢性炎症。

临床可表现为输卵管积脓、积水，输卵管卵巢囊肿，慢性盆腔腹膜炎等。

03.490　输卵管积脓　pyosalpinx

慢性输卵管炎的一种。由急性输卵管炎发展而成，由输卵管伞部和峡部因炎症粘连而封闭、管腔内脓性分泌物积聚形成。

03.491　输卵管积水　hydrosalpinx

慢性输卵管炎中较为常见的一种类型。由输卵管伞部和峡部因炎症粘连而封闭、输卵管黏膜细胞分泌液体的积聚形成，或是输卵管炎症脓性分泌物经吞噬细胞清除后形成了水样的液体。

03.492　盆腔炎　pelvic inflammatory disease, PID

女性盆腔部位炎症性病变的统称。包括子宫内膜炎、输卵管炎、盆腔腹膜炎、盆腔结缔组织炎的肝周围炎等。常由分娩、流产、妇科手术后病原菌入侵感染所致，也可由下生殖感染和性传播疾病上行引发。发病可局限于一个、数个部位或涉及整个盆腔。

03.493　急性盆腔炎　acute pelvic inflammatory disease

盆腔部位急性炎症病变的统称。

03.494　慢性盆腔炎　chronic pelvic inflammatory disease

盆腔部位慢性炎症性病变的统称。多称为急性盆腔炎的并发症或后遗症。

03.495　慢性盆腔结缔组织炎　chronic pelvic parametritis

多由于急性盆腔结缔组织炎未彻底治愈而形成的炎症。往往伴有附件炎症，致使盆腔内脏器广泛粘连。两侧下腹隐痛、腰酸，性交后或月经期症状加剧，月经不调，经期延长，经量增多；继发不孕、白带增多，可有低热。附件及子宫常呈后位，粘连固定，子宫旁结缔组织增厚呈扇形直达盆壁，活动受限，呈冰冻样骨盆。

03.496　盆腔炎后遗症　sequelae of pelvic inflammatory disease

盆腔炎症性疾病的遗留病变。主要改变为组织破坏、广泛粘连、增生及瘢痕形成。临床表现为不孕、异位妊娠、慢性盆腔痛、盆腔炎反复发作。

03.497　盆腔炎复发　reactivation of pelvic infection

由于盆腔炎造成的输卵管组织结构破坏，局部防御功能减退，若患者仍有同样的高危因素，可造成盆腔炎的再次感染导致反复发作。

03.498　宫旁组织炎　parametritis, parametrial tissue inflammation

又称“子宫周炎”。盆腔炎症的一种。多为宫旁结缔组织炎，查体可扪及宫旁一侧或两侧片状增厚，或宫骶韧带高度水肿、增粗，压痛明显。

03.499　盆腔脓肿　pelvic abscess

盆腔部位炎症形成的积脓的统称。多由急性盆腔结缔组织炎、急性盆腔腹膜炎未及时治疗化脓形成。也包括输卵管积脓、卵巢积脓等。

03.500　性传播疾病　sexually transmitted disease, STD

简称“性病”。一组通过性接触传播的传染病。我国重点监测、需做疫情报告的性传播疾病有 8 种，包括梅毒、淋病、软下疳、性病淋巴肉芽肿、非淋菌性尿道炎、艾滋病、尖锐湿疣、生殖器疱疹。

03.501　梅毒　syphilis

一种慢性系统性的性传播疾病。病原体为苍

白螺旋体。主要通过性交传染，也可通过胎盘传给下一代。螺旋体可侵犯全身各器官，早期主要侵犯皮肤和黏膜，晚期可侵犯心血管和中枢神经系统。

03.502　淋病　gonorrhea

性传播疾病的一种。病原体为淋病奈瑟菌，主要侵犯泌尿生殖系统，形成化脓性炎症，也可侵犯眼、咽、直肠、盆腔等导致播散性感染。

03.503　非淋菌性尿道炎　nongonococcal urethritis, NGU

性传播疾病的一种。除淋病奈瑟菌（淋球菌）外，病原体所引起的泌尿生殖系统炎症的统称，包括支原体、衣原体感染。美国将衣原体感染单列为一个病种，认为非淋菌性尿道炎是指非淋球菌和衣原体感染的泌尿生殖系统炎症。

03.504　尖锐湿疣　condyloma acuminatum

性传播疾病的一种。病原体为某些类型的人乳头瘤病毒，多发生于生殖器、会阴、肛门部位，呈乳头状赘生物；也可侵犯口唇、口角、脐窝、腋窝、乳房皱褶等处。

03.505　生殖器疱疹　genital herpes, herpes of genital organ

性传播疾病的一种。由单纯疱疹病毒引起生殖器和肛门部位的水疱或溃疡性病变。常反复发作，还可能与宫颈癌的发病相关；孕妇感染后可导致流产、早产、畸胎和死胎，也可致新生儿感染。

03.506　阴虱病　pediculosis pubis, pediculosis inguinalis

性传播疾病的一种。因阴虱寄生于人的阴毛和肛门周围体毛上而引起的阴部皮肤瘙痒及炎症反应。除性接触传播外，还可通过内裤、床垫或老式便器等间接传播。

03.507　单纯疱疹病毒　herpes simplex virus, HSV

一种线性双链 DNA 病毒。分 1 型和 2 型，人是其天然宿主。1 型病毒主要引起口唇单纯疱疹，2 型是生殖器疱疹的主要病原体。

03.508　衣原体感染　chlamydia infection

由衣原体引起的炎症性病变。主要发生在泌尿生殖系统，如附睾炎、输卵管炎、盆腔炎等。

03.509　沙眼衣原体　chlamydia trachomatis, CT

一类胞内寄生的原核细胞性微生物。生物学特征介于细菌和病毒之间，分很多型，可引起泌尿生殖系统炎症性病变，是非淋菌性尿道炎的主要病原体，以性交传播为主。沙眼衣原体 L_1、L_2、L_3 血清型是性病淋巴肉芽肿的病原体。

03.510　支原体感染　mycoplasma infection

由支原体引起的炎症性病变。临床主要为泌尿、生殖道感染，如非淋菌性尿道炎、尿道炎、宫颈炎、子宫内膜炎、输卵管炎等；与围生期的并发症（如绒毛膜羊膜炎、流产、早产和低体重儿等）也相关。

03.511　支原体　mycoplasma

广泛存在于大自然中的最小的非寄生性微生物。1981 年首次分离获得，有数十种之多。可分为致病性、机会感染性和不确定致病性三大类。主要引起人类泌尿生殖系统炎症性病变。

03.512　人型支原体　mycoplasma hominis, Mh

支原体的一种。从人体分离获得，属于致病性支原体。

03.513　获得性免疫缺陷综合征　acquired

immunodeficiency syndrome, AIDS

简称“艾滋病”。由人类免疫缺陷病毒（HIV）感染引起的综合征。人类免疫缺陷病毒通过性接触、血液和母婴传播，主要侵犯和破坏人体辅助性T淋巴细胞，使细胞免疫功能部分或完全丧失，继而发生条件致病性感染和肿瘤。自发现以来，蔓延迅速、病死率高，至今尚无安全有效的治疗方法和疫苗，应以预防为主。

03.514 人类免疫缺陷病毒 human immunodeficiency virus, HIV

一种引起艾滋病的逆转录病毒。核心为RNA，分为HIV1和HIV2两型。

03.515 弓形体 toxoplasma

原虫的一种。为自然界广泛分布的寄生虫之一，猫是其终宿主。是人畜共患疾病“弓形体病”的病原体，孕妇感染可导致自然流产、早产或死产。

03.516 睾丸炎 orchitis

由多种致病因素引起的睾丸炎性病变。常见病原体为细菌或病毒。

03.517 急性睾丸炎 acute orchitis

主要继发于体内细菌或病毒感染所导致的睾丸炎症。发病突然，全身症状明显；阴囊皮肤红肿，睾丸肿胀疼痛，有明显压痛，严重时形成睾丸脓肿。

03.518 慢性睾丸炎 chronic orchitis

多由非特异性急性睾丸炎治疗不彻底所致的睾丸炎症。睾丸呈慢性肿大、质硬，有轻触痛，双侧发病可导致男性不育症。

03.519 附睾睾丸炎 epididymo-orchitis

同时发生在附睾与睾丸的炎症。多数病例由附睾蔓延至睾丸，二者界限不清。

03.520 流行性腮腺炎性睾丸炎 mumps orchitis

由腮腺炎病毒血行播散引起的睾丸炎症性疾病。是流行性腮腺炎的常见并发症，能引起睾丸的软化和萎缩，如累及双侧可致男性不育。在炎症过程中附睾可同时受累。主要表现为阴囊疼痛，伴畏寒、发热、恶心、呕吐等全身症状。体格检查有阴囊红肿，一侧或双侧睾丸肿大，有明显触痛，能区分睾丸和附睾。伴有腮腺肿胀、腮腺管口红肿等改变。

03.521 附睾炎 epididymitis

由多种致病因素引起的附睾炎性病变。病原体多从感染的尿液、前列腺、后尿道、精囊沿输精管逆行至附睾。

03.522 急性附睾炎 acute epididymitis

阴囊内最常见的炎症性疾病。发病急，附睾胀痛明显，并向腹股沟及下腹部放射，立位时疼痛加重，常伴有高热等全身症状。多发生于青壮年。

03.523 慢性附睾炎 chronic epididymitis

以慢性疼痛为主要表现的附睾炎性疾病。但多数患者并无急性发作史而常伴有慢性前列腺炎。附睾轻度增大、变硬，有轻压痛。组织学上可见广泛的瘢痕与附睾管闭塞，淋巴细胞和浆细胞浸润。

03.524 前列腺炎 prostatitis

在病原体和（或）某些非感染因素作用下引起的前列腺炎症性疾病。患者出现以骨盆区域疼痛或不适、排尿异常等症状为特征的一组疾病。

03.525 急性前列腺炎 acute prostatitis

前列腺的急性感染性疾病。有明显的下尿路感染症状及全身症状；尿液、前列腺按摩液中白细胞数量增加甚至出现脓细胞。

03.526 急性细菌性前列腺炎 acute bacterial prostatitis

前列腺的急性细菌性炎症。发病急，全身症状明显，血液和（或）尿液中的细菌培养阳性。

03.527 慢性细菌性前列腺炎 chronic bacterial prostatitis

前列腺的慢性细菌性炎症。反复发作的下尿路感染症状，持续时间超过 3 个月，前列腺按摩液中白细胞数量增加，细菌培养结果阳性。

03.528 慢性非细菌性前列腺炎 chronic non-bacterial prostatitis

前列腺炎中最常见的类型。主要表现为长期、反复的骨盆区域疼痛或不适，伴随不同的症状与体征，细菌培养阴性。

03.529 前列腺痛 prostatodynia

合并有排尿症状和骨盆区疼痛的前列腺疾病。前列腺检查正常，前列腺液或尿液缺乏炎症征象。

03.530 输精管炎 deferentitis

男性泌尿生殖系统的炎症可逆行感染引起的输精管炎症性疾病。常与附睾炎同时存在。临床表现为患侧阴囊坠痛，输精管增粗变硬，触痛明显。也是男性节育术后并发症之一。

03.531 精索炎 funiculitis

输精管炎波及精索内其他组织的感染。可见于男性节育术后并发症。

03.532 精囊炎 seminal vesiculitis

发生于精囊的炎症。往往和前列腺炎同时发生，感染途径及病因基本相同，临床症状及体征也大致相似。可有血精或排精疼痛、精液量减少。

03.07 药　　物

03.533 甲睾酮 methyltestosterone

又称“甲基睾丸素”。一种人工合成的雄激素。是睾酮的衍生物。能促进男性性器官发育，维持第二性征；促进蛋白质和骨质的合成，使红细胞和血红蛋白增加；还有抗雌激素作用，抑制子宫内膜增生。男性用于治疗男性性功能减退症、无睾症及隐睾症。女性用于治疗月经过多、子宫肌瘤、子宫内膜异位症等。

03.534 丙酸睾酮 testosterone propionate

睾酮的丙酸酯。药理作用及临床应用同甲睾酮。为注射针剂，应做深部肌内注射，不可静脉注射。

03.535 庚酸睾酮 testosterone enanthate

人工合成的短效睾酮酯之一。药理作用及临床应用同甲睾酮。

03.536 睾酮环丁酯 testosterone buciclate

人工合成的长效睾酮酯之一。药理作用及临床应用同甲睾酮。

03.537 苯丙酸诺龙 nandrolone phenylpropionate

一种蛋白同化激素。蛋白同化作用比甲睾酮、丙酸睾酮强而持久，而雄性化作用则比甲睾酮、丙酸睾酮弱。用于治疗伴有蛋白分解的慢性消耗性疾病，也用于治疗功能失调性子宫出血、子宫肌瘤、晚期乳腺癌等。

03.538 达那唑 danazol

又称“炔睾酮（acetylene testosterone）”“丹那唑”。一种睾酮的衍生物。具有弱雄激素活性，兼有蛋白同化作用和抗雌激素作用。用于治疗痛经、子宫内膜异位症、乳腺囊性增生等。

03.539 十一酸睾酮 testosterone undecanoate

天然雄激素的十一酸酯。是治疗睾酮缺乏的雄激素药物。药理作用及临床应用与丙酸睾酮相同。可使精子减少、精液量减少，在男性避孕药中的应用尚在研究。

03.540 雌二醇 estradiol

体内卵巢成熟卵泡分泌的天然雌激素。能促进和调节女性性器官发育，并维持女性第二性征。用于治疗垂体与卵巢内分泌失调引起的闭经、月经异常、功能失调性子宫出血、子宫发育不良等。用于补充雌激素，缓解雌激素不足引起的临床症状。药效可维持 2~5 天。为油溶剂，仅供肌内注射。

03.541 戊酸雌二醇 estradiol valerate

雌二醇的戊酸酯。是长效雌二醇的衍生物。药理作用和临床应用同雌二醇。用于治疗原发性和继发性闭经、月经紊乱、激素替代治疗及预防绝经后骨质疏松等。与环丙孕酮配伍可用作避孕药。

03.542 己烯雌酚 diethylstilbestrol

人工合成的非甾体雌激素。口服作用为雌二醇的 2~3 倍。药理作用及临床应用同雌二醇。还可回乳。

03.543 结合雌激素 conjugated estrogens

水溶性雌激素硫酸钠盐混合物。具有雌激素活性。主要用于治疗自然绝经或手术后绝经的雌激素缺乏症，特别是有明显血管舒缩症状及外阴萎缩者。也可治疗功能失调性子宫出血及预防和治疗骨质疏松。

03.544 雌三醇 estriol

体内雌二醇的代谢产物。雌激素活性为雌酮的 6 倍，但比雌二醇弱。对阴道及子宫颈具有选择性作用，而对子宫及子宫内膜无明显影响。用于治疗因雌激素水平低下的宫颈炎、萎缩性阴道炎和尿道炎。

03.545 炔雌醇 ethinylestradiol, EE

一种口服强效雌激素。雌激素活性为雌二醇的 7~8 倍。大剂量可抑制排卵，达到抗生育目的。与多种孕激素配伍制成短效口服避孕药，用于避孕。单用可治疗避孕药引起的突破出血和用于补充雌激素不足。

03.546 炔雌醚 quinestrol

一种作用较强的口服长效雌激素。活性是炔雌醇的 4 倍，药理作用同炔雌醇。与多种孕激素配伍制成长效口服避孕药，用于避孕。单用可治疗围绝经期综合征和产后回乳。

03.547 尼尔雌醇 nilestriol

雌三醇的衍生物，为长效缓释雌激素类药物。能选择性作用于阴道和子宫颈管，而对子宫体和子宫内膜作用很小。用于治疗围绝经期综合征、骨质疏松。绝经后取宫内节育器术前使用可提高取器成功率。

03.548 普罗雌烯 promestriene

雌二醇的衍生物。具有雌激素的特性。局部应用本药，全身性激素作用轻微。用于因雌激素不足导致的外阴、阴道萎缩，也用于治疗脂溢性皮炎。

03.549 替勃龙 tibolone

主要成分为 7-甲基异炔诺酮。化学结构与雌二醇、孕酮、睾酮等近似，兼有雌激素、孕激素和弱雄激素活性。用于自然绝经或手术绝经后的激素替代疗法和预防骨质疏松。

03.550 托瑞米芬 toremifene

一种非甾体类三苯乙烯抗雌激素衍生物。对雌激素受体有较高的亲和力，与雌激素受体结合而产生雌激素样或抗雌激素作用。用于治疗雌激素受体阳性的乳腺癌。

03.551 他莫昔芬 tamoxifen

又称“三苯氧胺”。一种非甾体抗雌激素类

药物。能降低血液中催乳素水平和抑制卵巢合成雌二醇。临床上曾用于抗早孕。用于治疗雌激素受体阳性的乳腺癌。

03.552　枸橼酸氯米芬　clomifene citrate

一种人工合成的非甾体物质。对雌激素有较弱的激动和较强的拮抗双重作用，对女性有抑制排卵作用，对男性有促精子生成作用。用于治疗女性无排卵或少排卵及避孕药引起的闭经和月经紊乱、经前紧张症等，也用于治疗男性因精子缺乏的不孕症。

03.553　孕酮　progesterone

又称“黄体酮”。一种由卵巢黄体分泌的天然孕激素。与雌激素一起参与下丘脑–垂体–卵巢轴的调节；可使增生期的子宫内膜转化为分泌期，为孕卵着床及早期胚胎的营养提供有利条件并维持妊娠；在与雌激素共同作用下，促乳腺小叶及腺体发育；促使宫颈黏液变稠不利于精子穿透；大剂量有抑制排卵作用。用于治疗月经失调、经前综合征、黄体功能不足、先兆流产和习惯性流产，还可作为载药宫内节育器的缓释孕激素药物。

03.554　醋酸甲羟孕酮　medroxyprogesterone acetate

又称“安宫黄体酮”“甲羟孕酮”。一种作用较强的孕激素。其孕激素活性为孕酮的20~30倍。用于治疗痛经、月经不调、功能失调性子宫出血、子宫内膜异位症等。绝经妇女应用激素替代疗法，配伍本药可降低子宫内膜增生的风险。注射针剂可用作长效避孕药。也可用于子宫内膜癌、乳腺癌、肾癌、前列腺癌的姑息疗法。

03.555　醋酸甲地孕酮　megestrol acetate

又称“甲地孕酮”。一种17-羟孕酮衍生物，是高效的合成孕激素。有明显的抗雌激素作用，无雌激素、雄激素活性，无蛋白同化作用。用于治疗月经失调、功能失调性子宫出血、子宫内膜异位症。单用或与雌激素合用，可作为女性避孕药。

03.556　炔诺酮　norethisterone

一种19-去甲基睾酮衍生物。具有较强的孕激素样作用，也有一定的抗雌激素及较弱的雄激素活性和蛋白同化作用。用于治疗痛经、闭经、月经失调、功能失调性子宫出血、子宫内膜异位症、子宫内膜增生过长等。单用或与雌激素合用，可作为女性口服避孕药。

03.557　左炔诺孕酮　levonorgestrel

一种合成的较强效孕激素，是消旋炔诺孕酮的光学活性部分。有明显抗雌激素活性和抑制排卵作用。可与炔雌醇配伍制成短效口服避孕药。单方制剂可用于紧急避孕，也可作为皮下埋植剂和载药宫内节育器的缓释孕激素。还可治疗痛经、月经失调、子宫内膜异位症及功能失调性子宫出血。

03.558　己酸羟孕酮　hydroxyprogesterone caproate

又称“长效黄体酮”。一种长效孕激素类药物。具有强的孕激素活性。有抑制排卵、改变宫颈黏液稠度、阻止精子穿透、抑制子宫内膜发育、抗孕卵着床等作用。与雌激素配伍组成长效避孕针剂。单用可治疗月经失调、功能失调性子宫出血、子宫内膜异位症等。大剂量可用作子宫内膜癌的辅助治疗。

03.559　去氧孕烯　desogestrel

又称“地索高诺酮”。一种合成的强效孕激素。无雄激素活性。有抑制排卵、改变宫颈黏液稠度及抗孕卵着床作用。单用可治疗功能失调性子宫出血及多囊卵巢综合征等。与雌激素配伍组成短效避孕药，用于避孕。

03.560　地屈孕酮　dydrogesterone

一种口服孕激素。可使子宫内膜进入完全分泌相，从而可防止因雌激素引起的子宫内膜增生和癌变。用于治疗内源性孕激素不足引起的痛经、闭经、子宫内膜异位症、月经失调、功能失调性子宫出血、经前期综合征、不孕症及孕激素缺乏所致的先兆流产和习惯性流产。

03.561 醋酸环丙孕酮 cyproterone acetate

一种 17-羟孕酮衍生物。具有强的抗雄激素作用，也有孕激素活性。可使体内睾酮水平下降，且可在靶器官竞争取代雄激素。有抑制排卵、抗精子生成和阻断双氢睾酮与前列腺癌细胞上的特异性受体结合的作用。用于治疗女性中、重度的雄激素化体征。还可治疗男性性欲亢进、前列腺癌。与炔雌醇配伍组成短效避孕药。

03.562 烯丙雌醇 allylestrenol

一种人工合成的孕激素类药物。作用与孕酮相似，有效性为孕酮的数倍。用于治疗先兆流产、习惯性流产及先兆早产。

03.563 孕三烯酮 gestrinone

又称“三烯高诺酮”。一种人工合成的中等强度的孕激素。既有较强的抗孕激素和抗雌激素活性，又有较弱的雌激素和雄激素活性。具有明显的抗着床、抗早孕及抑制排卵作用。可用作探亲避孕药、抗早孕药，也可治疗子宫内膜异位症、子宫肌瘤。

03.564 氯地孕酮 chlormadinone

一种人工合成的孕激素。属 17α-羟孕酮类，结构与甲地孕酮相似。曾与炔雌醇配伍组成避孕药。

03.565 炔诺孕酮 norgestrel

一种人工合成的孕激素。为消旋体，具有对映异构体结构，右旋构体无生物活性，左旋构体的孕激素活性比炔诺孕酮强 10 倍。

03.566 孕二烯酮 gestodene

一种人工合成的孕激素。与去氧孕烯同被称为“第三代合成孕激素”，是迄今孕激素中功效最强的一种甾体。

03.567 长效醋酸甲羟孕酮 depot medroxyprogesterone acetate, DMPA

醋酸甲羟孕酮配制的长效避孕针剂。在体液中溶解度低，药物从注射部位缓慢释放与吸收，产生长效避孕作用。

03.568 双炔失碳酯 anordrin, anorethindrane dipropionate, No.53 pills

一种 A 环失碳的甾体化合物。为我国首创，不属于孕激素类，也不属于雌激素类，但有弱雌激素活性。用其配制的探亲避孕药被称为 53 号探亲避孕药。

03.569 抗雌激素类药 antiestrogens

一类本身有微弱雌激素活性，并能对抗雌激素作用的非甾体化合物。主要作用是在靶细胞竞争性阻断雌激素与受体结合，又由于抗雌激素–受体复合物缓慢进入核内，干扰雌激素受体循环，使细胞液不能及时补足受体数目，从而表现抗雌激素作用。常用的药物有三苯氧胺等。

03.570 抗雄激素类药 antiandrogens

对雄激素的睾酮等产生拮抗作用而使其效应消失的物质的总称。如醋酸环丙氯地孕酮。

03.571 孕激素拮抗剂 progesterone antagonist

一类对孕激素有拮抗作用的药物。如米非司酮。与前列腺素配伍可终止 9 周前的宫内妊娠。

03.572 促性腺激素释放激素拮抗剂 GnRH-antagonist

一组人工合成的能竞争性抑制促性腺激素释放激素与其受体结合，从而阻断其生物效应的肽类激素。

03.573　促性腺激素释放激素激动剂　GnRH-agonist

人工合成的肽类激素。因给药方式不同而产生刺激或抑制促性腺激素释放激素受体作用。

03.574　激素替代治疗　hormone replacement therapy, HRT

由于自身体内雌激素分泌不足，需以外源雌激素加以补充、替代的疗法。对具有低雌激素症状和骨质疏松的妇女是最好的治疗。可口服或肠道外途径给药。应注意补充雌激素有增加血栓性疾病和雌激素依赖的肿瘤的风险；补充孕激素不良反应有胃胀气、抑郁、易怒、乳房痛和水肿等。

03.575　米非司酮　mifepristone

炔诺酮的衍生物。与孕激素受体有强的亲和力，为孕激素受体水平的拮抗剂。具有终止早孕、抗孕卵着床、诱发月经和软化宫颈作用。配伍前列腺素类药物序贯用药，可终止早期妊娠。单用可用于紧急避孕及妇科宫腔手术前，以扩张和软化宫颈。

03.576　前列腺素　prostaglandin, PG

一类带有五碳环的不饱和脂肪酸。是广泛存在于组织和体液中的激素样物质。具有生理活性的有前列腺素 E_1、前列腺素 E_2、前列腺素 $F_{2\alpha}$等，作用多种，特性有异。

03.577　米索前列醇　misoprostol

前列腺素 E_1 的衍生物。具有较强的抑制胃酸分泌的作用，还可软化宫颈、增强子宫张力和子宫内压。配伍米非司酮序贯用药，可终止早期妊娠。可预防和治疗因宫缩迟缓引起的产后、流产后出血。

03.578　前列腺素 E_2　prostaglandin E_2, PGE_2

从精液和羊精囊提取物中得到的一种活性物质。可使平滑肌收缩、血压下降，并可引起人体妊娠子宫收缩。临床可用前列腺素 E_2 引产，但要严格掌握适应证、药物剂量，并严密监视产程进展。

03.579　卡前列甲酯　carboprost methylate

卡前列素的甲酯。阴道给药可直接刺激子宫平滑肌收缩和扩张宫颈。配伍米非司酮序贯用药可终止早期、中期妊娠；在妇科宫腔手术前用药，可扩张宫颈；可预防和治疗因宫缩迟缓引起的产后、流产后出血。

03.580　硫前列酮　sulprostone

前列腺素 E_2 类似物。对妊娠各个时期的子宫均有收缩作用，还有促宫颈软化作用。为注射针剂，现临床应用较少。

03.581　吉美前列素　gemeprost

合成的前列腺素 E 型类似物。可用于终止妊娠。制剂为栓剂，现临床应用较少。

03.582　依沙吖啶　ethacridine

一种强力消毒杀菌剂。能刺激子宫肌兴奋，引起子宫收缩，还能促使蜕膜、胎盘组织变性、坏死，产生前列腺素，进一步加强子宫收缩。药物注入羊膜腔内，对胎儿有损伤作用。用于终止中期妊娠。方法为羊膜腔内注射和宫腔内给药。

03.583　天花粉　radix trichosanthin

一种中药。注射用结晶天花粉蛋白能直接作用于绒毛合体滋养细胞，使之变性坏死，具有较强的抗原性和致流产效应。临床用于终止 10~16 周宫内妊娠。为避免使用中引起的过敏反应，用药前应做皮试及小剂量肌内注射的过敏试验。

03.584　壬苯醇醚　nonoxynol, nonoxinol

一种非离子型表面活性剂，可改变精子膜的渗透性，使精子失活。常用女性外用杀精子剂有阴道避孕栓剂、膜剂、胶冻剂等。

03.585　催产药　accelerator partus, oxytocic

一类能选择性兴奋子宫平滑肌的药物。还能刺激乳房平滑肌引发乳汁的分泌。产科用于催产、引产；产后则用于加快胎盘娩出、止血、治疗宫缩乏力等。

03.586　缩宫素　oxytocin

药理作用与天然催产素相同，直接兴奋子宫平滑肌的药物。小剂量可增强子宫的节律性收缩，大剂量能引起子宫强直性收缩而起到止血作用。用于引产、催产、产后及流产后因宫缩不良所致的出血。在产科还通过缩宫素激惹试验，以了解胎盘储备功能。

03.587　马来酸麦角新碱　ergometrine maleate

麦角新碱的半合成衍生物。是作用强而持久的子宫收缩药。用于预防和治疗产后和流产后因子宫收缩乏力或缩复不良所致的子宫出血。可引起子宫平滑肌强直性收缩，不可以用于引产及催产。合并有冠心病、高血压等疾病要慎用。禁止与升压药合用。

03.588　子宫收缩抑制剂　tocolysis, anti-contraction medication

一类β受体激动剂。通过兴奋子宫平滑肌细胞膜上的β_2受体产生抑制子宫收缩作用，并可改善子宫胎盘血循环，延缓早产，降低婴儿死亡率和呼吸窘迫综合征发生率。临床应用的有硫酸沙丁胺醇、利托君。

03.589　硫酸沙丁胺醇　salbutamol sulfate

一种肾上腺素β_2受体激动剂。能解除支气管痉挛。还可松弛子宫和血管的平滑肌，抑制子宫收缩和降低眼压。妇产科用于预防高危妊娠早产、先兆流产、胎儿宫内生长迟缓等。在中期妊娠引产过程中亦用本药缓解子宫强直性收缩，防止子宫破裂和宫颈裂伤。

03.590　利托君　ritodrine

一种肾上腺素β_2受体激动剂。可抑制子宫平滑肌的收缩频率和强度，减少子宫收缩，从而延长妊娠期。可使腺苷酸环化酶的活性增强，产生保胎作用。用于预防妊娠 20 周以后的早产。

03.591　溴隐亭　bromocriptine

一种多肽麦角类生物碱。能选择性地激动多巴胺受体，抑制腺垂体催产素的分泌，而不影响其他垂体激素水平。用于治疗高催乳素血症、垂体性闭经、多囊卵巢综合征，以及无排卵症及产后回乳。

03.592　尿促性素　menotrophin, human menopausal gonadotropin, hMG

全称“人绝经期促性腺激素”。一种人体内腺垂体分泌的天然促性腺激素，具有促卵泡生成素和促黄体生成素的作用。可促使卵泡发育成熟，促使卵泡分泌雌激素，与绒促性素合用促排卵和黄体生成，分泌孕酮。还可促男性睾丸间质细胞分泌睾酮。与绒促性素合用治疗促性腺激素分泌不足的无排卵不孕症、原发性和继发性闭经及多囊卵巢综合征；辅助生育技术中促超排卵；治疗男性促性腺激素低下及不孕症。

03.593　戈那瑞林　gonadorelin

一种人工合成的十肽促性腺激素释放激素。能兴奋垂体，合成和分泌黄体生成素（LH）及卵泡刺激素（FSH）。大剂量应用可消耗效应器官组织中的本身受体而产生功能抑制状态，称降调作用。可用于垂体兴奋试验；用于治疗下丘脑异常所致的女性无排卵性不孕症或男性生精异常所致的不孕症；也用于因下丘脑病变所致的青春期发育延缓和激素依赖性前列腺癌、乳腺癌、子宫内膜癌等。

03.594　戈舍瑞林　goserelin

一种人工合成的十肽促性腺激素释放激素强效类似物。其作用比促性腺激素释放激素强，半衰期比促性腺激素释放激素长。用于可用激素治疗的前列腺癌、乳腺癌和子宫内膜癌；也用于治疗子宫内膜异位症、子宫肌瘤等。

03.595　棉酚　gossypol acetate

一种从棉籽油中提取的化合物。可人工合成，具有生殖毒性和抗生育作用。由于临床试验中观察到部分受试者服用后引起低血钾症，故临床上尚不能正式成为男性避孕药。

03.596　雷公藤　Tripterygium wilfordii

一种中草药植物。根部的粗提取物已经用于治疗自身免疫性疾病，具有可逆的抗生育作用。

03.597　雷公藤多苷　*Tripterygium wilfordii* multiglucoside

由雷公藤的去皮根部提取的总苷。为免疫抑制剂。有抗炎、体液免疫和细胞免疫作用。对女性可影响卵巢功能，对男性可影响睾丸精子的发育，用作避孕药仍在研究中。

03.598　昆明山海棠　Tripterygium hypoglaucum

一种雷公藤类植物。具有祛风除湿、舒筋活络、消炎止痛作用，近年来实验研究发现还具有可逆的抗生育作用。

03.599　信筒子醌　embelin

从白花酸藤果中提取的一种苯醌类化合物。具有生殖毒性和抗生育作用。

03.600　螺内酯　spironolactone

一种人工合成的醛固酮拮抗剂。为保钾排钠类利尿药。

03.601　堕胎药　abortifacient

用于堕胎的药物。可致孕体提前产出胚胎或不能存活的胎儿。

03.602　青霉素　penicillin

由产黄青霉等丝状真菌产生的β-类酰胺类抗生素。有抑制或杀灭革兰化阴性菌的作用。通过干扰细菌细胞壁的合成而产生抗菌作用。为广谱抗生素。用于治疗敏感菌或敏感病原体所致的各种感染，包括妇产科的流产后、产褥感染，淋病及梅毒等。

03.603　氨苄青霉素　ampicillin

一种半合成的氨基青霉素类抗生素。抗菌谱广，对革兰氏阴性菌的抗菌作用比青霉素强。适用于上、下呼吸道感染及淋病，泌尿生殖系统感染和皮肤软组织感染等。

03.604　阿莫西林　amoxicillin

一种半合成的氨基青霉素类抗生素。耐酸性和杀菌作用比氨苄西林强。临床应用同氨苄西林。

03.605　头孢拉定　cefradine

一种第一代头孢菌素类广谱抗生素。特点是对革兰氏阳性菌的抗菌作用比第二代强，而对革兰氏阴性菌的抗菌作用不及第二、第三代头孢菌素。适用于治疗呼吸系统、泌尿生殖系统感染和皮肤软组织感染。

03.606　头孢噻吩钠　cefalotin sodium

一种第一代头孢菌素。对革兰氏阳性菌的抗菌作用强。用于治疗敏感菌所致的呼吸系统、泌尿生殖系统感染，皮肤软组织感染，败血症等。

03.607　头孢呋辛　cefuroxime

一种半合成的第二代头孢菌素。对革兰氏阳性球菌抗菌作用与第一代相似，但比第三代强。对革兰氏阴性杆菌的抗菌作用比第一代强，但不及第三代。适用于治疗呼吸系统、泌尿生殖系统感染，皮肤软组织感染及败血症等。

03.608 头孢曲松钠 ceftriaxone sodium

一种半合成的第三代注射用头孢菌素。对革兰氏阴性杆菌的抗菌作用比第一、第二代强，对革兰氏阳性球菌的抗菌作用不如第一、第二代。淋病奈瑟菌、脑膜炎球菌对本药敏感。用于治疗呼吸系统、泌尿生殖系统感染（包括淋病），耳鼻喉及其他严重感染，如脑膜炎、败血症等。

03.609 头孢噻肟钠 cefotaxime sodium

一种半合成的第三代注射用头孢菌素。抗菌谱及临床应用同头孢曲松钠。

03.610 链霉素 streptomycin

一种氨基糖苷类抗生素。对结核杆菌有强的抗菌作用，对多数革兰氏阴性杆菌有一定的抗菌作用。用于治疗各种结核病或其他分枝杆菌感染、鼠疫、腹股沟肉芽肿和革兰氏阴性菌引起的败血症等。

03.611 硫酸庆大霉素 gentamycin sulfate

一种氨基糖苷类抗生素。对变形杆菌、大肠杆菌、志贺菌、奈瑟菌、金黄色葡萄球菌均有较强的抗菌作用。用于治疗敏感菌引起的呼吸系统、胆道、肠道、泌尿生殖系统感染，皮肤软组织感染及细菌性痢疾等。

03.612 卡那霉素 kanamycin

一种氨基糖苷类抗生素。对多数肠杆菌均有良好的抗菌作用，对流感杆菌、淋病奈瑟菌、脑膜炎球菌、结核杆菌等也有一定作用。用于治疗敏感菌所致的全身感染、肠道感染。常需与其他抗生素联合应用。

03.613 盐酸四环素 tetracycline hydrochloride

一种快速抑菌剂。有广谱抗病原微生物作用。抗革兰氏阳性菌作用优于革兰氏阴性菌。用于治疗立克次体病，以及支原体、衣原体、梅毒螺旋体、淋病奈瑟菌等病原体引起的各种感染，也用于敏感菌引起的呼吸道、胆道、尿路和皮肤软组织感染。

03.614 米诺环素 minocycline

又称“美满霉素”。一种半合成的四环素类抗生素，抗菌谱与盐酸四环素相似。抗菌活性比盐酸四环素强，并具有高效和长效性。用于治疗敏感菌和支原体、衣原体、立克次体、梅毒螺旋体、淋病奈瑟菌等敏感病原体引起的各种感染。

03.615 多西环素 doxycycline

一种半合成的四环素类抗生素。抗菌谱与盐酸四环素相似，抗菌活性比盐酸四环素强。用于治疗敏感菌和支原体、衣原体、立克次体、梅毒螺旋体、淋病奈瑟菌等敏感病原体引起的各种感染。

03.616 红霉素 erythromycin

一种大环内酯类抗生素。抗菌谱广，对大多数革兰氏阳性菌、部分革兰氏阴性菌及某些非典型致病菌均有效。用于治疗呼吸系统、泌尿生殖系统感染（包括支原体、衣原体、淋病奈瑟菌感染及初期梅毒感染），皮肤软组织感染及厌氧菌所致口腔感染。眼膏剂可预防新生儿淋病菌及沙眼衣原体引起的眼部感染。

03.617 阿奇霉素 azithromycin

一种大环内酯类第二代半合成衍生物。抗菌谱广，抗菌作用比红霉素强。用于治疗敏感菌及支原体引起的呼吸系统、耳鼻喉、皮肤软组织、泌尿生殖系统等感染，也用于治疗因衣原体、支原体、淋病奈瑟菌引起的尿道炎、宫颈炎及盆腔炎。

03.618　罗红霉素　roxithromycin

一种半合成的大环内酯类抗生素。抗菌谱广，与红霉素相似，抗菌作用比红霉素强。用于治疗敏感菌引起的呼吸系统、耳鼻喉、皮肤软组织感染和肺炎衣原体、支原体引起的肺炎，也用于治疗军团菌引起的感染。

03.619　克拉霉素　clarithromycin

一种大环内酯类抗生素。抗菌谱与红霉素相似，抗菌作用比红霉素强。用于治疗敏感菌或敏感病原体引起的耳鼻喉、下呼吸道、皮肤软组织、牙源性、泌尿生殖系统感染和沙眼衣原体所致的尿道炎、宫颈炎。

03.620　乙酰螺旋霉素　acetylspiramycin

一种大环内酯类抗生素。抗菌谱与红霉素相似，但抗菌作用不如红霉素强。用途同红霉素。也是治疗弓形体病的选用药。

03.621　林可霉素　lincomycin

林可胺类碱性抗生素。具有抑菌作用。对各种厌氧菌有良好的抗菌作用。用于治疗敏感菌引起的呼吸系统、皮肤软组织、腹腔、女性生殖道及盆腔等的感染。

03.622　克林霉素　clindamycin

一种林可霉素类抗生素。抗菌谱与林可霉素相似，抗菌作用比林可霉素强。用于治疗敏感菌引起的呼吸系统、皮肤软组织、腹腔、女性生殖道及盆腔等的感染。

03.623　吡哌酸　pipemidic acid

一种第二代喹诺酮类抗菌药。对革兰氏阴性菌有效，对部分革兰氏阳性菌耐药，对厌氧菌无效。用于治疗敏感菌引起的尿路感染、肠道感染、急慢性中耳炎等。软膏用于小面积、新鲜Ⅱ度烧伤创面及供皮区创面，可防止感染，促进创面愈合。

03.624　环丙沙星　ciprofloxacin

一种第三代喹诺酮类抗菌药。对革兰氏阴性菌、沙眼衣原体、支原体、军团菌等均有良好的抗菌作用。用于治疗敏感菌所致的泌尿生殖系统、呼吸系统、消化系统及皮肤软组织、骨关节、五官等感染，也可治败血症。

03.625　氧氟沙星　ofloxacin

一种第三代喹诺酮类抗菌药。抗菌谱与环丙沙星相似。用于治疗敏感菌引起的泌尿生殖系统、呼吸系统、消化系统及皮肤软组织、骨关节、五官等感染。与其他抗结核药合用，可作为抗结核的二线药物。

03.626　左氧氟沙星　levofloxacin

一种氧氟沙星的左旋异构体。抗菌活性为氧氟沙星的 2~4 倍。抗菌谱和临床应用同氧氟沙星。

03.627　诺氟沙星　norfloxacin

一种第三代喹诺酮类抗菌药。对革兰氏阴性菌、淋病奈瑟菌有良好的杀菌作用。对革兰氏阳性需氧菌、衣原体及阴道毛滴虫也有效。用于治疗敏感菌引起的泌尿生殖系统、呼吸系统、消化系统及皮肤软组织、骨关节、五官等感染。

03.628　洛美沙星　lomefloxacin

一种二氟喹诺酮类抗菌药。抗菌谱与氧氟沙星相似，体内抗菌活性比氧氟沙星、左氧氟沙星、诺氟沙星高。临床应用同上述药物。

03.629　异烟肼　isoniazid

一种具有杀菌作用的合成抗生素。对生长繁殖期的分枝杆菌有效。用于治疗各种结核病。结核杆菌对本药易产生耐药性，与其他抗结核药联合应用可使耐药现象延缓出现。

03.630　利福平　rifampicin

一种半合成广谱抗菌药。对结核菌及其他分

枝杆菌（包括麻风杆菌等）均有明显的杀菌作用，对脑膜炎球菌、军团菌、金黄色葡萄球菌有一定的疗效。与其他抗结核药联合应用治疗结核病，还可治疗金黄色葡萄球菌、军团菌引起的感染。与其他药联合应用可治疗麻风病。

03.631　乙胺丁醇　ethambutol

一种合成的抗结核菌药。对结核杆菌和其他分枝杆菌均有较强的抑菌作用。与其他抗结核药联合应用可治疗肺结核、肺外结核、结核性脑膜炎及非结核分枝杆菌感染。

03.632　对氨基水杨酸钠　sodium aminosalicylate

一种对氨基苯甲酸的同类药。只对结核杆菌有抑菌作用。用于治疗肺结核和肺外结核。

03.633　克霉唑　clotrimazole

一种合成的吡咯类广谱抗真菌药。对真菌抑制作用，高浓度时有杀菌作用。用于治疗念珠菌或其他真菌引起的阴道炎、口腔及咽部感染、皮肤癣等，还用于本药敏感菌所致的二重感染及预防化疗、免疫低下等患者的口腔、咽部念珠菌感染。

03.634　硝酸咪康唑　miconazole nitrate

一种合成的咪唑类衍生物。是广谱抗真菌药。对多种深部真菌、表皮真菌及酵母菌等均有良好的抗菌作用。用于治疗念珠菌引起的外阴阴道炎、皮肤癣、真菌性甲沟炎和其他感染。

03.635　氟康唑　fluconazole

一种吡咯类抗真菌药。具有广谱抗真菌作用。用于治疗全身念珠菌病、黏膜念珠菌病、阴道念珠菌病、皮肤真菌病和真菌引起的眼病。

03.636　伊曲康唑　itraconazole

一种三氮唑衍生物。是合成的广谱抗真菌药。对浅部、深部真菌感染的病原菌均有效。用于治疗全身真菌感染及口腔、咽部、阴道的真菌感染。

03.637　制霉菌素　nystatin

一种多烯类抗真菌药。具有广谱抗真菌作用。用于治疗念珠菌引起的消化道、口腔、阴道、皮肤等真菌感染。对全身真菌感染无效。

03.638　两性霉素 B　amphotericin B

一种多烯类抗真菌药。低浓度时起抑菌作用，药物浓度达到人体可耐受的范围高限时，对真菌起杀菌作用。毒性大，不良反应多，但它又是治疗某些严重真菌感染的有效药物，因此用药时应充分权衡利弊。

03.639　甲硝唑　metronidazole

一种硝基咪唑衍生物。对大多数厌氧菌具有良好的抗菌作用，还对毛滴虫、阿米巴原虫等病原体有很强的作用。用于治疗阴道滴虫病、细菌性阴道病、阿米巴病及多种厌氧菌引起的感染。

03.640　替硝唑　tinidazole

一种硝基咪唑衍生物。具有抗厌氧菌和抗原虫感染的作用，其药物活性较甲硝唑高、起效快，且毒副作用低。用于治疗阴道滴虫病、细菌性阴道病及多种厌氧菌引起的感染。

03.641　利巴韦林　ribavirin

一种合成的核苷类抗病毒药。用于治疗流感病毒感染、病毒性肺炎、支气管炎、皮肤疱疹病毒感染。局部用药可治疗单纯疱疹病毒感染性角膜炎。毒性大，并有明显的致畸和杀胚胎毒性。

03.642　阿昔洛韦　acyclovir, aciclovir

一种化学合成的核苷酸类抗病毒药。对单纯

疱疹病毒（HSVⅠ型、Ⅱ型）、水痘病毒、带状病毒感染等有一定的抑制作用。能有效治疗单纯疱疹病毒感染、带状病毒感染、免疫缺陷性水痘及病毒引起的眼部感染。

03.643　更昔洛韦　ganciclovir

一种核苷酸类抗病毒药。与阿昔洛韦是同系物，抗病毒作用比阿昔洛韦更强，尤其对艾滋病患者的巨细胞病毒有强的抑制作用。用于治疗免疫缺陷患者（包括艾滋病患者）并发巨细胞性视网膜炎，也用于接受器官移植的患者预防巨细胞病毒感染。

03.644　人乳头瘤病毒疫苗　human papilloma virus vaccine

一种基于主要衣壳蛋白 L1 的非感染性亚单位病毒疫苗。用于预防人乳头瘤病毒（HPV）感染。为肌内注射制剂，注射后 6 个月起效。

03.645　金刚烷胺　adamantane, tromantadine

一种外用凝胶制剂。用于治疗皮肤与黏膜交界部位单纯疱疹的早期症状和带状疱疹的皮损。可选择性抑制单纯疱疹病毒（HSVⅠ型、Ⅱ型），通过防止病毒进入和去外壳，从而干预病毒的早期复制。

03.646　拉米夫定　lamivudine

一种合成的二脱氧胞嘧啶核苷类抗病毒药。对乙型肝炎病毒（HBV）有较强的抑制作用。可用于治疗有 HBV 病毒复制的慢性乙肝、慢性肝硬化活动期和人类免疫缺陷病毒（HIV）感染。

03.647　重组干扰素α-2a　recombinant interferon α-2a

一种合成的含有 165 种氨基酸的高纯度蛋白质。具有天然的人α-2a 干扰素的特点。用于治疗病毒性疾病，如乙型、丙型肝炎，带状疱疹，尖锐湿疣和肿瘤性疾病。栓剂用于治疗阴道病毒性感染（阴道炎、慢性宫颈炎、宫颈糜烂）。软膏用于治疗单纯疱疹病毒Ⅰ型、Ⅱ型感染引起的颜面疱疹和生殖器疱疹。

03.648　聚甲酚磺醛　policresulen

一种强酸性物质。通过强酸与蛋白凝固作用杀灭多种病原微生物，其中加德纳菌、厌氧菌和毛滴虫较为敏感。还可保护生理性乳酸杆菌生长，维持阴道内酸性环境。为局部外用药，用于治疗宫颈糜烂、宫颈炎、各类阴道感染及尖锐湿疣。

03.649　复方阿司匹林　compound aspirin

一种由阿司匹林、非那西丁和咖啡因组成的解热镇痛药。具有良好的解热和镇痛作用。用于治疗头痛、牙痛、神经痛、肌肉痛、关节痛及痛经等。也用于退热。

03.650　对乙酰氨基酚　paracetamol, acetaminophen

一种乙酰苯胺类解热镇痛药。具有良好的解热镇痛作用。适用于缓解轻、中度疼痛，如头痛、偏头痛、牙痛、神经痛、肌肉痛、关节痛及痛经等。也用于退热。

03.651　布洛芬　ibuprofen

一种非甾体抗炎镇痛药。具有抗炎、镇痛、解热作用。用于缓解风湿性、类风湿性、骨性、痛风性疼痛及炎症。也用于手术、创伤、劳损后疼痛，痛经（包括 IUD 引起），牙痛，头痛等。直肠给药用于治疗感冒、急性上呼吸道感染引起的发热。

03.652　吲哚美辛　indometacin

一种非甾体抗炎镇痛药。具有抗炎、镇痛、解热作用。用于缓解各种类型的关节炎引起的疼痛；也用于手术后、创伤后疼痛，偏头痛，痛经（包括 IUD 引起），牙痛等。栓剂用于各种宫腔手术前，有镇痛作用。载有本药的宫内节育器可降低出血和痛经的发生率。

03.653 奈普生 naproxen

一种非甾体抗炎镇痛药。具有抗炎、镇痛、解热作用。用于治疗各种类型的关节炎，缓解手术后疼痛、牙痛、神经痛、头痛、痛经等。栓剂在各种宫腔手术前用药，有镇痛作用。

03.654 双氯芬酸钠 diclofenac sodium

一种邻氨基苯甲酸类非甾体抗炎镇痛药。具有抗炎、镇痛、解热作用。用于缓解风湿性、类风湿性、痛风性等多种关节性及非关节性软组织疼痛；还可治疗急性轻、中度疼痛，如手术后、创伤后、痛经等。

03.655 盐酸吗啡 morphine hydrochloride

一种阿片受体激动剂。为麻醉镇痛药。用于使用其他镇痛药无效的急性剧痛，如严重创伤、烧伤、晚期癌症等引起的疼痛。也用于麻醉和手术前用药。在疼痛原因未明确前尽可能不用，以防掩盖症状，贻误诊断。用药过量，可致中毒。孕妇临产前用药可引起新生儿窒息。

03.656 盐酸哌替啶 pethidine hydrochloride

一种合成的阿片类镇痛药。作用与吗啡相似，镇痛效力比吗啡低，持续时间短。用于缓解各种剧痛，如创伤、烧伤、烫伤、手术后疼痛，分娩疼痛等。可作为麻醉前用药，或作为局部麻醉、静吸复合麻醉的辅助用药。与氯丙嗪、异丙嗪等合用可进行人工冬眠。

03.657 盐酸曲马多 tramadol hydrochloride

一种非阿片类中枢性镇痛药。虽可与阿片受体结合，但亲和力弱，镇痛强度仅为吗啡的1/10。用于各种中、重度急慢性疼痛，如手术前后疼痛、癌症疼痛、关节痛、神经痛、创伤和劳累性疼痛等。

03.658 沙利度胺 thalidomide

一种谷氨酸衍生物。具有镇静、催眠、止痒、退热作用。对麻风反应症疗效较好。早期妊娠反应较重的妇女服用后，妊娠反应消退，后发现有较强的致畸作用（出现海豹样儿），美国食品药品监督管理局（FDA）将本药的妊娠安全性分级定为X级，妊娠妇女绝对禁用本药。

03.659 氧化亚氮 nitrous oxide

一种吸入麻醉药。主要抑制脊髓的传导，对中枢神经系统抑制作用不明显。与静脉麻醉药、麻醉性镇痛药、骨骼肌松弛药、镇静剂等合用，组成全身复合麻醉。也可用于无痛分娩和人工流产术的镇痛。

03.660 氯胺酮 ketamine

一种非巴比妥类静脉全身麻醉药。是唯一具有镇痛作用的静脉全身麻醉药。用于多种表浅麻醉、短小手术麻醉、不合作小儿的诊断性检查及复合麻醉。尤其适用于哮喘患者、老年患者、危重患者的麻醉。

03.661 丙泊酚 propofol

又称“异丙酚”。一种烷基酚类的短效静脉麻醉药。主要用于全身麻醉的诱导和维持，尤其是短小手术和人工流产手术等。常与硬膜外或脊髓麻醉同时应用。也常与镇痛药、肌肉松弛剂及吸入麻醉药同用。可引起血压下降、心动过速或过缓、呼吸抑制及脑血流量降低等不良反应。

03.662 依托咪酯 etomidate

一种快速催眠性静脉全身麻醉药。催眠效应为硫喷妥钠的12倍，无镇痛作用。静脉注射后作用迅速、起效快。主要用于静脉全身麻醉诱导。也可用于短小手术。

03.663 普鲁卡因 procaine

一种短效酯类局部麻醉药。通过抑制神经细

胞膜的钠离子通道而引起阻断神经兴奋与传导的作用。主要用于硬膜外麻醉、蛛网膜下腔阻滞、浸润麻醉、神经阻滞麻醉。

03.664　利多卡因　lidocaine

一种中效酰胺类局部麻醉药。作用机制同普鲁卡因。主要用于硬膜外麻醉、神经阻滞麻醉、局部麻醉、表面麻醉、区域性麻醉等。还可以治疗心律失常。

03.665　盐酸丁卡因　tetracaine hydrochloride

一种长效酯类局部麻醉药。脂溶性比普鲁卡因高、渗透力强，麻醉效能较普鲁卡因高5~10倍，作用时效为普鲁卡因的8倍，但其毒性则要高10倍。用于眼科、耳鼻喉科黏膜麻醉。也可用于硬膜外麻醉及蛛网膜下腔阻滞、神经传导阻滞麻醉。禁止用于局部浸润麻醉、静脉注射和静脉滴注。

03.666　芬太尼　fentanyl

一种阿片受体激动剂。属强效麻醉性镇痛药。用于麻醉前给药及全身麻醉诱导；作为辅助用药与麻醉药合用于多种手术；也用于手术前、中、后的镇痛；与丙泊酚联合用于人工流产手术镇痛。

03.667　阿芬太尼　alfentanil

芬太尼的四氧衍生物。是一种强效、速效的阿片受体激动剂。起效快，维持时间短，镇痛作用比芬太尼弱。对呼吸频率和潮气量的抑制作用比芬太尼弱，对心血管系统的抑制作用比芬太尼强，特别是对老年人及美国麻醉医师协会（ASA）Ⅲ、Ⅳ级的患者的抑制作用更强。主要用于麻醉前、中、后的镇痛，也作为复合全身全麻用药。

03.668　舒芬太尼　sufentanil

一种合成的阿片类镇痛药。与阿片受体的亲和力是芬太尼的10倍。麻醉镇痛效力比芬太尼强，而对心血管系统的抑制作用较弱。可作为复合麻醉的镇痛用药和全身麻醉大手术的麻醉诱导及维持用药。

03.669　瑞芬太尼　remifentanil

一种阿片受体激动剂。是强效、超短效麻醉镇痛药。特点是起效迅速、消失极快，故能克服许多应用芬太尼、阿芬太尼而产生的术后恢复期呼吸抑制等不良反应。用于全身麻醉诱导及全身麻醉过程中的镇痛、镇静。

03.670　氨茶碱　aminophylline

茶碱和乙二胺的复合物。属于咖啡因类中松弛平滑肌作用最强的药物。因能抑制磷酸二酯酶，使环腺苷酸的破坏减少、浓度增加，舒张支气管平滑肌，解除痉挛而平喘。与肾上腺素合用能增强疗效。临床适用于痉挛性支气管炎。

03.671　马来酸咪达唑仑　midazolam maleate

一种短效苯二氮䓬类镇静催眠药。具有抗焦虑、催眠、抗惊厥、肌肉松弛的作用。用于各种失眠症的短期治疗、手术前镇静及重症监护的镇静。也可作为椎管内麻醉、局部麻醉的辅助用药，用于全身麻醉诱导及维持。

03.672　地西泮　diazepam

又称“安定”。一种长效苯二氮䓬类药。可引起中枢神经系统不同部位的抑制。具有镇静、催眠、抗焦虑、抗惊厥和骨骼肌松弛作用。用于治疗失眠、焦虑症、伴焦虑的抑郁症。可治疗癫痫发作和多种原因引起的惊厥。也用于酒精依赖及戒断综合征、麻醉前用药和缓解肌肉痉挛。

03.673　酚磺乙胺　etamsylate

一种止血药。可降低毛细血管通透性，使血管收缩，出血时间缩短，还能增加血小板的聚集性和黏附性，促进血小板释放凝血物质，缩短凝血时间。用于防治多种手术前、中、后出血。也可用于治疗血小板功能不良和其他原因引起的出血。

03.674　维生素 K_1　vitamin K_1
肝脏合成多种凝血因子所必需的一种物质。用于维生素 K 缺乏症、低凝血因子Ⅱ血症及口服抗凝血药过量的治疗。也可预防和治疗新生儿出血症。

03.675　醋酸甲萘氢醌　menadiol diacetate
又称"维生素 K_4"。一种人工合成的水溶性促凝血药。口服吸收良好，用于治疗维生素 K 缺乏症、低凝血酶原血症和新生儿出血症。

03.676　氨基己酸　aminocaproic acid
一种单氨基羧酸。是特异性的抗纤维蛋白溶解剂。能抑制纤溶酶原的激活因子，使纤溶酶原不能激活为纤溶酶，从而抑制纤维蛋白的溶解，产生止血作用。用于防治纤维蛋白溶解亢进引起的出血及弥散性血管内凝血（DIC）晚期低凝阶段的出血等。

03.677　氨甲苯酸　aminomethylbenzoic acid
一种氨基苯酸。止血作用比氨基己酸强 4~5 倍，且排泄慢，毒性较低，不易产生血栓。用于原发性纤维蛋白溶解亢进所引起的出血（如严重肝病、白血病及全身高纤溶性出血）。

03.678　氨甲环酸　tranexamic acid
一种合成的氨基酸类抗纤溶药。与纤溶酶原的赖氨酸结合区有高度亲和力，能竞争性抑制纤维蛋白的赖氨酸与纤溶酶结合，从而抑制纤维蛋白凝块的裂解，产生止血作用。用于纤维蛋白溶解亢进所致的各种出血，妇产科主要用于人工流产、胎盘早剥、死胎、羊水栓塞、DIC 等出血。

03.679　肝素钠　heparin sodium
一种凝血剂。是含有多种氨基葡聚糖酐的混合物，抗凝血作用可影响凝血过程的多个环节。用于急慢性静脉血栓和肺栓塞；预防心脏手术所致的体外循环栓塞、动脉手术和冠状动脉造影时导管所致的血栓栓塞；用于急性心肌梗死的辅助治疗；能减少脑血栓形成的危险性；还可用于羊水栓塞、死胎综合征、异型输血反应等所致 DIC 高凝阶段的治疗。

03.680　肝素钙　heparin calcium
一种凝血剂。通过离子交换法从肝素钠中制备。药理作用同肝素钠。但较肝素钠的抗凝血因子Ⅱa 作用略强、抗凝血因子Ⅹa 作用较弱。临床应用同肝素钠。

03.681　硫酸鱼精蛋白　protamine sulfate
一种具有强碱性基团的蛋白。在体内与强酸性的肝素结合，使肝素失去抗凝血活性。用于治疗因注射肝素过量所致的出血及其他自发性出血。因血管手术、体外循环或血液透析等应用肝素者，在结束时可用本药中和体内残余的肝素。

03.682　叶酸　folic acid
一种由蝶啶、对氨基苯甲酸及谷氨酸残基组成的水溶性 B 族维生素。在肝内二氢叶酸还原酶的作用下，可转变为具有活性的四氢叶酸。用于治疗和预防叶酸缺乏及其所致的巨细胞贫血；还可用于营养不良、慢性溶血性贫血、孕妇、哺乳期妇女等。孕妇在孕前和孕期预防性给药，可减少胎儿神经管畸形的发生。

03.683　辅酶 A　coenzyme A
一种体内乙酰反应的辅酶。对糖、蛋白质、脂肪的代谢有重要作用。与体内三羧酸循环、乙酰胆碱的合成、肝糖原的储存、胆固醇量的降低及血浆脂肪含量的调节均有密切关系。用于治疗白细胞减少、原发性血小板性紫癜等，也可用于脂肪肝、急慢性肝炎、肾病综合征及尿毒症的辅助治疗。

03.684　右旋糖酐 40　dextran 40

一种低分子量的血容量扩充剂。具有维持血压、防止休克后期的血管内凝血、防止血栓形成和渗透性利尿作用。用于抢救由于失血、创伤、烧伤等各种原因引起的休克和中毒性休克，可早期预防因休克引起的DIC。用于血栓性疾病的治疗及预防手术后静脉血栓形成等。还可作为宫腔镜手术用的膨宫剂。

03.685　右旋糖酐 70　dextran 70

一种中分子量的血容量扩充剂。药理作用和临床应用同右旋糖酐40。扩充血容量作用比右旋糖酐 40 强，而且持久，但改善微循环作用比右旋糖酐 40 弱。

03.08　优 生 优 育

03.686　出生缺陷　birth defect

由于胚胎发育紊乱而造成的形态、结构、功能、代谢、精神、行为等方面的异常。这些异常可以在出生时发现，也可能在出生一段时间后发现。

03.687　[出生缺陷]一级干预　first grade interference

妊娠前的干预。预防出生缺陷胚胎、胎儿的形成。

03.688　[出生缺陷]二级干预　second grade interference

妊娠期胎儿能够存活之前的干预。阻止严重缺陷儿活产分娩。

03.689　[出生缺陷]三级干预　third grade interference

胎儿娩出后的干预。预防缺陷儿发病。

03.690　TORCH 感染　TORCH infection

一组以病毒为主的微生物感染。包括弓形虫、其他微生物（如微小病毒、带状疱疹病毒、梅毒螺旋体、风疹病毒、巨细胞病毒和单纯疱疹病毒等）。大多数 TORCH 感染母亲没有临床症状，但对胎儿和新生儿却有潜在危害，微生物能通过胎盘或产道引起宫内感染，造成流产、死胎、胎儿宫内发育迟缓或畸形和新生儿先天性感染。

03.691　婚前咨询　premarital counseling

通过询问病史、详细体格检查，必要时进行家系调查和家谱分析，提出对结婚、生育的具体指导意见。是预防出生缺陷发生的第一站。

03.692　近亲结婚　consanguineous marriage

又称“血缘婚”“近亲婚配”。三代或三代以内有共同祖先的人之间的通婚。近亲结婚的夫妇有可能从他们共同祖先那里获得同一基因，并将之传递给子女。如果这一基因按常染色体隐性遗传方式遗传，其子女就可能因为是突变纯合子而发病。因此，近亲结婚增加了某些常染色体隐性遗传病的发生风险。

03.693　孕前咨询　prepregnancy counseling

指导计划妊娠的夫妇在双方身心健康、家庭及工作环境良好的状况下妊娠，以减少出生缺陷的发生。

03.694　孕前保健　prepregnancy health care

针对准备妊娠的夫妇进行的有关生育的一系列保健服务。包括孕前的心理准备和身体准备。通过评估和改善计划妊娠夫妇的健康状况，降低或消除导致出生缺陷等不良妊娠结局的危险因素，预防出生缺陷的发生，提高出生人口素质，是孕期保健的前提。

03.695　孕前优生咨询　prepregnancy eugenic counseling

一项为准备妊娠的夫妇提供的以健康教育

与咨询、健康状况评估、健康指导为主要内容的保健服务。是孕前保健的一项重要工作，以提高出生人口素质，减少出生缺陷和先天残疾发生为宗旨。

03.696　产前筛查　prenatal screen

通过母体血清学、影像学等无创方法对普通妊娠妇女进行筛查，从中挑选出可能怀有异常胎儿的高危孕妇进行产前诊断，以期提高产前诊断的阳性率，减少不必要的有创产前诊断，从而减少因此造成的妊娠丢失及降低经济成本的措施。是出生缺陷二级干预的重要内容。

03.697　二联筛查　double test

在唐氏综合征的产前筛查中，以妊娠 14~20 周血清 AFP 加 HCG 或β-HCG 作为指标的检查。

03.698　三联筛查　triple test

在唐氏综合征的产前筛查中，以妊娠 14~20 周血清 AFP 加 HCG 或β-HCG 加游离雌三醇（uE_3）作为指标的检查。

03.699　四联筛查　quadruple test

在唐氏综合征的产前筛查中，以妊娠 14~20 周血清 AFP 加 HCG 或β-HCG 加 uE_3 加抑制素 A 作为指标的检查。

03.700　联合筛查　combined test

在唐氏综合征的产前筛查中，以妊娠 10~13 周超声测定胎儿颈后透明层厚度，并结合血清 HCG 或β-HCG 加妊娠相关血浆蛋白 A（PAPP-A）水平及孕妇年龄综合判断胎儿患唐氏综合征风险的筛查方案。

03.701　妊娠相关血浆蛋白 A　pregnancy associated plasma protein-A, PAPP-A

一种胎盘和蜕膜的蛋白产物。在孕期分泌到母亲的血液循环中。被认为是胰岛素样生长因子结合蛋白 4（IGFBP-4）蛋白酶，能使 IGFBP-4 水解，而使胰岛素样生长因子的生物利用度增加。还在成纤维细胞、卵泡液、粒层细胞中被检测到。是异四聚物，分子量约 500kDa。是一个与母体妊娠密切相关的血清学指标，用于筛查不良妊娠。

03.702　产前诊断　prenatal diagnosis

又称“宫内诊断”“出生前诊断”。在胎儿出生之前应用各种先进的检测手段，如影像学、生物化学、细胞遗传学及分子生物学等技术，了解胎儿在宫内的发育状况（如观察胎儿有无体表畸形，分析胎儿染色体核型有无异常），检测胎儿细胞的生化项目和基因等，对先天性和遗传性疾病做出诊断，为胎儿宫内治疗（手术、药物、基因治疗等）及选择性流产创造条件。

03.703　冠–臀长　crown-rump length, CRL

又称“顶–臀长”。妊娠 8 周后通过 B 超测定的胎儿头到臀部的长度。

03.704　胎儿颈后透明层厚度　nuchal translucency, NT

妊娠 10~13 周，经超声检查观察到的位于胎儿颈后的皮下积液。NT 越厚，染色体异常的风险越高，尤其与染色体三体综合征密切相关。

03.705　遗传咨询　genetic counselling

由从事医学遗传的专业人员或咨询医师，对咨询者就其提出的家庭中遗传性疾病的发病原因、遗传方式、诊断、预后、复发风险、防治等问题予以解答，并就咨询者提出的婚育问题提出建议和具体指导。

03.706　胎儿遗传学检查　fetal genetics examination

可在妊娠早期取绒毛或妊娠 16~20 周取羊水或脐带血，也可取孕妇外周血分离胎儿细胞所做的遗传学检查。了解染色体数目与结构的变化。

03.707 亲子鉴定 identification in disputed parentage

应用医学及生物学有关的理论和技术，判断父母与子女是否为亲生关系的技术。

03.708 羊膜镜 amnioscope

由镜体、外鞘及冷光源照明组成的一种窥镜。可以直视进行检查，也可以连接摄像设备和监视器观察羊膜腔情况。

03.709 羊膜镜检查 amnioscopy

晚期妊娠胎膜完整时，以窥镜插入宫颈，在强光照射下观察羊水的色和量的方法。以了解胎儿是否受到缺氧的威胁。正常羊水为淡青色或乳白色，混有胎脂。若混有胎粪，则为黄绿色甚至棕黄色。

03.710 羊水指数 amniotic fluid index, AFI

以脐横线与腹白线为标志，将腹部分为四个象限，各象限最大羊水暗区垂直径之和为羊水指数。国内认为羊水指数>18cm 可诊断为羊水过多；另一种方法以羊水最大池深度为诊断标准，8~11cm 为轻度羊水过多，12~15cm 为中度羊水过多，≥16cm 为重度羊水过多。

03.711 绒毛活检术 chorionic villus sampling, CVS, chorionic villus biopsy

在妊娠 9~11 周进行，用于产前诊断的绒毛组织为三级绒毛，包括间充质、细胞滋养层细胞、合体滋养层细胞的外层，绒毛组织位于胚囊之外且又具有和胚胎同样的遗传性，获取的绒毛组织可根据产前诊断的需要进行染色体分析或基因及酶代谢的诊断。适用于高龄孕妇、生育过染色体异常胎儿、夫妇之一染色体结构异常、X 性连锁疾病胎儿的性别鉴定。可以通过经宫颈、经腹部或经阴道的途径获得胎盘绒毛。

03.712 经皮脐血管穿刺 percutaneous umbilical blood sampling

在超声引导下进行脐血管穿刺的方法。以获取胎儿血，产前诊断胎儿先天性疾病。取血量 6~8ml，对胎儿循环无影响，可重复进行，且安全性较好，直接进入胎儿循环对产前诊断及治疗是非常重要的。可用于快速核型分析、胎儿宫内感染的诊断、胎儿血液系统疾病的产前诊断与风险估计、胎儿宫内生长迟缓的检测及胎儿宫内状况的评估，对胎儿溶血性贫血进行宫内输血治疗。

03.713 胎儿心电图 fetal electrocardiography

反映胎儿心脏电生理活动情况的心电图。

03.714 染色体 chromosome

由核酸和蛋白质组成。人类的体细胞有 23 对染色体，其中 1~22 对为常染色体，23 对为性染色体。

03.715 常染色体 autosome

真核细胞染色体组中除性染色体外的染色体。

03.716 性染色体 sex chromosome

决定男女性别的一对染色体。男性为 XY 染色体，女性为 XX 染色体。

03.717 基因 gene

存在于染色体上携带和传递遗传信息的基本单位。

03.718 脱氧核糖核酸 deoxyribonucleic acid, DNA

由 4 种脱氧核糖核苷酸经磷酸二酯键连接而成的长链聚合物。是遗传信息载体。

03.719 遗传病 genetic disease

遗传物质（染色体或基因）改变所导致的疾病。包括单基因病、多基因病、染色体病和体细胞遗传病等。

03.720　单基因遗传病　single gene disease

发病涉及某一对基因，受一对等位基因控制的疾病。分为常染色体显性遗传病、常染色体隐性遗传病、X 连锁显性遗传病、X 连锁隐性遗传病、Y 连锁遗传病和线粒体病。

03.721　多基因遗传病　polygenic inherited disease

发病既与遗传物质改变有关，又需一定的环境作用导致的疾病。必须由 2 对以上的基因共同作用。

03.722　染色体病　chromosomal disease

染色体在细胞分裂时，由于不分离、丢失而引起的染色体数目异常或染色体断裂后的重接而致结构改变，如缺失、易位、倒位、环状等所引起的疾病。常为具有多种临床症状的综合征。

03.723　染色体畸变　chromosome aberration

染色体结构和数目的异常改变。染色体结构异常通常包括缺失、重复、倒位、易位等；染色体数目变异包括整倍体和非整倍体变化。

03.724　染色体断裂　chromosomal break

染色体长臂或短臂某处发生断裂。

03.725　常染色体显性　autosomal dominant

主基因位于 1~22 号常染色体上，基因作用是显性的，故杂合子（Aa）即可发病。

03.726　常染色体隐性　autosomal recessive, AR

主基因位于 1~22 号常染色体上，基因作用是隐性的，故杂合子时不发病，只有纯合子隐性（aa）时才发病。

03.727　X 连锁遗传　X-linked inheritance

主基因位于 X 染色体上的遗传方式。纯合子、杂合子或半合子均可发病。

03.728　X 连锁隐性　X-linked recessive

主基因位于 X 染色体上的遗传方式。纯合子或半合子可发病，杂合子不发病。

03.729　Y 连锁遗传　Y-linked inheritance

主基因位于 Y 染色体上的遗传方式。这类疾病只在男性中遗传，即呈全男性遗传。

03.730　线粒体病　mitochondrial disease

线粒体 DNA 也编码一些基因，这些基因发生改变时导致的疾病。

03.731　平衡易位　balanced translocation

两染色体的某处断裂后两断片互相交换后又重新接上。携带者常无症状，但可引起后代流产、死胎等。

03.732　亲缘系数　coefficient of relationship

两个个体携带相同等位基因的概率。从遗传学来说有血缘关系的个体，可能携带相同的等位基因，血缘关系越近，则携带相同等位基因的概率越高。

03.733　遗传率　heritability

又称“遗传力”。遗传因素对疾病所引起的作用的大小。多基因遗传病是遗传与环境因素共同作用的结果。以百分数来表示。

03.734　孟德尔病　Mendelian disease

由于单个位点或基因的突变或改变所引起的疾病。可以发生在一个基因，也可以发生在一个基因对。

03.735　畸形　deformity

器官或组织的形态、大小、部位、结构异常或缺陷的一种病理状态。有先天性和后天性两种。先天性畸形又可由遗传因素（染色体畸变或基因突变）或环境因素（病毒感染、植物或药物等）引起。

03.736　解剖异常　anatomical abnormality
女性生殖器因各种病理而发生的异常解剖状态。如阴道狭窄、膀胱膨出与直肠膨出、子宫颈狭窄等。

03.737　异染色体　allosome, heterochromosome
形态不相同的同源染色体。

03.738　无子宫　absence of uterus
子宫畸形的一种类型。胚胎时期，两侧中肾旁管横向延伸受阻，未达到中线即停止发育，则无子宫形成。常合并先天性无阴道，但可有正常卵巢。第二性征表现一般不受影响。患者临床常无阳性体征，故青春前期常不易发现，青春发育期多因原发性闭经就诊。妇科检查时盆腔空虚，触不到子宫，有时仅能触及纤维性条索。常合并无阴道。

03.739　胎儿生长受限　fetal growth restriction, FGR
曾称“胎儿宫内发育迟缓”。胎儿在宫内生长发育指标未达到预期值的状态。根据胎儿各项参数测量值而决定，参数低于该孕周正常均值 2 个标准差以上被认为胎儿生长受限。

03.740　巨大胎儿　fetal macrosomia
体重达到或超过 4000g，超声测量各参数超过孕周正常均值 2 个标准差以上，或估计体重大于孕周的第 90 百分位的胎儿。

03.741　脑积水　hydrocephalus
大脑导水管不通致脑脊液回流受阻，在脑室内外大量蓄积脑脊液，引起颅内压升高、脑室扩张、颅腔体积增大、颅缝变宽、囟门增大。

03.742　无脑儿　anencephalus
颅骨与脑组织缺失，偶见脑组织残基的胎儿。常伴肾上腺发育不良及羊水过多。

03.743　唇裂　cleft lip
唇部的完整性受到破坏，出现隐性、不完全、完全性裂隙的畸形。分为外伤性与先天性，先天性为在胚胎发育过程中，某种因素影响致上颌突未与球状突融合所致。分Ⅰ～Ⅲ度，可以单独发生，或合并腭裂，常见于上唇，单侧多于双侧。

03.744　死胎　fetal death
妊娠 20 周后在子宫内死亡的胎儿。

03.745　死产　stillbirth
胎儿在分娩过程中死亡。

03.746　脊柱裂　spina bifida
部分椎管未完全闭合，缺损多在后侧的疾病。隐性脊柱裂即腰骶部脊椎管缺损，表面有皮肤覆盖，脊髓和脊神经正常，无神经症状。如有椎管缺损致脊髓、脊膜突出，表面皮肤包裹呈囊状，称脊髓脊膜膨出，常有神经症状。

03.747　神经管缺陷　neural tube defect
由多种致畸因素作用于胚胎阶段早期，导致神经管关闭的缺陷。

03.748　胎儿先天畸形　fetal congenital malformation
由于胚胎时期发育异常而引起的胎儿器官或身体某部位的形态学缺陷。

03.749　综合征　syndrome
多个症状和体征组成的一组症候。大多用于有相同症状和体征的一组疾病的描述。

03.750　唐氏综合征　Down syndrome

又称“21 三体综合征（trisomy 21 syndrome）”。人体的基因组额外多 1 条 21 号染色体所致的先天性染色体疾病。是一种常见的常染色体异常综合征，临床表现多种多样，但以特殊面容、肌张力低下、通贯掌、先天性心脏病、智力发育迟缓最为突出。约 50%的患儿在 5 岁前死亡。是目前产前筛查的重点项目之一。

03.751　18 三体综合征　trisomy 18 syndrome

又称“爱德华综合征（Edward syndrome）”。减数分裂时 18 号染色体不分离所致的综合征。绝大多数病例为全部细胞整条 18 号染色体三体型，少数为嵌合型和染色体断裂异位型造成的 18 号染色体的部分三体。突出的面部特征包括枕骨突出、外耳旋转有畸形、眼裂短、口小。

03.752　13 三体综合征　trisomy 13 syndrome

又称“帕托综合征（Patau syndrome）”。第 13 号染色体呈三体征的综合征。主要是由于亲代之一的生殖细胞在减数分裂形成配子时，或受精卵在有丝分裂时，13 号染色体发生不分离，使胚胎体细胞内存在一条额外的 13 号染色体。出现头皮发育不良（局限性头皮缺损）及多指（趾）畸形强烈提示是 13 三体综合征，或是致命的 4p 缺失。

03.753　特纳综合征　Turner syndrome

又称“先天性卵巢发育不全”。一种染色体数目异常疾病。常见核型为 45，X0；临床表现有原发性闭经，身材矮小，性幼稚，颈蹼，肘外翻，第 4、5 掌骨变短等。染色体核型检查可予以鉴别。唯一能够存活的单体。

03.754　4p 部分单体综合征　partial monosomy 4p syndrome

又称“沃尔夫–赫希霍恩综合征（Wolf-Hirschhorn syndrome）”。第 4 号染色体短臂缺失导致的综合征。有明显的生长受限、张力降低、特殊面容、严重智力缺陷及皮肤发育不良。儿童期经常有严重的抽搐，很少能活过儿童期。

03.755　5p 部分单体综合征　partial monosomy 5p syndrome

又称“猫叫综合征（cri du chat syndrome）”。由于 5 号染色体短臂末端断裂缺失引起的包括猫叫样哭声、小头、智力低下、先天性心脏病等的多发性先天畸形。

03.756　腭心面综合征　velo-cardio-facial syndrome

又称“施普因岑–戈尔德贝格综合征（Shprintzen-Goldberg syndrome）。”一种染色体缺失导致的综合征。缺失基因大多定位于染色体 22q11.2 区域。脐疝伴咽喉发育不良，学习困难，颜面畸形和脊椎侧凸。

03.757　苯丙酮尿症　phenylketonuria, PKU

一种常染色体隐性遗传病。患者肝脏中缺乏苯丙氨酸羟化酶，致使苯丙氨酸不能氧化成酪氨酸，只能变成苯丙酮酸，大量苯丙氨酸及苯丙酸累积在血和脑脊液中并随尿排出。

03.758　脆性 X[染色体]综合征　fragile X syndrome

一种 X 染色体遗传疾病。多数病例由 *FMR1* 基因的不稳定扩增和甲基化异常导致，致脑部 *FMR1* 基因转录抑制及蛋白质水平下降。症状表现为中至重度智力低下，以及面部特征异常（如长脸、大耳、突颚等）。

03.759　亨廷顿病　Huntington disease, HD

又称“亨廷顿舞蹈症（Huntington chorea）”。一种以不自主运动、精神异常和进行性痴呆为主要临床特点的神经系统变性病。由人类常染色体上HD基因5′端CAG重复序列的拷贝数增加而导致的显性遗传病。

04. 生殖健康心理卫生

04.001 心理 mind

人的头脑对客观规律的反映。包括感觉、知觉、记忆、思维、意志和情绪等。也可泛指人的内心活动。

04.002 心理学 psychology

应用反应论和信息论等理论和方法，研究心理事实、心理规律和心理机制的学科。

04.003 医学心理学 medical psychology

研究心理因素在人体健康和疾病及其相互转化过程所起作用的规律，探讨心理因素在维护健康和致病方面的作用，并研究在医学中医护人员与患者认知行为特点的学科。

04.004 心理健康 mental health

个体合乎某一水准的心理状态。所产生的社会行为为社会所普遍接受，并为自己带来愉悦，表现为对社会有良好的适应力和能充分发展其自身的身心潜能。

04.005 生理心理学 physiologic psychology

应用生理学的方法研究各种心理现象的学科。

04.006 社会心理学 social psychology

研究个体和群体在社会相互作用中的社会心理和社会行为的发生和发展规律的学科。

04.007 认知心理学 cognitive psychology

以信息加工的观点研究心理学的分支学科。应用信息学的理论和方法研究人的高级心理过程，如注意、知觉、表象、记忆、思维、语言和问题解决。

04.008 心理测验 psychological test

依据心理学原理和技术，以客观的标准化程序对人的心理现象或行为进行量化分析和描述的科学手段。包含行为样本、客观测量和标准化三个基本要素。康复心理学中，常用的心理测验包括智力测验、记忆力测验、人格测验、精神症状测验、神经心理测验等。

04.009 心理咨询 psychological counseling

一种在心理方面提供帮助、指导的过程和方法。主要针对正常人和轻度心理障碍者的各种适应和发展问题，以提高其心理自主能力，达到更佳的健康水平和生活质量。是治疗心理疾病时所采取的一种方式，即心理医生应咨询者（患者）的要求，在听取其自诉后，针对具体情况给予指导和启发，从而帮助咨询者提高处理心理问题的能力。

04.010 心理障碍 psychological disorder, mental disorder

医学心理学常用的一个概念。在日常使用中有不同的含义：（1）心理疾病的一种症状；（2）轻微的心理异常；（3）与心理疾病和（或）精神疾病同义。可出现于神经症或精神病患者中，也可出现于正常人中。

04.011 心理治疗 psychotherapy

应用心理学的原理和方法治疗人的心理、情绪、认知和行为有关的问题。

04.012 心理疾病 psychological disease

由于精神紧张或干扰，使个体的思维、情感和行为发生偏离社会规范的异常心理现象。

04.013 心理康复 psychological rehabilitation

患者在专家的指导与帮助下，逐渐摆脱消极心理的影响，建立起积极人生目标的过程。

04.014　心理防御机制　psychological defense mechanism

为了摆脱精神紧张状态的心理适应机制。通过调整自身的价值系统，从而改变对挫折的认识和情绪反应，以减轻精神痛苦，维护自尊心，求得内心平衡。

04.015　精神医学　psychiatry

研究精神障碍的病因、发病机制、临床特点、发展规律和病程转归、治疗、预防，以及在公共卫生领域开展各种精神卫生服务，并为医学其他学科提供从“人是一个整体”的角度理解疾病、理解受检者思维方式的医学分支学科。

04.016　精神疾病　mental disease

一种病情较重的心理障碍。指在各种生理、心理和社会环境因素影响下，大脑机能活动发生紊乱，导致认知、心境和行为等精神活动不同程度障碍的疾病。

04.017　神经衰弱　neurasthenia

精神活动长期紧张，引起大脑皮质兴奋和抑制失调所致的疾病。是最常见的一种神经官能症。

04.018　感觉　sensation

大脑对直接作用于感觉器官的客观事物个别属性的反映。

04.019　知觉　perception

综合某一客观事物的各种属性，作为一个整体的综合性映像在大脑中的反映。

04.020　记忆　memory

大脑对过去经历的事物的反映。包括过去感知过的形象、思考过的问题、体验过的情绪和练习过的动作等。记忆过程包括识记、保持、回忆和再认等。

04.021　遗忘　amnesia

大脑对过去经历过的事物，如感知过的形象、思考过的问题、体验过的情绪及练习过的动作等的记忆丧失。

04.022　思维　thinking

大脑对现实概括的、间接的反映，即把经过感性认识获得的大量材料，通过整理和改造，形成概念、判断和推理，以反映事物全体的本质的属性。

04.023　智力　intelligence

个体学习和解决问题的综合能力。

04.024　智商　intelligence quotient, IQ

通过一系列标准测试所获得个人认知能力与同年龄段常模的比值。是智力测验中表示一个人智力水平的指数。

04.025　情绪　emotion

人们对客观事物的态度或人接触客观事物时所引起的体验。情绪反应可伴有一定的机体变化。

04.026　心身医学　psychosomatic medicine

专门研究心理、社会因素与人体健康和疾病的相互关系的学科。

04.027　心身障碍　psychosomatic disorder

由心理因素及生物因素交互作用引起的自主神经和内脏功能方面的障碍。通常不包括组织损害。

04.028　心身反应　psychosomatic reaction

心理应激源引起的躯体机能改变。一般在刺激作用或危险情景消失后就随之恢复。

04.029　心身疾病　psychosomatic disease

与心理和社会因素密切相关，但以躯体症状表现为主的一组疾病。一般有形态学变化或病理生理变化，但不表现明显的行为障碍和精神病性障碍。

04.030　心境　mood

较为持久但强度不大的情绪状态和内心体验。是在一段时间内的精神活动的基本背景。

04.031　意志　will

人们自觉地确定目标，并克服困难，用自己的行动去实现目标的心理过程。

04.032　行为　behavior

人们有意识的活动。有动机、有目的进行的复杂随意运动。

04.033　性格　character

一个人情绪活动的倾向性和认知行为方式特征的总和。也就是人独特的心理特征的总和。

04.034　需要　need

人对内部环境或外部生活条件的稳定的要求。是社会活动中缺乏某种东西在大脑中的反映。是一种主观状态，也是客观要求的反映。人的需要包括生理需要和社会需要。

04.035　动机　motivation

唤起、推动与维持行为去达到一定目标的内部动力。是人行为的直接原因。是促进人从事某种活动的念头或原因。

04.036　适应能力　adaptability

人在自然环境和社会环境中，为了更好生存而进行的心理、生理及行为上的各种适应性的改变，与自然和社会达到和谐状态的一种能力。是人赖以生存的基本条件。

04.037　社会交往能力　ability of social communication

能理解他人并与其他人交际的能力。人类心理活动得以产生和维持，有赖于社会交往能力的发展。社会交往是人类社会的基础。

04.038　自控能力　self-control ability

自我控制和调节能力。

04.039　意识水平　consciousness level

人对周围环境及自身认知能力与觉察能力所处的水平。一般以注意力为客观指标，临床上多以清晰度为指标。降低程度可分为朦胧、嗜睡、昏睡、昏迷等。

04.040　嗜睡　lethargy

在非睡眠不足的情况下，发生睡眠过多的现象。

04.041　昏睡　sopor

比意识混浊更重，环境意识及自我意识均丧失的一种意识障碍。受检者处于熟睡状态，只有强刺激才可被唤醒，醒后答非所问，停止刺激后即进入熟睡状态。

04.042　昏迷　coma

因中枢神经系统功能紊乱而长时间丧失意识，表现为对外界刺激毫无反应。

04.043　应激　stress

人对外界刺激或环境需求在心理方面所做出的适应或不能适应的反应状态。

04.044　应激源　stressor

能引起应激的事物或情境。

04.045　认知评价　cognitive evaluation

个体从自己的角度对遇到的生活事件的性质、程度和可能危害情况做出估计。

04.046　感知综合障碍　psychosensory disturbance

外界存在着某种事物，患者感知到的也是该事物，但对某些个别属性如大小、形状、颜色、空间、距离等发生与该事物不相符合的感知。

04.047　思维联想障碍　thought associative disorder

人脑中由一个概念引起其他概念的心理活动发生的障碍。有不同表现，如思想迟缓、思维奔逸、思维贫乏、病理性赘述、强迫性思维等。

04.048　思维逻辑障碍　thought paralogia

思维出现逻辑性障碍。如思维松弛、破裂性思维、象征性思维等。常见于精神分裂症。

04.049　记忆障碍　memory disorder, dysmnesia

对曾认识、记忆的事件或经历失去记忆。分记忆减退和遗忘症。

04.050　记忆减退　hypomnesia

（1）对过去发生的事件和经历失去记忆为远记忆减退；（2）对刚发生的事件失去记忆为近记忆减退。常见于神经衰弱的患者，也可见于正常老年人。

04.051　痴呆　dementia

大脑发育已基本成熟、智能已发育正常者，由于各种有害因素，引起大脑器质性损害，导致智能严重障碍。

04.052　心境障碍　mood disorder

以显著而持久的情感或心境改变为主要特征的一组心理障碍。

04.053　抑郁状态　depressive state

患者情绪忧郁、沮丧、忧心忡忡、思虑重重、闷闷不乐等，并表现出某种程度的思维、行为和意志的抑制状态。开始辗转不安，自觉一切绝望，并可突然出现自杀的意念和行为。

04.054　焦虑　anxiety

患者在无明显客观原因情况下，感觉忧虑不安、紧张恐惧、担心疑虑。常伴有心悸、气短、手足麻木、乏力、纳差、消化紊乱等躯体症状。

04.055　焦虑性障碍　anxiety disorder

一种以焦虑情绪为主要表现的神经症。诊断要点是焦虑症状持续 3 个月，并排除了躯体疾病（甲状腺功能亢进、心脏病等）。

04.056　自知力　insight

又称“内省力”。患者对其本身精神疾病状态的认识能力。能正确认识自己的病态为有自知力，反之为无自知力。

04.057　定向力　orientation

一个人对时间、地点、人物及对自己本身状态的认识能力。包括两方面内容：①对周围环境的认识，包括时间、地点、人物；②对自身状况的认识，如对本人姓名、年龄、职业及当时自身状况的认识等。

04.058　定向障碍　disorientation

患者在定向出现障碍。是意识障碍的一个重要标志。一般在脑器质性疾病中多见。

04.059　躯体化障碍　somatization disorder

一类以多种多样、经常变化的躯体症状为主要临床表现的综合征。可涉及身体的任何系统和器官。

04.060　疑病症　hypochondriasis

主要表现为担心或相信自己有某种严重的身体疾病，而躯体检查正常的一种神经症。

04.061　强迫症　obsessive compulsive disorder, OCD

以强迫观念、强迫冲动或强迫行为等强迫症状为主要表现的一种神经症。

04.062　急性心因性反应　acute psychogenic reaction

创伤性事件后的一过性情绪和行为异常。症状出现在事件发生后的几分钟或几小时内，并且在几天内，快者在几小时内可以恢复。

04.063　癔症　hysteria

由精神因素，如生活事件、内心冲突、暗示或自我暗示，作用于易病个体引起的精神障碍。主要表现有分离症状和转换症状两种。

04.064　精神分裂症　schizophrenia

一组病因尚未明了的精神病。多在青壮年发病，起病往往较为缓慢，临床上可表现思维、情感、行为等多方面的障碍及精神活动的不协调。

04.065　女性性功能障碍　female sexual dysfunction

由于缺乏正确的性知识及某些心理因素引起的性欲低下、阴道痉挛、性欲亢进、性厌恶及性唤起障碍等。

04.066　性厌恶　sexual aversion

对性伴侣几乎所有的生殖器官接触具有持续的或反复的极度不适或回避。

04.067　女性性欲减退　female hyposexuality

女性对男性持续或反复的性表达无兴趣或缺乏性幻想。

04.068　女性性欲亢进　female hypersexuality

女性表现频繁而强烈的性要求。

04.069　男性性功能障碍　male sexual dysfunction

正常男性性功能的整体活动过程（包括性欲唤起、阴茎勃起、阴茎插入阴道、性欲高潮、射精和性满足 5 个环节）中，任何一个环节发生的障碍。

04.070　男性性欲减退　male hyposexuality

男性对女性持续或反复的性表达无兴趣，或缺乏主动的性要求。

04.071　男性性欲亢进　male hypersexuality

非新婚或久别重逢，性欲却一直很强烈，远远超出一般水平，不分昼夜均有性交要求，甚至每天必须多次性交。

04.072　勃起功能障碍　erectile dysfunction, ED

俗称“阳痿（impotence）”。成年男性在性欲冲动及充分的性刺激下，阴茎不能勃起，或勃起硬度不够，或勃起时间短暂，而不能插入阴道或插入阴道很快疲软，致使性交失败。

04.073　早泄　premature ejaculation

不能随意地控制射精反射，在阴茎进入阴道之前、正当进入阴道时、进入不久或阴茎尚未充分勃起即发生射精，以致性交双方不能得到性快感或性满足。

04.074　不射精　ejaculatory incompetence

阴茎勃起正常，性交时能插入阴道，但不射精，也不能达到性欲高潮，最后失去性交兴趣，阴茎逐渐疲软而结束性交。

04.075　逆行射精　retrograde ejaculation

阴茎勃起正常，在性交过程中，有射精的感觉及动作，但由于膀胱颈部关闭功能失调，精液不由尿道口射出，而是逆行射入膀胱。

04.076　性心理发育　psychosexual development

在人的一生中与性相关的心理活动的发生、形成和发展过程。

04.077　恋爱心理　psychology of love

恋爱过程中的心理现象和心理活动规律。

04.078　择偶心理　psychology of spouse selection

选择配偶过程中的心理现象和心理活动规律。

04.079　梦交　sexual activity in dream

又称“性梦”。在睡梦中梦到与异性发生性行为。一种无意识或潜意识的心理活动。

04.080　性压抑　sexual depression

在性冲动发生后，由于条件或其他因素限制，使性欲无法得到发泄和满足，强行用理智和意志去克服冲动的状态。

04.081　性心理障碍　psychosexual disorder

在两性关系上心理偏离正常，而导致行为异常。

04.082　性欲亢进　hypersexuality

患者处于一种强烈、持续的性冲动状态，正常的性交频次不能满足患者性需求，因而经常处于一种性饥渴的状态。

04.083　性焦虑　sexual anxiety

对性行为产生焦急、忧虑和不安的情绪状态，同时还伴有心悸、出汗等自主神经症状和肌肉紧张、运动性不安。

04.084　性恐惧　sexual fear

对正常性活动感到恐惧的性心理障碍。

04.085　同性恋　homosexuality

在正常社会生活条件下对同性者在思想、情感和性爱行为方面持续表现性爱倾向，而对异性无性爱倾向或十分淡漠的表现。

04.086　性问题调查　survey on sexuality

通过各种不同的调查方式，收集数据或者资料，以便描述或者解释人类性现象的方法。

04.087　经前期综合征　premenstrual syndrome, PMS

女性反复在黄体期周期性出现躯体、精神及行为方面的改变。严重者影响生活质量，月经来潮后，症状自然消失。

04.088　经前焦虑症　premenstrual dysphoric disorder

女性常因情绪不稳、焦虑、抑郁等反复在黄体期出现引起的神经症。

04.089　心因性闭经　psychogenic amenorrhea

又称“精神性闭经”。常因情绪不稳、焦虑、抑郁等引起大脑皮质、下丘脑–垂体–卵巢轴的神经内分泌失调导致的闭经。

04.090　妊娠心身反应　pregnancy psychosomatic response

孕妇因妊娠反应、内分泌变化及社会角色的改变引发的各种心理问题或身心反应。可分为早期妊娠的妊娠反应期、中期妊娠的适应期和晚期妊娠期的负荷期。

04.091　分娩心身反应　delivery parturition psychosomatic response

分娩时母体表现出焦虑/恐惧和期待的情绪。分娩过程对母子都是重大的身心应激。分娩后产妇进入新的身心转变时期，在心理上，对做母亲的期望变成现实，生儿育女的期望也已见分晓，或喜或悲皆由此引起。

04.092　产后心身症状　postpartum somatopsychic symptom

又称“产褥期精神障碍（postpartum mental disorder）”。分娩后 2 周出现的非典型精神病或伴有精神病症状的情感障碍。这一时期因雌激素、孕激素等从妊娠期的高血浓度急剧下降，性激素分泌处于不稳定状态，易使情绪波动或出现精神障碍。分产后抑郁症、产褥期抑郁症和产褥期精神病。

04.093 诱发电位 evoked potential, EP
对人体某一感觉器官给予刺激，在神经系统的相应特定部位发生与刺激有时间关系的神经电位变化。是一种非创伤性神经生理检查方法。较临床观察更为敏感，能检出临床未显示的感觉异常，有利于早期诊断。

04.094 产褥期抑郁症 puerperal depression
产后数周内呈现出明显的抑郁症状或典型的重症抑郁发作。

04.095 产褥期精神病 puerperal mental disease, puerperal psychosis
在产后某一时期急性发作的精神病。也可能为既往或妊娠期曾出现精神障碍的产后复发。

04.096 冷阴 female failure of genital response
成年女性有性欲，但难以产生和维持进行满意性交所需的阴道反应的症状。如没有阴道湿润和阴唇的膨胀等，以致阴茎不能顺利插入阴道。

04.097 阴道痉挛 vaginismus
在向阴道内插入阴茎时，围绕阴道口的 1/3 段阴道及肌肉，包括肛提肌及大腿的内收肌群发生的自主性痉挛或收缩。使阴茎不能插入或引起疼痛，致使性交失败。

04.098 性交疼痛 dyspareunia, algopareunia
与性交有关的生殖器和盆腔疼痛。性交时男性生殖器（阴茎、睾丸）疼痛或女性的阴道、外阴及小腹疼痛。

04.099 性欲减退 hyposexuality
成年人持续存在性兴趣和性活动降低甚至丧失、性活动不易启动、对配偶或异性缺乏性的要求、性思考和性幻想缺乏等。

04.100 性高潮障碍 orgasm disorder
持续性缺乏性交时的性高潮体验的障碍。女性相对多见。在男性表现为性交时不能射精或射精显著延迟。

04.101 神经症筛选量表 brief neurosis screening scale, BNSS
世界卫生组织推荐的对神经症状进行筛选的量表。含 12 个项目，包括焦虑、抑郁、神经衰弱、强迫、癔症等 6 个因子的量表。由检测医生根据受检者的回答和表现进行客观评分。

04.102 90 项症状自评量表 symptom checklist 90, SCL-90
一种神经症状筛选量表。含 90 个问题，包括躯体化、抑郁、焦虑、强迫、人际关系敏感、偏执和其他等 10 个因子。由受检者填写问卷并进行自评。

04.103 脑电图 electroencephalography, EEG
通过记录脑的自发性生物电活动而了解脑功能的一种方法。是一种无创性生物物理检查方法。既可了解脑的生理功能，又能反映脑的病理变化。

05. 计划生育科研方法

05.001 循证医学 evidence-based medicine, EBM

遵循科学论据的医学。是 20 世纪末提出的新医学理念和实践模式。经典定义为慎重、准确和明智地应用当前所能获得的最好研究依据，结合医生个人的专业技能和临床经验，同时考虑患者的价值和愿望，将三者完美结合，制定出患者的治疗措施。

05.002 现况研究 prevalence survey

在短时期内对特定人群中有关因素和疾病或事件的关系进行调查。包括普查、抽样调查、疾病筛查，主要用于描述疾病或健康状况，或事件发生的情况及其特征，发现严重危害人群健康和生命的疾病或事件，确定高危人群，提供病因假说，进行疾病或事件的早期发现和早期治疗，对卫生工作质量进行评价。

05.003 现场试验 field trial

对象一般为健康人，研究人员必须到现场进行的调查。为提高试验的把握度，尽可能在高危人群中进行研究。

05.004 深入访谈法 in-depth interview

通过访谈员与被访谈者围绕与某医疗器械相关的某个主体或范围进行的较为自由的交谈，直到获取足够的风险信息量。根据被访谈对象的数量可分为个人深入访谈和专题小组讨论。

05.005 分析流行病学 analytical epidemiology

用于探讨疾病或事件的危险因素，检验所假设的危险因素与疾病或事件关系的学科。

05.006 卫生经济学 health economy

运用经济学基本原理说明卫生系统的投入和运作，分析资源配置问题，指导制定推动卫生事业发展的高效率经济决策的学科。

05.007 描述性流行病学 descriptive epidemiology

在研究疾病或事件的人群现象时，用各种统计指标对人群中疾病或事件在人群间、空间与时间的分布及其分布规律加以描述，了解哪个人群最易受影响，提出病因假设，针对特定人群开展教育，实施干预项目的流行病等分支学科。描述性研究回答四个基本问题，即发生了什么疾病或事件，在哪些人群中发生，在什么地方发生，在什么时间发生。

05.008 实验性流行病学 experimental epidemiology

将满足实验目的的人群随机分为实验组和对照组，由研究者有控制地给予实验组人群实验措施或干预措施，随访并比较两组人群的疾病、事件或健康结局，从而判断措施是否有效及分析效果大小的流行病等分支学科。

05.009 发病密度相对危险度 incidence density relative risk, IDR

计算相对危险度（RR）不用总人数作分母，而用人时作分母计算的相对危险度。人时作分母既考虑了观察人数，又考虑了每例对象观察事件的长短。

05.010 证据分级 levels of evidence

从原来单纯的治疗性研究证据的分级逐渐发展到病因/危害、诊断、治疗、预防、预后、鉴别诊断、疾病流行病学调查和经济学与决策分析的标准。由原来的五级标准，逐渐细化，进而发展为九级分级标准，强调研究证据的级别从系统评价或荟萃（Meta）分析、随机双盲对照临床试验、队列研究、病例对照研究、系列病例研究、个案报道、新观点/新思想述评、动物试验、体外试验九级依次降低。揭示了从体外试验、动物试验到随机临床试验（RCT）及其系统评价都是临床决策的证据，但其论证强度不同。临床医生应尽可能生产和使用高级别的研究证据，更贴近临床实际，更方便使用。

05.011　失访　lost to follow-up

随访时间超过预约时间 3 个月以上的情况。若失访率过高，则资料的可靠性和代表性就会存在问题。

05.012　质量调整生命年　quality adjusted life year, QALY

对期望寿命的一种调整方法。采用健康调查或医院出院资料等估计可能导致损伤、残疾及残废的慢性疾病对期望寿命的影响，并据此调低总体期望寿命。实际应用中，需要对每一种健康状态赋予权重因子，完全健康为 1，其他状态逐渐降低，到死亡时因子为 0。

05.013　随机对照试验　randomized control trial, RCT

研究对象以个体为实验单位随机化分组的临床试验。目的是评价某种新药或新疗法对某种疾病的疗效，以及能否防止复发或延长寿命等。

05.014　病例对照研究　case-control study

比较疾病或事件相关病例组和对照组在相关因素或防治措施方面的差异，确定上述因素或措施与疾病或事件间的关联程度与发生频率的一种回顾性研究。

05.015　队列研究　cohort study

又称"定群研究""群组研究""追踪随访研究（follow up study）"。将研究对象按是否暴露于某因素分成暴露组与非暴露组或不同暴露水平的亚组，追踪观察一定时期，比较两组或亚组的疾病发生率或死亡率差异，以判断暴露因素与疾病发生或疾病结局之间的因果关系的一种观察性研究方法。是分析流行病学病因研究的方法之一。

05.016　风险　risk

某一事件产生不利结果的可能性。包括发生的可能性及产生不良后果的严重程度两方面，具有客观性、永恒性、不确定性和危害性。

05.017　风险评估　risk assessment

在风险分析的基础上，预测风险发生的概率及损失程度，并结合其他因素评估风险发生的可能性及其危害程度，决定是否需要采取相应措施的过程。

05.018　风险因素　risk factor

可能与某种疾病发生或某种事件发生、发展有关的因素或条件。

05.019　风险度量　risk measurement

运用科学方法对风险发生的频率、强度、涉及的主要人群、延续时间等进行调查和确定。

05.020　常规资料分析　routine data analysis

通过收集某一地区或某一时间的特定人群已有的常规数据进行分析研究。

05.021　疾病监测　surveillance of disease

一种纵向研究。可以对人群中某种疾病或事件的动态分布及影响因素进行长期、系统、连续的观察，分析与评价其发生、发展、死亡等情况的变化和趋势。

05.022　监测　surveillance

一个长期的收集、分析、解释和利用数据的过程。当前的自愿报告数据收集机制是监测系统的主要组成部分。

05.023　漏报　under reporting

没有认识到事件是医疗器械不良事件而发生的未上报行为。若产品和事件相对常见，也很少将两者联系起来去报告。对医疗器械不良事件有误解或担心对企业或医院有影响，则会故意不报。

05.024　随访　follow-up

医疗机构以通信或其他方式，定期了解曾在本机构接受医疗处置的患者病情变化情况和指导患者康复的一种医学行为。

05.025　偏倚　bias

一项研究结果与其真实值之间出现了差异。是由系统误差所致的错误，是人为造成的误差，可以通过一定的手段加以防止、控制或消除。

05.026　出生率　birth rate

某一人口在一定时期内（通常为一年）活产婴儿数与同期总人口的生存人年数之比。一般用千分率表示。

05.027　粗出生率　crude birth rate, CBR

人口统计中的常用指标。一年活产婴儿数与年平均人口数或年中人口数之比。

05.028　死亡率　death rate, mortality rate

人口统计中反映全国或某一地区居民在一定时期内死亡率频度的指标。是这一时期内死亡人口占总人口的比例。通常用千分率表示。

05.029　自然增长率　nature growth rate, nature increase rate

一年内人口自然增长数与年平均总人数之比。通常用千分率表示。用于说明人口自然增长的水平和速度的综合性指标。

05.030　一般生育率　general fertility rate

某一地区一定时期内（通常为一年）出生的活产婴儿与同期育龄妇女平均数之比。通常用千分率表示。说明每千名育龄妇女生育的活婴数。

05.031　总生育率　total fertility rate, TFR

一定时期育龄妇女各年龄组生育率之和。以千分率表示。即按照目前生育水平，育龄妇女一生能生育几个孩子。

05.032　妊娠率　pregnancy rate

在一定时间和一定范围内育龄妇女中妊娠妇女的比例。通常用百分率表示。

05.033　妊娠指数　Pearl index

又称“珀尔指数”。采用特定避孕方法后，每 100 名妇女一年中发生妊娠的人数。是衡量避孕节育措施效果的一项指标。

05.034　百分率　percentage

每 100 名对象中发生某事件数的比例，用百分比表示。是统计中一项常用的指标。

05.035　妇女年　woman year

即用某节育措施的人数与使用该节育措施的时间（年）的乘积。是避孕方法效果统计中的常用统计单位。

05.036　整群抽样　cluster sampling

将总体分成若干群组，抽取其中部分群组作为观察单位组成样本的抽样方法。。

05.037　寿命表　life table

又称“死亡表（mortality table）”。反映一个国家或一个区域人口生存死亡规律的调查统计表。

05.038　避孕有效率　contraceptive effectiveness
某一种避孕方法的效果。常用百分率表示。

05.039　理论有效率　theoretical effectiveness
从理论上总结分析得出的效果。

05.040　使用有效率　use effectiveness, use efficiency
实际使用过程中所出现的效果。

05.041　期望有效率　expectant effectiveness
根据标准有效率推算出的效果。

05.042　期望寿命　expectation of life, life expectancy
某一特定人群的平均存活时间。

05.043　出生时预期寿命　life expectancy at birth
假若当前的年龄别死亡率保持不变，同一时期出生的人预期能继续生存的平均年数。

05.044　失败率　failure rate
一定时间和范围内使用的人数中，失败者所占的比例。

05.045　规范使用者失败率　failure rate in typical user
在规范使用者中，失败数所占的比例。

05.046　使用失败率　use failure rate
因使用方法不当所引起失败的比例。

05.047　方法失败率　methodological failure rate
在使用方法正确的前提下，失败数所占的比例。

05.048　上市后监测　post marketing surveillance
药品经过开发进入市场，通过Ⅳ期临床试验、流行病学研究、处方事件等方法，对其安全性进行进一步的监测和评估。

05.049　分层抽样　stratified sampling
又称“分类抽样”“类型抽样”。按某种特征和标志将所有观察单位划分成若干类型和层次，然后再在各个类型和层次中通过随机抽样或系统抽样抽取一个子样本，这些子样本综合为研究样本的方法。保证了所抽取样本的总体代表性。

05.050　累积相对风险率　cumulative incidence relative risk, CIR
表示整个研究期内研究对象发生结局的危险性。等于暴露组结局发病比例与未暴露组结局发病比例之比。

05.051　比值比　odds ratio, OR
病例组中暴露人数与非暴露人数的比值除以对照组中暴露人数与非暴露人数的比值。是反映疾病与暴露之间关联强度的指标。

05.052　风险收益评价　risk-benefit assessment
对开展某一事件所能带来的益处和危险性进行的评估。

05.053　随机研究　randomized study
用随机的原则所开展的研究。

05.054　随机抽样　random sampling
调查对象总体中每个部分都有同等被抽中的可能，是一种完全依照机会均等的原则进行的抽样调查。

05.055　系统抽样　systematic sampling
将总体各单位按一定标志或次序排列成为图形或一览表，然后按相等的距离或间隔抽取样本单位。

05.056　抽样调查　sampling survey
在调查总体中选取一部分单位进行调查，取得资料，用以推算总体数量特征的调查方法。

05.057　抽样　sampling
从总体中取出部分个体的过程。目的是通过所取得的个体对总体的某些未知特性做出统计推断。

05.058　抽样比　sample proportion
抽样时抽取的样本单位数与总体单位数之比。

06.　不孕不育症

06.001　不孕[症]　infertility
有正常性生活并未采取避孕措施 12 个月后未妊娠。

06.002　原发性不孕[症]　primary infertility
配偶生殖功能正常，有正常性生活并未采取避孕措施 12 个月后未妊娠。

06.003　继发性不孕[症]　secondary infertility
育龄妇女末次妊娠后，有正常性生活并未采取避孕措施 12 个月后未妊娠。

06.004　排卵功能障碍　ovulatory dysfunction
主要由于卵巢功能紊乱导致的持续不排卵。主要原因：①下丘脑–垂体–卵巢轴功能紊乱；②卵巢病变；③肾上腺及甲状腺功能异常。

06.005　无排卵　anovulation
因下丘脑–垂体–卵巢轴功能紊乱，如精神紧张、甲状腺功能亢进或低下、多囊卵巢综合征、卵巢早衰及垂体泌乳素瘤等原因所致卵巢不排卵。

06.006　排卵功能检查　examination of ovulatory function
包括排卵的监测和黄体功能检查。常用的方法有 B 超监测卵泡发育及排卵、基础体温监测、阴道细胞涂片、宫颈黏液检查、经前子宫内膜活检、女性激素测定等。

06.007　排卵监测　ovulation monitoring
使用 B 超在月经周期进行的卵泡发育及子宫内膜改变的动态观察。随着卵泡的发育，其直径增大，内壁逐渐清晰，卵泡形状更接近圆形，向卵巢表面突出，外形饱满。在自然周期时，只有一个优势卵泡发育成熟。在自然周期中排卵的超声表现：①卵泡完全消失；②卵泡明显缩小，壁塌陷，缩小的卵泡中出现中等水平回声；③直肠子宫陷凹有少量液体。

06.008　排卵预测　ovulation prediction
使用连续阴道 B 超对卵巢排卵时间和数量进行预测的技术。从自然周期或刺激周期第 8 天开始观察，探测卵巢位置、大小、有无囊性肿物及发育的卵泡数，并测量卵泡最大横径及垂直径，取平均值作为卵泡直径。卵泡大小是判断卵泡发育及卵母细胞是否成熟的一项指标。

06.009　功能失调性子宫出血　dysfunctional uterine bleeding
由调节生殖的神经内分泌机制失常引起的异常子宫出血。可分为无排卵性和排卵性两类。

06.010　无排卵性功能失调性子宫出血　anovulatory dysfunctional uterine bleeding

当机体受内部和外界各种因素如精神紧张、情绪变化、营养不良、代谢紊乱及环境、气候骤变等影响时，可通过大脑皮质和中枢神经系统引起下丘脑–垂体–卵巢轴功能调节或靶细胞效应异常而导致的月经失调。好发于青春期和绝经过渡期。

06.011　排卵性月经失调　ovulatory menstrual dysfunction

有排卵，但黄体功能异常的月经失调。多发生于生育期妇女。常有两种类型：黄体功能不足、子宫内膜不规则脱落。

06.012　黄体功能不足　inadequate luteal function, corpus luteum insufficiency

又称“黄体功能不全”。月经周期中有卵泡发育及排卵，但黄体期孕激素分泌不足或黄体过早衰退，致子宫内膜分泌反应不良。常导致排卵性子宫功能性出血、不孕或早期流产。

06.013　子宫内膜不规则脱落　irregular shedding of endometrium

在月经周期中，有排卵，黄体发育良好，但萎缩过程延长，导致子宫内膜不规则脱落。

06.014　无排卵月经　anovular menstruation

由于调节生殖的神经内分泌系统功能紊乱所致的不规则子宫出血。多见于青春期和更年期，青春期由于下丘脑–垂体–卵巢轴发育不成熟或延迟，导致卵巢中虽有卵泡生长发育，但不能出现排卵。更年期由于卵巢自然衰老，卵泡缺乏，卵巢功能减退，对垂体促性腺激素敏感性降低，以致无法排卵而引起不规则出血。

06.015　人工周期　artificial menstrual cycle

模拟妇女正常月经周期中卵巢内分泌的周期变化，序贯应用雌激素、孕激素使月经来潮。临床常用于月经失调等的治疗。

06.016　子宫发育不全　uterine hypoplasia

又称“幼稚子宫（infantile uterus）”。两侧中肾旁管在演化过程中，受到某种因素的影响和干扰，停止发育而形成的子宫结构和形态正常，但体积较小，子宫颈相对较长的现象。是不能受孕的重要原因。

06.017　子宫内膜异位症性不孕　endometriosis infertility

子宫内膜生长在子宫腔以外的任何部位如在卵巢、子宫骶骨韧带、子宫下段后壁浆膜层、直肠子宫陷凹、乙状结肠的盆腔腹膜等处及子宫肌层所引起的妇科疾病造成的不孕。

06.018　多囊卵巢综合征　polycystic ovary syndrome, PCOS

一种多病因、临床表现呈多态性的内分泌综合征。以雄激素过多和持续性无排卵为主要临床特征，是导致生育期妇女月经紊乱的原因之一。

06.019　妇女多毛症　female hirsutism

妇女全身或局部体毛的密度和粗度增加，超出一般女性，呈现与成年男子相似分布状态的病症。

06.020　卵巢功能早衰　premature ovarian failure, POF

女性 40 岁前由于卵巢内卵泡耗竭或医源性损伤导致卵巢功能衰竭的现象。可由遗传因素、自身免疫性疾病、医源性损伤或特发性原因引起。以低雌激素及高促性腺激素为特征，表现为继发性闭经，常伴围绝经期症状。

06.021　未破卵泡黄素化综合征　luteinized unruptured follicle syndrome, LUFS

又称“黄素化未破裂卵泡综合征”。卵泡发育成熟且卵泡细胞出现黄素化，患者基础体温双相，子宫内膜呈分泌期改变，但成熟卵子不能排出，无受孕可能的排卵功能障碍。

06.022　输卵管阻塞　salpingemphraxis

输卵管僵直，上皮毁坏，慢性输卵管炎（淋菌、结核菌、沙眼衣原体等感染）引起的伞端闭锁或输卵管黏膜破坏时输卵管闭塞。

06.023　输卵管通畅试验　tubal patency test, fallopian tube patency test

诊断输卵管疾病，了解输卵管堵塞部位和判定输卵管成形术、吻合术后是否通畅的试验。主要有子宫输卵管通液术，是一种简便、价廉的方法，但准确性不高；子宫输卵管碘油造影，能显示子宫腔及输卵管内情况；腹腔镜直视下行输卵管通液（亚甲蓝液），更客观准确。也有采取B超下过氧化氢溶液或其他阳性造影剂行子宫显影的方法。

06.024　输卵管镜　falloposcope

一种可以直接进入输卵管的内镜。通过端口镜头将病变部位的状况直接呈现在医生眼前，并可将图像记录下来。可对输卵管内膜病变及程度进行直接评价，了解管腔内的各种病理改变，提高对输卵管病变诊断的准确性，并决定治疗方案，同时可松解细小的输卵管内粘连。

06.025　精液分析质量控制　quality control of semen analysis

实验室主管定期对精液分析实验结果的可信度进行质量控制评估，以保持精液分析的准确性、精密性和充分胜任性。包括内部质量控制和外部质量控制。

06.026　闭经　amenorrhea

女性15岁以上月经尚未来潮，或月经一向正常，而连续6个月以上不来月经的病症。

06.027　原发[性]闭经　primary amenorrhea

年龄超过15岁，女性第二性征已发育，月经还未来潮；或年龄超过13岁尚无女性第二性征发育。

06.028　继发[性]闭经　secondary amenorrhea

正常月经建立后月经停止6个月以上；或按自身原来月经周期计算，停经3个周期以上。

06.029　子宫性闭经　uterine amenorrhea

在先天性无子宫或子宫发育不良、子宫内膜损坏或子宫切除的病例中，即使卵巢功能健全，性激素分泌正常，也无月经来潮。

06.030　卵巢性闭经　ovarian amenorrhea

卵巢分泌的性激素水平低下，子宫内膜不发生周期性变化导致的闭经。可因先天卵巢发育不全，或后天多种原因致卵子耗竭而闭经。前者为原发性卵巢性闭经；后者为继发性卵巢性闭经。

06.031　垂体性闭经　pituitary amenorrhea

垂体损伤致使促性腺激素下降、卵巢功能低落引起的闭经。如发生和妊娠有关，称为“希恩综合征（Sheehan syndrome）”；如无妊娠因素，则称为西蒙病（Simon disease）。垂体肿瘤常见为腺瘤和颅咽管瘤。

06.032　空蝶鞍综合征　empty sella syndrome

即蛛网膜下间隙进入垂体窝，垂体变扁、蝶鞍增大、垂体为脑脊液所压迫导致的综合征。促性腺激素下降，但一般不会进展到垂体衰竭，是一种先天性疾病。

06.033　高催乳素血症　hyperprolactinemia

各种原因导致外周血催乳激素异常升高的病症。

06.034　闭经泌乳综合征　amenorrhea galactorrhea syndrome

除闭经外，尚有不随意持续性乳汁分泌，伴

生殖器萎缩的综合征。由下丘脑催乳素释放抑制因子及促性腺激素释放激素减少，催乳素上升，雌激素下降所致，也可能由细胞腺瘤引起。或长期服用利血平、氯丙嗪及酚噻嗪等药物所致。也可因手术创伤、麻醉、假孕、长期吸吮乳头等引起。

06.035　下丘脑性闭经　hypothalamic amenorrhea

下丘脑多巴胺分泌减少、体重下降、神经性厌食等引起的不规则月经甚至闭经。原因为下丘脑分泌 GnRH 功能失调或抑制；先天性疾病或脑发育畸形及肿瘤引起的下丘脑 GnRH 分泌缺陷。

06.036　阴道闭锁　atresia of vagina

由于泌尿生殖窦未参与形成阴道下段而造成阴道下段 2/3 的闭锁。上方为正常的阴道。

06.037　阴道横隔　transverse vaginal septum

融合的中肾旁管尾端与泌尿生殖窦未贯通或仅部分贯通的结缔组织隔。多位于上 1/3 与下 2/3 交界处。

06.038　阴道纵隔　longitudinal vaginal septum

双侧中肾旁管下段融合后未消失或未完全消失的结缔组织隔。因其中隔消失程度不同而分完全及不完全性阴道纵隔。

06.039　处女膜无孔　imperforate hymen

又称“处女膜闭锁”。泌尿生殖窦上皮增生的下界未向外阴、前庭贯穿的病症。

06.040　先天性无阴道　congenital absence of vagina

由于中肾旁管尾端发育停滞而未向下延伸的病症。故常合并无子宫或仅有痕迹子宫，而卵巢通常正常。

06.041　免疫性不孕[症]　immune infertility

有两种情况。（1）同种免疫：精子、精浆或受精卵是抗原物质，被阴道或子宫内膜吸收后，通过免疫反应产生抗体物质，使精子与卵子不能结合或受精卵不能着床。（2）自身免疫：不孕妇女血清中存在透明带自身抗体，与透明带起反应后可阻止精子穿透卵子，因而影响受精。

06.042　抗心磷脂抗体　anticardiolipin antibody, ACA

一组针对各种带负电荷磷脂的自身抗体。包括抗心磷脂、抗磷脂酰丝氨酸、抗磷脂酰胺醇、抗磷脂酰甘油、抗磷脂酸等的抗体，可作为抗磷脂抗体综合征（包括血栓形成、自发性流产、血小板减少和中枢神经系统病变等）的诊断指标之一。

06.043　抗磷脂抗体　antiphospholipid antibody

狼疮抗凝因子（LAC）和抗心磷脂抗体（ACA）的统称。可能通过黏附血小板引起血小板凝集，破坏并释放出血栓素（TXA_2），从而导致血管内血栓形成或通过与血管内皮磷脂部位结合损伤血管内皮，使前列环素产生减少，前列环素（PGI_2）/TXA_2 比例失常，导致局部血管收缩和血管内血栓形成。

06.044　抗卵巢抗体　antiovary antibody

针对自身卵巢成分的抗体。某些自身免疫病患者体内可产生。

06.045　抗子宫内膜抗体　antiendometrium antibody

以子宫内膜为靶抗原并引起一系列免疫反应的自身抗体。一般在子宫内膜异位症及不孕妇女中阳性率较高。

06.046　抗甲状腺球蛋白抗体　antithyroglobulin antibody, anti-TGAb

一种自身抗体。主要为 IgG 类，其与抗甲状腺过氧化物酶（TPO）抗体均可用于甲状腺炎的鉴别诊断。靶抗原是甲状腺滤泡中腺质的主要成分，为碘贮存及碘化甲状腺激素 T_3 和 T_4 合成所必需。

06.047　抗透明带抗体　antizona pellucida antibody
针对透明带抗原产生的抗伴。透明带抗原可刺激同种或异种抗体产生免疫应答，透明带经抗血清处理后，失去了与同种精子的结合能力，此抗体为抗透明带抗体。降低生育的机制：封闭精子受体，阻止精子与透明带结合；使透明带变硬，即使受精发生，也因透明带不能从孕卵表面脱落而干扰着床。

06.048　抗精子抗体　antisperm antibody, AsAb
男性的精子、精浆作为特异性抗原，接触到血液后，引起免疫反应产生的抗体。男女均可罹患，可阻碍精卵结合。

06.049　17α-羟化酶缺乏症　17α-hydroxylase deficiency
一种常染色体隐性遗传病。在卵巢及肾上腺生物合成途径中，17α-羟化酶缺乏使孕烯醇酮及孕酮不能转化为 17α-孕烯醇酮或 17α-羟孕酮，使性激素不能合成、皮质醇水平下降、促肾上腺皮质激素水平上升，从而导致盐皮质激素增加，伴有钠离子潴留、钾离子失却及高血压，以及血清孕酮升高，17α-羟孕酮水平下降及去氧皮质酮水平升高。

06.050　抑制受精　inhibition fertilization, inhibition of fertilization
精浆中所含的因子、前列腺素及抗精子抗体阻止精子和透明带及卵细胞膜结合的现象。

06.051　无精子症　azoospermia
精液及其离心沉淀物经显微镜检查未发现精子的疾病。

06.052　弱精子症　asthenozoospermia
精子运动能力低于正常参考值低限的疾病。

06.053　少精子症　oligozoospermia
精子浓度低于正常参考值低限的疾病。

06.054　死精子症　necrozoospermia
精液中活精子数为零的疾病。

06.055　畸形精子症　teratozoospermia
精液中正常形态的精子所占百分率低于正常参考值低限的疾病。

06.056　少弱畸形精子症　oligoasthenoteratozoospermia
精液检查结果精子密度小于 20×10^6/ml，a 级和 b 级活力精子之和低于 50%，且 a 级精子百分率低于 25%，精子正常形态百分率低于 15%的疾病。

06.057　血性精液　hemospermia
精液中因含有血液而呈现粉红色、棕红色、血丝或鲜血外观的病症。

06.058　隐匿精子症　cryptozoospermia
精液镜检找不到精子，但离心后的沉渣中可找到精子的疾病。

06.059　无精液症　aspermia
性交或自慰均没有精液射出的疾病。

06.060　精液过多　polyspermia
一次射精精液量多于 8ml 的病症。正常男性一次射精精液量 2~6ml，多于 8ml 可能引起不育。

06.061　多精入卵　polyspermy
两个或多个精子同时进入卵子并受精的现象。

06.062 精液冷冻 preservation of semen by refrigeration

人类精子库中使用液氮低温保存精液的方法。

06.063 附属性腺功能 accessory sex organ function, subsidiary gonadal function

附属性腺包括精囊腺、前列腺和尿道球腺等分泌附属性腺液、组成精浆的功能。精浆中各种酶及营养物质等对精液液化和保持精子的功能有重要意义。

07. 辅助生殖技术

07.001 辅助生殖技术 assisted reproductive technology, ART

又称“辅助生育技术”。对配子、胚胎或基因物质进行体内外系统操作获得新生命的技术。包括人工授精、体外受精胚胎移植及其衍生技术。

07.002 人工授精 artificial insemination

通过非性交的方式，将男性精液注入女性阴道或子宫腔，以达到受孕目的的技术。

07.003 宫腔内人工授精 intrauterine insemination, IUI

通过非性交的方式，将经过处理的精液注入女性子宫腔内，以达到受孕目的的技术。

07.004 夫精人工授精 artificial insemination with husband's semen, AIH

用人工的方法将丈夫精液注入女方的生殖道，以达到受孕目的的技术。

07.005 供精人工授精 artificial insemination with donor's semen, AID

用人工的方法将供精者的精液注入女方的生殖道，以达到受孕目的的技术。

07.006 精子捐献 sperm donation

由人类精子库采集健康志愿供精者的精液，冻存并通过检疫后提供给男方患不可逆无精子症或有严重遗传疾病的不孕夫妇，以达到治疗不孕或优生的目的。

07.007 精子制备 sperm preparation

将精子从精浆中分离，获得具有高比率形态正常的前向活动精子，且无碎片的精子悬液的技术。

07.008 精子优选 sperm optimization, sperm selection

通过适当的处理方法，去除精液中的精浆、有害物质及异常精子和细胞碎片，选择优质精子的技术。

07.009 卵母细胞捐赠技术 oocyte donation technique

采用健康的第三方（供者）自愿捐赠的卵子进行的辅助生育技术。适用于卵巢早衰、双卵巢切除后、绝经过渡期、绝经期、超排卵反应不良、严重遗传性疾病携带者等情况而又要求生育的女性。自身缺乏或没有足够的正常卵母细胞是其共同的特性。

07.010 诱导排卵 ovulation induction

使用促排卵药物促使卵巢卵子发育成熟并排卵的技术。应用于女方排卵障碍，一般以诱发单卵泡或少数卵泡发育为目的。

07.011 超[促]排卵 superovulation

又称“控制性超促排卵（controlled ovarian

hyperstimulation, COH）”。通过药物、物理等辅助生殖技术，调节不孕患者的内分泌功能及卵巢功能，让原本停滞发育的未成熟卵泡继续发育，从而获取多个健康卵子的技术。

07.012　优势卵泡　dominant follicle

女性在生育期每月发育一批卵泡，经过募集、选择，其中一般只有一个卵泡可达到完全成熟，并排出卵子。

07.013　卵泡腔　follicle cavity

在雌激素和卵泡刺激素（FSH）的协同作用下，颗粒细胞间聚积的卵泡液增加，最后融合形成的腔。

07.014　排卵孔　stigma

在黄体生成素（LH）峰作用下排卵前卵泡黄素化，产生少量孕酮，在 LH/FSH 排卵峰与孕酮协同作用，激活卵泡液内蛋白溶酶活性，使卵泡壁隆起尖端部分的胶原消化形成的小孔。

07.015　体外受精胚胎移植术　in vitro fertilization and embryo transfer, IVF-ET

从女性体内取出卵子，在体外培养一阶段与精子受精，再将发育到一定时期的胚胎移植到女性宫腔内，使其着床发育成胎儿的技术。

07.016　卵细胞质内单精子注射　intra cytoplasmic sperm injection, ICSI

借助显微操作系统将单一精子注射入卵子内使其受精的技术。也就是第二代试管婴儿技术。主要用于治疗男性不育症。主要步骤：促排卵和卵泡监测，取卵和卵丘结构处理，卵母细胞胞质内单精子注射，胚胎移植和胚胎移植后处理。

07.017　植入前遗传学诊断　preimplantation genetic diagnosis, PGD

从卵母细胞或受精卵取出极体或从植入前阶段的胚胎取 1~2 个卵裂球或多个滋养层细胞进行的特定遗传学性状检测，然后据此选择合适的胚胎进行移植的技术。

07.018　卵冠丘复合体　oocyte-corona-cumulus complex

卵泡生长增大和分化，直径可达 10~20mm，出现卵泡腔、卵泡液，形成卵母细胞、卵丘、放射状的颗粒细胞的复合体。

07.019　配子移植术　gamete transfer, GT

当两种配子（精子和卵子）结合受精后成为受精卵，将此移植进女性体内的技术。

07.020　宫腔内配子移植术　gamete intra-uterine transfer, GIUT

分别采集精子和卵子，经适当的体外处理后，将配子移植到子宫腔内，使其在子宫内完成受精、着床和胚胎发育等过程的技术。

07.021　输卵管内配子移植术　gamete intra-fallopian transfer, GIFT

分别采集精子和卵子，经适当的体外处理后，将配子移植入输卵管，使其在输卵管内完成受精和早期胚胎发育，然后再进入子宫内着床和进一步发育的技术。

07.022　输卵管内合子移植术　zygote intra-fallopian transfer, ZIFT

确定卵子受精后，再将受精卵移入输卵管内的技术。

07.023　透明带钻孔法　zona drilling

借助显微操作系统，使用化学试剂溶解卵子或胚胎的透明带局部，在透明带上形成小孔，以辅助受精或胚胎孵化的技术。

07.024　透明带切割法　zona dissection

借助显微操作系统，使用穿刺针切开卵子或胚胎的透明带局部，在透明带上形成裂隙，以辅助受精或胚胎孵化的技术。

07.025 生化妊娠 biochemical pregnancy

精卵结合后没有在子宫着床的妊娠。至少两次检测血清β-HCG均出现升高，而且在受精后 28 天内停止（月经期延长不超过 14 天）。

07.026 临床妊娠 clinical pregnancy

胚胎移植后 14 天及 16 天测尿 HCG 及血β-HCG 阳性，如持续阳性，月经不来潮，于末次月经后 56 天做阴道 B 超检查，可见子宫内有胎囊，囊内有胚芽及原始心脏搏动，此时为临床妊娠成功。

07.027 选择性减胎术 selective embryo reduction, selective pregnancy reduction

对多胎妊娠中的发育异常胎儿选择性中止妊娠的技术。是实时超声显像引导下的介入方法。对较早期（妊娠 7 周前后）的胚胎可经阴道途径进行胚胎的吸引，较大的胚胎可采用胚心部位注入 10%KCl 致死胚胎的方法。

07.028 卵巢过度刺激综合征 ovarian hyperstimulation syndrome, OHSS

卵巢在促排卵药物刺激下，因卵巢形态改变及产生过多的激素或激素前体所致的一种严重的并发症。主要生理变化是毛细血管的通透性增加，体液大量外渗并继发一系列的改变，导致腹水、胸腔积液；血液浓缩、有效血容量降低；血液呈高凝状态；肾灌流量减少，导致尿量减少，甚至无尿，同时可伴水、电解质与酸碱平衡失调。临床表现为胃肠道不适、腹胀、呼吸困难、少尿等，患者双侧卵巢增大，严重者心肺功能降低，肝肾功能受损，静脉血栓形成，形成复杂的综合征。

08. 性别与性

08.001 性学 sexology

以人类的性行为为研究对象的综合性学科。是以性医学、性心理学和性社会科学组成的一个综合的、全面的、多学科的理论体系。

08.002 性医学 sexual medicine

以保护和增进人类性健康，治疗和预防性功能障碍、性器官疾病和性传播疾病的学科。由性生物学、性临床医学及性药学等组成。

08.003 性心理学 psychology of sex, sexual psychology

研究人类的性心理活动及其规律的学科。是心理学的一个分支。

08.004 性社会学 sociology of sex

运用社会学的理论和方法来研究人类性现象中所反映的社会因素，以及研究人类性现象与人类社会之间的关系、作用和运行机制的学科。是性科学与社会学的交叉学科。

08.005 性别 sex, gender

男女两性存在的多种特征性差异。

08.006 性别角色 gender role

社会所期望的具有男性和女性特有行为模式的人。

08.007 性别认同 gender identity

个人对自身是男性或女性的认知、确信和态度。

08.008 性欲 sexual desire

进行性活动的欲望。是人类进入青春期之后常见的生理、心理现象。

08.009　性别政策　gender policy
国家在性别上制定的具体行动准则。

08.010　性别比　sex ratio
在人口统计中，指男女性的比率。

08.011　性爱　sexual love
在人类精神文明支配下寻求性欲的性本能活动。

08.012　性别平衡　gender balance
在性别上使男女两方保持均等或大致均等。

08.013　性别平等　gender equality
在性别上，男女两方在政治、经济、地位等各个方面享有同等的权利和对待。

08.014　性别歧视　gender discrimination
在性别上有不平等的权利和对待。

08.015　性别偏向　gender bias
在性别上有不正确或不全面的对待和处理倾向。

08.016　性别观点　gender standpoint
从某一立场或角度出发，对性别所持的看法和态度。

08.017　性伴侣　sexual partner
互相有过性交关系的人。

08.018　性伦理学　sexual ethics
研究性道德现象及其本质和规律的学科。

08.019　性法学　law sexology
在法学与性学的交叉领域中研究对人类性关系和性行为的法律保障、法律规范和法律调整的学科。

08.020　性法制　sexual legal system
保障、规范和调整人类性行为、性关系及其他相关活动的法律制度的总称。

08.021　性法医学　forensic sexual medicine
应用医学及其有关知识研究和解决法律上关于性的问题的学科。

08.022　婚前性行为　premarital sex
无配偶的男女在未履行结婚登记手续的情况下发生的两性关系。

08.023　非婚性行为　extramarital sexuality
无婚姻关系的男女发生的性行为。

08.024　同居　cohabitation
男女两性在性关系基础上共同生活。

08.025　未婚先孕　premarital pregnancy
未履行结婚登记手续的男女发生性行为而导致女方怀孕的现象。

08.026　性违法　sexual transgression
违反有关性行为和性关系的法律和法规的行为。

08.027　重婚　bigamy
已有配偶而与他人结婚或明知他人有配偶而与之结婚的行为。

08.028　性防卫　sexual defence
保护自己免受性侵害的行为和措施。

08.029　性生活　sexual life
人连续的性行为过程。

08.030　性行为　sexual behaviour
旨在满足性欲和获得性快感而出现的动作

和活动。

08.031　性交　sexual intercourse, coitus
以阴茎和阴道交媾的方式进行的性活动。

08.032　重复性交　multiple sexual intercourse, repeat sexual intercourse
一次性交活动后，不应期很短，很快再次勃起进行的性交。

08.033　性反应周期　sex reaction cycle, sexual response cycle
由性刺激引起的性生理、性心理、性行为的阶段性变化模式。性反应的基本形式是一种神经反射行为。

08.034　性兴奋期　sexual excitation period, excitement phase
性交过程中性欲被唤起，身体开始呈现紧张，精神亢奋，心理处于激动状态的短促阶段。以男性阴茎勃起、女性阴道润滑为特点。

08.035　性持续期　sexual plateau period, persistent period
在性兴奋期之后，性紧张度持续稳定在较高水平的阶段。

08.036　性高潮期　sexual orgasm period
性反应逐渐升高到达顶点时爆发极度愉悦身心感受的时期。身体紧张达到最高顶点，男性以射精快感使紧张发泄而告终，女性则出现全身痉挛、阴道收缩、神志短暂迷惘。

08.037　射精　ejaculation
在性高潮时，男性的精液经尿道口喷射而出的现象。

08.038　性消退期　sexual resolution period, phase of release
性高潮过后至身体和情绪均恢复平静的过程。

08.039　性不应期　sexual refractory period
一次性交结束到身体状态又可开始下一次性交之间的必需间隙时间。

08.040　性唤起　sexual arousal
因性刺激而产生性驱动力的整个过程。

08.041　性交体位　sexual position
性交时根据夫妻生理需要、心理需要及个人爱好而采用的相互配合的姿势和身体位置。

08.042　性快感　sexual pleasant sensation
通过性生活，一方或双方所取得的愉悦。

08.043　性乐趣　sexual pleasure
通过性行为所产生的乐趣、欣喜和享受。

08.044　性满足　sex satisfaction
由性快感趋于性高潮的极度愉悦、舒畅、惬意的反应。

08.045　性交流　sexual interflow between partners
夫妻在性生活中互相谈论与总结有关性需要、性体验、性反应方面的相互观点和意见，协调夫妻性生活，从而增加性乐趣。

08.046　蜜月性生活　sexual life in honeymoon
新婚第一个月的性生活。

08.047　中年人性生活　sexual life of middle age people
年龄 40~60 岁者的性生活。

08.048　老年人性生活　sexual life of old people
年龄 60 岁以上者的性生活。

08.049　再婚夫妻性生活　sexual life of remarriage couple

夫妻一方或双方曾有过婚姻史而再次结婚后的性生活。

08.050　性交困难　difficult coitus, dyspareunia

夫妻在性生活中因某些原因导致生殖器难于相互交接的现象。

08.051　精液过敏　semen allergy

当精液射入阴道后，女性身体出现的过敏反应症状。

08.052　性交出血　haemorrhagia sub coitus, coital bleeding

性交时或性交后发生的阴道出血现象。

08.053　性交损伤　trauma of sexual intercourse

性交引起的女性外阴阴道皮肤黏膜损伤和男性阴茎损伤的总称。

08.054　性交昏厥症　faintness during sexual intercourse

又称“*房事昏厥症*”。在性交过程中，突然发生头晕目眩、面色苍白、四肢发冷、身出虚汗，甚至失去知觉，但能很快恢复意识的疾病。

08.055　性交猝死　suddenly death in coitus

由于性行为引起的意外突然死亡。

08.056　性功能　sexual function

人体性器官和人类性行为的功用和能力。

08.057　性冲动　sexual impulse

在外界有关刺激的作用下，使性中枢神经系统处于兴奋状态的现象。

08.058　性困惑　sexual perplexity

缺乏性学方面的有关知识，或受传统社会道德观制约，当遇到性方面的问题时而感到的疑惑。

08.059　性保健　sexual health care

为保护男女性器官和性功能的健康发育所采取的系列化卫生措施。

08.060　性康复　sexual recovery

使患有性功能障碍者恢复健康的措施。

08.061　性阈　sexual threshold

在每次性生活时，从诱发性唤起的最低值至达到性高潮的最高值间的刺激量值。

08.062　忍精［不射］　restraining ejaculation

男方在性交快要射精时忍住以推迟射精或不射精的做法。

08.063　性同步　sexual synchronization

性生活中夫妻同时达到性高潮。

08.064　蜜月病　honeymoon disease

新婚期，由于性交活跃、不注意卫生造成的泌尿道感染。

08.065　性生活时差　time lag of sexual life

男女在性生活中达到性兴奋高潮所需要的时间差。

08.066　性生活和谐　harmonious sexual life

配偶双方在性生活时达到彼此愉悦美满的状态。

08.067　性健康教育　sexual health education

通过有计划、有组织、有目标的系统教育活动，进行关于性知识和性道德的教育。使受教育者具有科学的性知识、正确的性观念、高尚的性道德和健康的性行为。

08.068　性知识　sexual knowledge

有关性的各种知识。

08.069　性价值观念　sexual value
对性的总的认识和态度。

08.070　性健康　sexual health
生殖器官的解剖结构正常无疾病，性生理功能、性心理功能正常，并有健康的性观念和性行为。

08.071　性道德　sex moral
人类调整两性性行为的社会规范的总和。

08.072　婚外恋　extramarital love
成年男女在法定婚姻关系以外产生的恋情。

08.073　自慰　masturbation
又称“手淫”。在非性交的情况下，自己用手或其他物品摩擦生殖器官，以取得性欲满足的行为。

08.074　早恋　premature love
生活不能自立，而又比法定结婚年龄小许多的青少年过早恋爱的行为。

英汉索引

A

amenorrhea　闭经　06.026
amenorrhea galactorrhea syndrome　闭经泌乳综合征　06.034
aminocaproic acid　氨基己酸　03.676
aminomethylbenzoic acid　氨甲苯酸　03.677
aminophylline　氨茶碱　03.670
amnesia　遗忘　04.021
amniocentesis　羊膜腔穿刺[术]　03.319
amnion　羊膜囊　02.174
amnionic fluid embolism　羊水栓塞　03.447
amnioscope　羊膜镜　03.708
amnioscopy　羊膜镜检查　03.709
amniotic cavity　羊膜腔　02.173
amniotic fluid index　羊水指数　03.710
amniotic membrane　羊膜　02.172
amniotomy　羊膜腔穿刺[术]　03.319
amoxicillin　阿莫西林　03.604
amphotericin B　两性霉素 B　03.638
ampicillin　氨苄青霉素　03.603
ampulla of fallopian tube　[输卵管]壶腹部　02.111
ampullary-isthmic junction　壶腹部–峡部连接处　02.113
amputation of cervix　宫颈切除术　03.310
anabolic hormone　同化激素　02.184
analysis of population data　人口数据分析　01.087
analytical epidemio- logy　分析流行病学　05.005
anaphylactic response　过敏反应，*变态反应　03.461
anastomosis　吻合术　03.315
anatomical abnormality　解剖异常　03.736
androgen　雄激素　02.207
androgen-binding protein　雄激素结合蛋白　02.045
androgen receptor　雄激素受体　02.208
androstenedione　雄烯二酮　02.215
anencephalus　无脑儿　03.742
angular pregnancy　子宫角妊娠　03.434
anordrin　双炔失碳酯　03.568
anorethindrane dipropionate　双炔失碳酯　03.568
anovular menstruation　无排卵月经　06.014
anovulation　无排卵　06.005
anovulatory dysfunctional uterine bleeding　无排卵性功能失调性子宫出血　06.010
ante-flexion of uterus　子宫前屈　02.102
ante-position of uterus　前位子宫　02.100
anterior pituitary hormone　垂体前叶激素，* 腺垂体激素　02.231
ante-version of uterus　子宫前倾　02.101
antiandrogens　抗雄激素类药　03.570
anticardiolipin antibody　抗心磷脂抗体　06.042
anti-contraction medication　子宫收缩抑制剂　03.588
anti-encounter of sperm and egg　抗精子卵子相遇　03.006
antiendometrium antibody　抗子宫内膜抗体　06.045
antiestrogens　抗雌激素类药　03.569
antihormone　抗激素　02.188
anti-nidation of fertilized ovum　抗受精卵着床　03.005
anti-maturation of sperm　抗精子成熟　03.007
antiovary antibody　抗卵巢抗体　06.044
anti-ovulation　抗排卵，* 抑制排卵　03.003
anti-penetration of sperm　抗精子穿透　03.004
antiphospholipid antibody　抗磷脂抗体　06.043
anti-sperm antibody　抗精子抗体　06.048
anti-TGAb　抗甲状腺球蛋白抗体　06.046
antithyroglobulin antibody　抗甲状腺球蛋白抗体　06.046
antizona pellucida antibody　抗透明带抗体　06.047
anxiety　焦虑　04.054
anxiety disorder　焦虑性障碍　04.055
appendix　子宫附件　02.107
arcuate uterus　弓形子宫　02.154
aristogenesis　优生　01.031
ART　辅助生殖技术，*辅助生育技术　07.001
artificial insemination　人工授精　07.002
artificial insemination with donor's semen　供精人工授精　07.005
artificial insemination with husband's semen　夫精人工授精　07.004
artificial menstrual cycle　人工周期　06.015
artificial rupture of membrane　人工破膜术　03.313
AsAb　抗精子抗体　06.048
ascending infection　上行感染　03.410
aseptic delivery　新法接生　01.060
Ashman syndrome　* 阿什曼综合征　03.371
aspermia　无精液症　06.059
assisted reproductive technology　辅助生殖技术，*辅助生育技术　07.001
asthenozoospermia　弱精子症　06.052

B

C

D

E

F

fertilized ovum　受精卵　02.158
fetal alcohol syndrome　胎儿酒精综合征　03.131
fetal congenital malformation　胎儿先天畸形　03.748
fetal death　死胎　03.744
fetal electrocardiography　胎儿心电图　03.713
fetal gender identification in non-medical need　非医学需要的胎儿性别鉴定　01.075
fetal genetics examination　胎儿遗传学检查　03.706
fetal growth restriction　胎儿生长受限，* 胎儿宫内发育迟缓　03.739
fetal macrosomia　巨大胎儿　03.740
α-fetoprotein　甲胎蛋白　03.163
fetoscope　胎儿镜　03.219
fetoscopy　胎儿镜检查[术]　03.220
fetus　胎儿　02.169
FGR　胎儿生长受限，* 胎儿宫内发育迟缓　03.739
field trial　现场试验　05.003
fimbria of fallopian tube　[输卵管]伞部，* 输卵管腹腔口　02.112
fimbriated extremity of fallopian-plasty　输卵管伞端成形术　03.300
fimbriectomy　输卵管伞端切除术　03.303
first grade interference　[出生缺陷]一级干预　03.687
first sex characteristic　第一性征，* 主性征　02.016
first trimester of pregnancy　早期妊娠　02.180
FISH　荧光原位杂交　03.164
five guarantees　五保　01.167
fixed Cu 330 IUD　固定式宫内节育器　03.032
floating population　流动人口　01.174
fluconazole　氟康唑　03.635
fluorescence *in situ* hybridization　荧光原位杂交　03.164
folic acid　叶酸　03.682
follicle cavity　卵泡腔　07.013
follicle monitoring　卵泡监测　03.155
follicle-stimulating hormone　卵泡刺激素　02.218
follicular atresia　卵泡闭锁　02.121
follistatin　卵泡抑素　02.205
follow-up　随访　05.024
follow up study　* 追踪随访研究　05.015
foreign body of abdominal cavity　腹腔内异物遗留　03.424
forensic sexual medicine　性法医学　08.021
four maneuvers of Leopold　四步触诊　03.145
fractional curettage　分段诊刮　03.221
fragile X syndrome　脆性 X[染色体]综合征　03.758
free contraceptive　免费避孕药具　03.080
FS　卵泡抑素　02.205
FSH　卵泡刺激素　02.218
functional layer　* 功能层　02.096
functional oophoritic cyst　功能性卵巢囊肿　03.353
fundus of uterus　子宫底　02.086
funiculitis　精索炎　03.531

G

gamete intrafallopian transfer　输卵管内配子移植术　07.021
gamete intrauterine transfer　宫腔内配子移植术　07.020
gamete transfer　配子移植术　07.019
ganciclovir　更昔洛韦　03.643
Gardnerella　* 加德纳菌　03.476
gemeprost　吉美前列素　03.581
gender　性别　08.005
gender balance　性别平衡　08.012
gender bias　性别偏向　08.015
gender discrimination　性别歧视　08.014
gender equality　性别平等　08.013
gender identity　性别认同　08.007
gender policy　性别政策　08.009
gender role　性别角色　08.006
gender standpoint　性别观点　08.016
gene　基因　03.717
general fertility rate　一般生育率　05.030
general somatoscopy　全身体格检查　03.138
genetic counselling　遗传咨询　03.705
genetic disease　遗传病　03.719
genital herpes　生殖器疱疹　03.505
gentamycin sulfate　硫酸庆大霉素　03.611
germ cell　生殖细胞　02.008
germ cell apoptosis　生殖细胞凋亡　02.011
gestational age　孕龄　02.142
gestodene　孕二烯酮　03.566
gestrinone　孕三烯酮，* 三烯高诺酮　03.563
GIFT　输卵管内配子移植术　07.021

H

I

K

L

M

menstruation　月经　02.129
menstruation cycle　月经周期　02.130
mental disease　精神疾病　04.016
mental disorder　心理障碍　04.010
mental health　心理健康　04.004
mesonephric duct　中肾管　02.013
mesosalpinx　输卵管系膜　02.114
methodological failure rate　方法失败率　05.047
methyltestosterone　甲睾酮，* 甲基睾丸素　03.533
metronidazole　甲硝唑　03.639
metrorrhagia　子宫不规则出血　03.120
Mh　人型支原体　03.512
MI　成熟指数　03.182
miconazole nitrate　硝酸咪康唑　03.634
microsurgical vasoepididymostomy　显微外科输精管附睾管吻合术　03.243
micro-surgical vasovasostomy　显微外科输精管吻合术　03.242
microtraumatic operation　微创手术　03.308
microwave contraception　微波避孕　03.074
midazolam maleate　马来酸咪达唑仑　03.671
mifepristone　米非司酮　03.575
mind　心理　04.001
mineralocorticoid　盐皮质激素　02.253
mini-cesarean section　* 宫体剖宫产　03.297
minimun clinical efficacy　最小临床效力　03.090
minocycline　米诺环素，* 美满霉素　03.614
misdiagnosis of pregnancy　人工流产吸空　03.364
misoprostol　米索前列醇　03.577
missed abortion　稽留流产，* 过期流产　03.378
missed aspiration　人工流产漏吸　03.365
mitochondrial disease　线粒体病　03.730
monitored anesthesia care　监护麻醉　03.321
monitoring of medical device adverse event　医疗器械不良事件监测　03.088
mons pubis　阴阜　02.072
monthly period　月经期　02.131
mood　心境　04.030
mood disorder　心境障碍　04.052
morbid and disabled children　病残儿　01.034
morbidity　发病率　01.080
morning sickness　早孕反应　03.111
morphine hydrochloride　盐酸吗啡　03.655
mortality rate　死亡率　05.028
mortality rate of children under 5　五岁以下儿童死亡率　01.079
mortality table　* 死亡表　05.037
motivation　动机　04.035
moving fluid　移动性浊音　03.152
MPS　绝经综合征　03.443
MRI　磁共振成像　03.208
Müllerian duct　* 米勒管　02.014
multigenerational family　多代同堂家庭　01.138
multiload Cu 250 IUD　母体乐铜 250 宫内节育器　03.031
multiload Cu 375 IUD　母体乐铜 375 宫内节育器　03.030
multiple sexual intercourse　重复性交　08.032
mumps orchitis　流行性腮腺炎性睾丸炎　03.520
mycoplasma　支原体　03.511
mycoplasma hominis　人型支原体　03.512
mycoplasma infection　支原体感染　03.510
mycotic vaginitis　真菌性阴道炎　03.473

N

nandrolone phenylpropionate　苯丙酸诺龙　03.537
naproxen　奈普生　03.653
native population　本地出生人口　01.175
natural family planning　自然避孕法　03.068
nature growth rate　自然增长率　05.029
nature increase rate　自然增长率　05.029
near incident　濒临事件　03.089
neck of uterus　子宫颈　02.088
necrozoospermia　死精子症　06.054
need　需要　04.034
negative population growth　人口负增长　01.113
neonatal care　新生儿护理　01.066
neonatal mortality rate　新生儿死亡率　01.077
neonatal nursing　新生儿护理　01.066
neonatal period　新生儿期　02.137
net migration rate　净迁移率　01.130
neural tube defect　神经管缺陷　03.747
neurasthenia　神经衰弱　04.017
neurohormone　神经激素　02.191
neurohypophyseal hormone　垂体后叶激素，*神经垂体

激素　02.230
newborn　新生儿　01.065
NFP　自然避孕法　03.068
NGU　非淋菌性尿道炎　03.503
nidation　着床　02.159
nilestriol　尼尔雌醇　03.547
nitrous oxide　氧化亚氮　03.659
nocturnal emission　遗精　02.066
nongonococcal urethritis　非淋菌性尿道炎　03.503
non-invasive diagnosis　无创性诊断　03.196
nonoxinol　壬苯醇醚　03.584
nonoxynol　壬苯醇醚　03.584
nonspecific vulvitis　非特异性外阴炎　03.464
No.53 pills　双炔失碳酯　03.568
norethisterone　炔诺酮　03.556
norfloxacin　诺氟沙星　03.627
norgestrel　炔诺孕酮　03.565
normal sperm morphology　正常精子形态　03.100
normospermia　正常精子形态　03.100
no-scalpel vasectomy　直视钳穿法输精管结扎术　03.226
nosocomial infection　医院感染　03.413
Nova T 380Ag IUD　新体 380Ag 宫内节育器　03.027
NT　胎儿颈后透明层厚度　03.704
nuchal translucency　胎儿颈后透明层厚度　03.704
nuclear family　核心家庭　01.134
nystatin　制霉菌素　03.637

O

obsessive compulsive disorder　强迫症　04.061
obstruction of birth canal　产道梗阻　03.392
OC　口服避孕药　03.037
occupation　职业　01.146
OCD　强迫症　04.061
odds ratio　比值比　05.051
ofloxacin　氧氟沙星　03.625
OGTT　口服葡萄糖耐量试验　03.166
OHSS　卵巢过度刺激综合征　07.028
old-age security system　老年保障体制　01.166
oligoasthenoteratozoospermia　少弱畸形精子症　06.056
oligomenorrhea　月经过少　03.112，月经稀发　03.115
oligozoospermia　少精子症　06.053
omentum adhesion syndrome　大网膜粘连综合征　03.416
one-person household　单身户　01.139
only-child　独生子女　01.033
on-the- job training　在职培训　01.153
oocyesis　卵巢妊娠　03.433
oocyte　卵母细胞　02.118
oocyte-corona-cumulus complex　卵冠丘复合体　07.018
oocyte donation technique　卵母细胞捐赠技术　07.009
oosperm　受精卵　02.158
open trial　开放试验　03.091
optimal number of population　最佳人口数量，* 最佳适度人口，* 适度人口　01.111
optimum population　最佳人口数量，* 最佳适度人口，* 适度人口　01.111
OR　比值比　05.051
oral contraceptive　口服避孕药　03.037
oral glucose tolerance test　口服葡萄糖耐量试验　03.166
orchitis　睾丸炎　03.516
orgasm disorder　性高潮障碍　04.100
orientation　定向力　04.057
orificium externum isthmus　子宫颈外口　02.095
orificium externum uteri　子宫颈外口　02.095
orificium internum isthmus　子宫颈内口，* 组织学内口　02.094
orificium internum uteri　子宫颈内口，* 组织学内口　02.094
ostomy　吻合术　03.315
Ota ring　太田环　03.018
out-migration rate　迁出率　01.129
ovarian amenorrhea　卵巢性闭经　06.030
ovarian cycle　卵巢周期　02.116
ovarian hyperstimulation syndrome　卵巢过度刺激综合征　07.028
ovarian pregnancy　卵巢妊娠　03.433
ovariocyesis　卵巢妊娠　03.433
ovary　卵巢　02.115
over-population　人口过剩　01.142

P

placental adherence 胎盘粘连 03.388
placental barrier 胎盘屏障 02.171
placenta preposition 前置胎盘状态 03.385
placenta praevia 前置胎盘 02.177
place of residence 居住地 01.177
plastic flower 节育花 03.016
PMS 经前期综合征 04.087
POF 卵巢功能早衰 06.020
policresulen 聚甲酚磺醛 03.648
polycystic ovary syndrome 多囊卵巢综合征 06.018
polygenic inherited disease 多基因遗传病 03.721
polymenorrhea 月经频发 03.114
polymerase chain reaction 聚合酶链反应 03.165
polyspermia 精液过多 06.060
polyspermy 多精入卵 06.061
Pomeroy sterilization 输卵管双折切断结扎术，* 波氏改良法输卵管结扎术 03.260
POP 单纯孕激素避孕药 03.049
population 人口 01.081
population base 人口基数 01.091
population census 人口普查 01.092
population density 人口密度 01.083
population dynamics 人口动态 01.104
population explosion 人口爆炸 01.145
population forecast 人口预测 01.106
population management by objective 人口目标管理 01.103
population migration 人口迁移 01.171
population movement 人口移动 01.170
population objective 人口目标 01.099
population parameter 人口参数 01.109
population plan 人口计划 01.098
population policy 人口政策 01.096
population pressure 人口压力 01.143
population program 人口方案 01.097
population pyramid 人口金字塔，* 年龄性别金字塔 01.090
population quality 人口素质，* 人口质量 01.102
population quality at birthday 出生人口素质，* 出生人口质量 01.101
population registration form 人口登记表 01.121
population stabilization 人口稳定 01.114
population structure 人口构成，* 人口结构 01.089
population survey 人口调查 01.093
population target 人口指标 01.100
population trend 人口趋势 01.105
positron emission tomography 正电子发射体层成像 03.209
postcoital contraception 紧急避孕 03.047
post coital test 性交后试验 03.104
posterior fornix tenderness 阴道后穹隆触痛，* 宫颈刺激征 03.151
posterior pituitary hormone 垂体后叶激素，* 神经垂体激素 02.230
post marketing surveillance 上市后监测 05.048
postmenopausal bleeding 绝经后出血 03.121
postmenopausal period 绝经后期 02.146
postmenopause 绝经后期 02.146
postpartum follow-up 产后随访 01.070
postpartum mental disorder * 产褥期精神障碍 04.092
postpartum somatopsychic symptom 产后心身症状 04.092
PR 孕激素受体 02.201
preconception couple 拟生育夫妇 01.038
pregnancy 妊娠 02.155
pregnancy associated plasma protein-A 妊娠相关血浆蛋白 A 03.701
pregnancy of isthmus uteri 子宫峡部妊娠 03.438
pregnancy psychosomatic response 妊娠心身反应 04.090
pregnancy rate 妊娠率 05.032
pregnancy test 妊娠试验 03.157
pregnancy with IUD 带器宫内妊娠 03.342
pregnanediol 孕二醇 02.202
pregnant metaphase * 孕中期 02.181
pregnenolone 孕烯醇酮 02.211
preimplantation genetic diagnosis 植入前遗传学诊断 07.017
premarital counseling 婚前咨询 03.691
premarital health care 婚前保健 01.055
premarital medical examination 婚前医学检查，* 婚检 01.056
premarital pregnancy 未婚先孕 08.025
premarital sex 婚前性行为 08.022
premature ejaculation 早泄 04.073
premature love 早恋 08.074
premature ovarian failure 卵巢功能早衰 06.020

premenopausal period　绝经前期　02.144
premenopause　绝经前期　02.144
premenstrual dysphoric disorder　经前焦虑症　04.088
premenstrual syndrome　经前期综合征　04.087
prenatal diagnosis　产前诊断，* 宫内诊断，* 出生前诊断　03.702
prenatal screen　产前筛查　03.696
prepregnancy counseling　孕前咨询　03.693
prepregnancy eugenic counseling　孕前优生咨询　03.695
prepregnancy health care　孕前保健　03.694
preprohormone　前激素原　02.195
preservation of semen by refrigeration　精液冷冻　06.062
prevalence survey　现况研究　05.002
primary amenorrhea　原发[性]闭经　06.027
primary dysmenorrhea　原发性痛经　03.127
primary follicle　初级卵泡　02.122
primary health care　基本卫生保健，* 初级卫生保健　01.047
primary infertility　原发性不孕[症]　06.002
primary oocyte　初级卵母细胞　02.119
primary sex characteristic　第一性征，* 主性征　02.016
primary sex organ　主性器官　02.019
primary spermatocyte　初级精母细胞　02.034
primordial follicle　原始卵泡　02.117
PRL　催乳素　02.224
probability of death　死亡概率　01.124
procaine　普鲁卡因　03.663
processing of population data　人口数据处理　01.086
profession　职业　01.146
profuse menstruation　月经过多　03.113
progesterone　孕酮，* 黄体酮　03.553
progesterone antagonist　孕激素拮抗剂　03.571
progesterone receptor　孕激素受体　02.201
progesterone test　黄体酮试验　03.156
progestin-only contraceptive pill　单纯孕激素避孕药　03.049
progestin-only injectable　单纯孕激素避孕针剂　03.052
progestin-releasing intrauterine system　释放孕激素的宫内节育系统　03.034
progestogen　孕激素　02.200
prohormone　激素原　02.194
prolactin　催乳素　02.224
prolactin release inhibiting factor　催乳素释放抑制因子　02.226
prolactin releasing factor　催乳素释放因子　02.225
proliferative phase　［子宫内膜］增生期，*［子宫内膜］增殖期　02.097
proliferative stage　［子宫内膜］增生期，*［子宫内膜］增殖期　02.097
promestriene　普罗雌烯　03.548
propofol　丙泊酚，* 异丙酚　03.661
proposed reproductive couple　拟生育夫妇　01.038
prostaglandin　前列腺素　03.576
prostaglandin E_2　前列腺素 E_2　03.578
prostaglandin induction of labour　前列腺素引产　03.283
prostate　前列腺　02.056
prostatitis　前列腺炎　03.524
prostatodynia　前列腺痛　03.529
protamine sulfate　硫酸鱼精蛋白　03.681
pruritus vulvae　* 外阴瘙痒　03.133
pseudocyesis therapy　假孕疗法　03.450
pseudopregnancy　假孕，* 假妊娠　03.451
psychiatry　精神医学　04.015
psychogenic amenorrhea　心因性闭经，*精神性闭经　04.089
psychological counseling　心理咨询　04.009
psychological defense mechanism　心理防御机制　04.014
psychological disease　心理疾病　04.012
psychological disorder　心理障碍　04.010
psychological rehabilitation　心理康复　04.013
psychological test　心理测验　04.008
psychology　心理学　04.002
psychology of love　恋爱心理　04.077
psychology of sex　性心理学　08.003
psychology of spouse selection　择偶心理　04.078
psychosensory disturbance　感知综合障碍　04.046
psychosexual development　性心理发育　04.076
psychosexual disorder　性心理障碍　04.081
psychosomatic disease　心身疾病　04.029
psychosomatic disorder　心身障碍　04.027
psychosomatic medicine　心身医学　04.026
psychosomatic reaction　心身反应　04.028

Q

R

S

T

U

V

W

X

Y

Z

汉英索引

A

B

不全流产　incomplete abortion　03.377
不射精　ejaculatory incompetence　04.074
不完全性子宫损伤　incomplete injury of uterus　03.356
不锈钢宫形宫内节育器　uterine shaped stainless steel IUD　03.015
不孕[症]　infertility　06.001
布洛芬　ibuprofen　03.651
4p 部分单体综合征　partial monosomy 4p syndrome　03.754
5p 部分单体综合征　partial monosomy 5p syndrome　03.755

C

彩色多普勒超声检查　color Doppler ultrasonography, CDS　03.204
彩色多普勒血流图　color Doppler flow imaging, CDFI　03.205
残疾人口　disabled population　01.120
残角子宫　rudimentary horn of uterus　02.150
残余精子　residual sperm　03.332
产道梗阻　obstruction of birth canal　03.392
产后随访　postpartum follow-up　01.070
产后心身症状　postpartum somatopsychic symptom　04.092
产前筛查　prenatal screen　03.696
产前诊断　prenatal diagnosis　03.702
产褥期　puerperium, stegmonth　01.063
产褥期保健　puerperium health care　01.064
产褥期精神病　puerperal mental disease, puerperal psychosis　04.095
* 产褥期精神障碍　postpartum mental disorder　04.092
产褥期抑郁症　puerperal depression　04.094
产时保健　intrapartum care　01.059
产时即时宫内节育器放置　immediate post-partum IUD insertion, IPPI　03.251
肠损伤　enteric injury　03.418
常规资料分析　routine data analysis　05.020
常染色体　autosome　03.715
常染色体显性　autosomal dominant　03.725
常染色体隐性　autosomal recessive　03.726
长效避孕措施　long acting contraceptive measure　01.029
长效避孕针剂　long acting injectable contraceptive　03.050
长效醋酸甲羟孕酮　depot medroxyprogesterone acetate, DMPA　03.567
* 长效黄体酮　hydroxyprogesterone caproate　03.558
长效口服避孕药　long acting oral contraceptive pill　03.048
常住人口　permanent population　01.107
超[促]排卵　superovulation　07.011
B 超监测　ultrasonic examination　03.320
超声波避孕　ultrasound contraception　03.075
超声诊断　ultrasound diagnosis, ultrasonic diagnosis　03.198
B 超下过氧化氢通液术　H_2O_2 hydrotubation by ultrasound　03.206
撤退性出血　withdrawal bleeding　03.118
成熟卵泡　mature follicle　02.125
成熟指数　maturation index, MI　03.182
城市集聚区　urban agglomeration　01.168
痴呆　dementia　04.051
重复性交　multiple sexual intercourse, repeat sexual intercourse　08.032
重婚　bigamy　08.027
重组干扰素α-2a　recombinant interferon α-2a　03.647
抽芯包埋法输卵管结扎术　translation of core packing method　03.259
抽样　sampling　05.057
抽样比　sample proportion　05.058
抽样调查　sampling survey　05.056
出生高峰期　birth peak　01.127
出生率　birth rate　05.026
* 出生前诊断　prenatal diagnosis　03.702
出生缺陷　birth defect　03.686
[出生缺陷]二级干预　second grade interference　03.688
[出生缺陷]三级干预　third grade interference　03.689
[出生缺陷]一级干预　first grade interference　03.687
出生人口素质　population quality at birthday　01.101
* 出生人口性别比　sex ratio at birth　01.074
* 出生人口质量　population quality at birthday　01.101
出生时预期寿命　life expectancy at birth　05.043

出生婴儿性别比　sex ratio at birth　01.074
初级精母细胞　primary spermatocyte　02.034
初级卵母细胞　primary oocyte　02.119
初级卵泡　primary follicle　02.122
* 初级卫生保健　primary health care　01.047
初乳　colostrum　01.067
处女膜　hymen　02.081
* 处女膜闭锁　imperforate hymen　06.039
处女膜无孔　imperforate hymen　06.039
穿针引线法输精管结扎术　percutaneous vasoligation by sewing machine needle　03.229
创收　earning income, making income　01.154
垂体后叶激素　hypophysin, neurohypophyseal hormone, posterior pituitary hormone　02.230
垂体前叶激素　anterior pituitary hormone　02.231
垂体性闭经　pituitary amenorrhea　06.031
垂体中间叶激素　intermedin pituitary hormone　02.232
纯母乳喂养　exclusive breast-feeding　01.069
唇裂　cleft lip　03.743
磁共振成像　magnetic resonance imaging, MRI　03.208
雌二醇　estradiol　03.540
雌激素　estrogen, E　02.198
雌激素受体　estrogen receptor, ER　02.199
雌三醇　estriol　03.544
次级精母细胞　secondary spermatocyte　02.035
次级卵母细胞　secondary oocyte　02.120
次级卵泡　secondary follicle　02.123
粗出生率　crude birth rate, CBR　05.027
促黑素细胞激素　melanocyte stimulating hormone　02.241
促黑素细胞激素释放抑制因子　melanocyte stimulating hormone release inhibiting factor　02.243
促黑素细胞激素释放因子　melanocyte stimulating hormone releasing factor　02.242
促黄体素释放激素　luteinizing hormone releasing hormone, LHRH　02.221
促甲状腺激素　thyroid stimulating hormone, thyrotropin　02.238
促甲状腺素释放激素　thyrotropin releasing hormone　02.239
促肾上腺皮质激素　adrenocorticotropic hormone, corticotropin　02.235
促肾上腺皮质激素释放激素　corticotropin releasing hormone　02.236
促性腺激素　gonadotropins, Gn　02.217
促性腺激素释放激素　gonadotropin releasing hormone, GnRH　02.220
促性腺激素释放激素激动剂　GnRH-agonist　03.573
促性腺激素释放激素拮抗剂　GnRH-antagonist　03.572
醋酸环丙孕酮　cyproterone acetate　03.561
醋酸甲地孕酮　megestrol acetate　03.555
醋酸甲萘氢醌　menadiol diacetate　03.675
醋酸甲羟孕酮　medroxyprogesterone acetate　03.554
醋酸甲羟孕酮避孕针剂　depo-medroxy progesterone acetate, DMPA, medroxyprogesterone acetate injectable contraceptive　03.054
催产药　accelerator partus, oxytocic　03.585
催乳素　prolactin, PRL　02.224
催乳素释放抑制因子　prolactin release inhibiting factor　02.226
催乳素释放因子　prolactin releasing factor　02.225
脆性 X[染色体]综合征　fragile X syndrome　03.758

D

达那唑　danazol　03.538
大网膜粘连综合征　omentum adhesion syndrome　03.416
大阴唇　labium majus　02.073
带器宫内妊娠　pregnancy with IUD　03.342
带器异位妊娠　ectopic pregnancy with IUD　03.343
带铜宫内节育器　copper bearing IUD, Cu-IUD　03.022
带薪产假　paid maternity leave　01.071
* 丹那唑　danazol　03.538
单倍体　haploid　02.015
单纯疱疹病毒　herpes simplex virus, HSV　03.507
单纯性子宫损伤　simple injury of uterus　03.358
单纯孕激素避孕药　progestin-only contraceptive pill, POP　03.049
单纯孕激素避孕针剂　progestin-only injectable　03.052
单基因遗传病　single gene disease　03.720

E

F

酚磺乙胺　etamsylate　03.673
风险　risk　05.016
风险度量　risk measurement　05.019
风险评估　risk assessment　05.017
风险收益评价　risk-benefit assessment　05.052
风险因素　risk factor　05.018
封闭人口　closed population　01.117
夫精人工授精　artificial insemination with husband's semen, AIH　07.004
夫妻避孕年　couple year of protection, CYP　03.094
氟康唑　fluconazole　03.635
辅酶 A　coenzyme A　03.683
* 辅助生育技术　assisted reproductive technology, ART　07.001
辅助生殖技术　assisted reproductive technology, ART　07.001
负压吸引术　vacuum aspiration　03.272
妇科检查　gynecologic examination　03.140
妇科内分泌激素测定　female hormone test　03.162
妇科内[窥]镜　gynecological endoscope　03.212
妇女多毛症　female hirsutism　06.019
妇女年　woman year　05.035
妇幼保健　maternal and child health care　01.045
附睾　epididymis　02.046
附睾睾丸炎　epididymo-orchitis　03.519
附睾内注药术　epididymal agent injection　03.236
附睾体　corpus of epididymis　02.048
附睾头　caput of epididymis　02.047
附睾尾　cauda of epididymis　02.049
附睾炎　epididymitis　03.521
附睾淤积　epididymal stasis　03.329
附睾淤积症　epididymal stasis syndrome　03.330
附件包块　adnexal mass　03.149
* 附件肿物　adnexal mass　03.149
附属性腺功能　accessory sex organ function, subsidiary gonadal function　06.063
复发性流产　recurrent abortion, RA　03.380
复方阿司匹林　compound aspirin　03.649
复方避孕针剂　combined injectable contraceptive, CIC　03.051
复方醋酸甲地孕酮片　compound megestrol acetate tablet　03.041
复方庚炔诺酮避孕针剂　combined norethisterone enanthate injectable contraceptive　03.053
复方口服避孕药　combined oral contraceptive, COC　03.038
复方炔诺酮片　compound norethisterone tablet　03.040
复方左炔诺酮片　compound levonorgestrel tablet　03.042
复孕术　reproductive surgery　03.318
复杂性子宫损伤　complicated injury of uterus　03.359
副胎盘　accessory placenta　02.175
副性器官　accessory sex organ　02.020
* 副性征　secondary sex characteristic　02.017
* 副中肾管　paramesonephric duct　02.014
腹壁切口感染　infect of abdominal incision　03.403
腹壁切口血肿　hematoma of abdominal incision　03.404
腹肌强直　abdominal muscle rigidity　03.150
腹膜后血管损伤　injury of retroperitoneal blood vessel　03.427
腹膜外气肿　extraperitoneal aerocele　03.428
腹腔镜检查[术]　laparoscopy　03.218
腹腔镜绝育术环或夹脱落　explusion of Falope ring or silver clip in laparoscopic sterilization　03.430
腹腔镜输卵管绝育术并发症　complication of laparoscopic tube sterilization　03.426
腹腔镜下输卵管绝育术　peritoneoscopic tubal sterilization, laparoscopic tube sterilization　03.265
腹腔内异物遗留　foreign body of abdominal cavity　03.424
腹腔妊娠　abdominal pregnancy　03.437
腹式输卵管切除术　abdominal salpingectomy　03.304
腹式输卵管切开术　celiosalpingotomy　03.305

G

肝素钙　heparin calcium　03.680
肝素钠　heparin sodium　03.679
感觉　sensation　04.018
TORCH 感染　TORCH infection　03.690
感染性流产　infected abortion　03.381
感染性休克　septic shock　03.412
感知综合障碍　psychosensory disturbance　04.046
干细胞　stem cell　02.009

高催乳素血症　hyperprolactinemia　06.033
高危分娩　high-risk delivery　01.062
高危妊娠　high-risk pregnancy　01.061
睾酮　testosterone, T　02.209
睾酮环丁酯　testosterone buciclate　03.536
睾丸　testis　02.025
睾丸分化　differentiation of testis　02.058
睾丸间质细胞　interstitial cell of testis, Leydig cell　02.044
睾丸炎　orchitis　03.516
戈那瑞林　gonadorelin　03.593
戈舍瑞林　goserelin　03.594
个案调查　case study　03.092
庚酸睾酮　testosterone enanthate　03.535
更昔洛韦　ganciclovir　03.643
弓形体　toxoplasma　03.515
弓形子宫　arcuate uterus　02.154
* 功能层　functional layer　02.096
功能失调性子宫出血　dysfunctional uterine bleeding　06.009
功能性卵巢囊肿　functional oophoritic cyst　03.353
宫腹腔镜联合输卵管通液术　fallopian tubal recanalization by hydrotubation combined laparoscope　03.290
宫颈闭锁症　cervical atresia　03.454
* 宫颈刺激征　posterior fornix tenderness　03.151
宫颈肥大　cervical hypertrophy　02.106
宫颈功能不全　uterine cervical incompetence　03.456
宫颈宫腔粘连　adhesion of cervical and uterine cavity　03.371
宫颈刮片试验　cervical smear test　03.180
宫颈管拭子检查　endocervical swab　03.178
宫颈后唇　labium posterius　02.090
宫颈活检　cervical biopsy　03.191
宫颈坚韧　cervical rigidity, cervical tenacity　03.455
宫颈扩张及刮宫术　dilatation and curettage, D&C　03.294
宫颈扩张及清宫术　dilatation and evacuation, D&E　03.295
宫颈扩张器　cervical dilator device　03.291
宫颈扩张术　dilatation of the cervix　03.293
宫颈裂伤　laceration of cervical　03.394
宫颈帽　cervical cap　03.072
宫颈黏膜　cervical mucosa　02.099
宫颈黏液涂片　cervical smear, cervical mucus smear　03.186
宫颈黏液结晶试验　cervical mucus arborization test, cervical mucus crystallization test　03.179
宫颈前唇　labium anterius　02.089
宫颈切除术　amputation of cervix　03.310
宫颈妊娠　cervical pregnancy　03.432
宫颈上皮内瘤变　cervical intraepithelial neoplasia, CIN　03.481
宫颈外翻　cervical ectropion　03.453
宫颈狭窄　cervical stenosis　03.452
宫颈修补术　trachelorrhaphy　03.311
宫内感染　intrauterine infection　03.483
宫内节育器　intrauterine contraceptive device, IUD　03.009
宫内节育器部分脱落　partial expulsion of IUD　03.335
宫内节育器残留　remain of IUD, residual of IUD　03.341
宫内节育器定位诊断　localization diagnosis of IUD　03.197
宫内节育器断裂　breakage of IUD　03.340
宫内节育器放置术　insertion of intrauterine device, insertion of IUD　03.245
宫内节育器换置　replacement of IUD　03.247
宫内节育器嵌顿　embedding of IUD, inlaid of IUD　03.338
宫内节育器类型　types of IUD　03.010
宫内节育器取出术　removal of intrauterine device, removal of IUD　03.246
宫内节育器完全脱落　complete expulsion of IUD　03.336
* 宫内节育器下移　displacement of IUD　03.334
宫内节育器移位　displacement of IUD　03.334
宫内节育器异位　abnormal position of IUD　03.337
宫内节育器子宫外异位　extrauterine of IUD, ectopia of IUD　03.339
* 宫内诊断　prenatal diagnosis　03.702
宫旁组织炎　parametritis, parametrial tissue inflammation　03.498
宫腔积脓　pyometra, uterine empyema　03.370
宫腔积血　hematocele of uterine cavity　03.369
宫腔镜　hysteroscope　03.215
宫腔镜检查[术]　hysteroscopy　03.216

宫腔镜下输卵管插管通液术 fallopian tubal recanalization by hydrotubation 03.289
宫腔内配子移植术 gamete intrauterine transfer, GIUT 07.020
宫腔内人工授精 intrauterine insemination, IUI 07.003
* 宫体剖宫产 mini-cesarean section 03.297
* 宫外孕 extrauterine pregnancy 03.431
供精人工授精 artificial insemination with donor's semen, AID 07.005
枸橼酸氯米芬 clomifene citrate 03.552
固定式宫内节育器 fixed Cu 330 IUD 03.032
刮匙 curette 03.292
冠–臀长 crown-rump length, CRL 03.703
规范使用者失败率 failure rate in typical user 05.045
硅橡胶盾形宫内节育器 silicon shield IUD 03.017
过敏反应 anaphylactic response 03.461
* 过期流产 missed abortion 03.378

H

含药宫内节育器 medicated IUD 03.033
核心家庭 nuclear family 01.134
* 黑加尔扩张器 Hegar dilator device 03.291
亨廷顿病 Huntington disease, HD 03.759
* 亨廷顿舞蹈症 Huntington chorea 03.759
红霉素 erythromycin 03.616
后位子宫 retro-position of uterus, backward displacement of uterus 02.103
壶腹部–峡部连接处 ampullary-isthmic junction 02.113
户籍登记 household registration 01.122
5α-还原酶 5α-reductase 02.214
环丙沙星 ciprofloxacin 03.624
环境保护 environmental protection 01.164
环境雌激素 environmental estrogen 02.255
环境抗雄激素 environmental antiandrogen 02.157
环境退化 environmental degradation 01.163
* 黄素化未破裂卵泡综合征 luteinized unruptured follicle syndrome, LUFS 06.021
黄体 corpus luteum 02.127
* 黄体功能不全 inadequate luteal function, corpus luteum insufficiency 06.012
黄体功能不足 inadequate luteal function, corpus luteum insufficiency 06.012
黄体生成素 luteinizing hormone, LH 02.219
* 黄体酮 progesterone 03.553
黄体酮试验 progesterone test 03.156
会阴尿道压迫避孕法 urethro-perineal oppression 03.073
昏迷 coma 04.042
昏睡 sopor 04.041
* 婚检 premarital medical examination, medical examination of pre-marriage 01.056
婚前保健 premarital health care 01.055
婚前性行为 premarital sex 08.022
婚前医学检查 premarital medical examination, medical examination of pre-marriage 01.056
婚前咨询 premarital counseling 03.691
婚外恋 extramarital love 08.072
婚姻 marriage 01.025
*《婚姻法》 Marriage Law of the People's Republic of China 01.005
活性宫内节育器 active IUD 03.021
获得性免疫缺陷综合征 acquired immunodeficiency syndrome, AIDS 03.513
* 获能 sperm capacitation 02.064

J

基本卫生保健 primary health care 01.047
基础代谢率 basal metabolic rate, BMR 03.139
* 基础能量消耗 basal energy expenditure 03.139
基础体温 basal body temperature, BBT 03.153
* 基底层 basal layer 02.096
基因 gene 03.717
畸形 deformity 03.735
畸形精子症 teratozoospermia 06.055
稽留流产 missed abortion 03.378
激光节育 vas occlusion by laser irradiation 03.244
激活素 activin, ACT 02.204
激素 hormone 02.183
激素半衰期 half-time of hormone, hormone half-life 02.189

K

L

M

N

P

Q

强迫症　obsessive compulsive disorder, OCD　04.061
强直性子宫收缩　tetanic contraction of uterus　03.129
17α-羟化酶缺乏症　17α-hydroxylase deficiency　06.049
17α-羟孕酮　17α-hydroxyprogesterone　02.213
亲缘系数　coefficient of relationship　03.732
亲子鉴定　identification in disputed parentage　03.707
青春期　adolescence, puberty　02.139
青春期保健　puberty health care　01.050
青霉素　penicillin　03.602
* 青少年期　adolescence, puberty　02.139
青少年妊娠　teenage pregnancy, adolescent pregnancy　01.052
清宫术　evacuation of uterus　03.275
情绪　emotion　04.025
* 球海绵体　vestibular bulb　02.077
屈螺酮　drospirenone　02.216
躯体化障碍　somatization disorder　04.059
去透明带仓鼠卵–精子穿透试验　zona-free hamster egg penetration assay　03.107
去氧孕烯　desogestrel　03.559
去氧孕烯炔雌醇[避孕药]片　desogestrel and ethinylestradiol contraceptive pill　03.043
全身体格检查　general somatoscopy　03.138
炔雌醇　ethinylestradiol, EE　03.545
炔雌醚　quinestrol　03.546
* 炔睾酮　acetylene testosterone　03.538
炔诺酮　norethisterone　03.556
炔诺孕酮　norgestrel　03.565
* 群组研究　cohort study　05.015

R

染色体　chromosome　03.714
染色体病　chromosomal disease　03.722
染色体断裂　chromosomal break　03.724
染色体畸变　chromosome aberration　03.723
人才流失　brain drain　01.176
人工流产　induced abortion　03.271
人工流产不全　incomplete induced abortion　03.366
人工流产出血　bleeding during induced abortion　03.361
人工流产漏吸　missed aspiration　03.365
人工流产术后感染　infection after induced abortion　03.362
人工流产吸空　misdiagnosis of pregnancy, erroneous aspiration　03.364
人工流产综合征　induced abortion syndrome, syndrome for artificial abortion　03.363
人工破膜术　artificial rupture of membrane　03.313
人工授精　artificial insemination　07.002
人工周期　artificial menstrual cycle　06.015
* 人绝经期促性腺激素　menotrophin, human menopausal gonadotropin, hMG　03.592
人口　population　01.081
人口爆炸　population explosion, demographic explosion　01.145
人口变量值　value of population variable　01.110
人口参数　population parameter, demographic parameter　01.109
人口登记表　population registration form　01.121
人口调查　population survey　01.093
人口动态　population dynamics　01.104
人口方案　population program　01.097
人口分布　distribution of population　01.084
人口负增长　negative population growth　01.113
人口构成　population structure　01.089
人口过剩　over-population　01.142
人口基数　population base　01.091
人口计划　population plan　01.098
* 人口结构　population structure　01.089
人口金字塔　population pyramid　01.090
人口零增长　zero population growth　01.112
人口密度　population density　01.083
人口目标　population objective　01.099
人口目标管理　population management by objective　01.103
人口普查　population census　01.092
人口迁移　population migration　01.171
人口趋势　population trend　01.105
人口数据处理　processing of population data　01.086
人口数据分析　analysis of population data　01.087
人口数据利用　utilization of population data　01.088
人口数据收集　collection of population data　01.085
人口素质　population quality　01.102
人口稳定　population stabilization　01.114
人口学　demography　01.082

人口压力　population pressure　01.143
人口移动　population movement　01.170
*《人口与计划生育法》 Law of Population and Family Planning of the People's Republic of China　01.007
人口预测　population forecast　01.106
人口政策　population policy　01.096
人口指标　population target　01.100
*人口质量　population quality　01.102
人口转变　demographic transition　01.144
人类免疫缺陷病毒　human immunodeficiency virus, HIV　03.514
人力资源开发　human resource development　01.151
人权　human rights　01.178
人绒毛膜促性腺激素　human chorionic gonadotropin, HCG　02.222
人绒毛膜促性腺激素测定　human chorionic gonadotrophin test, HCG test　03.158
人绒毛膜促性腺激素β亚单位测定　human chorionic gonadotrophin-β test, β-HCG test　03.159
人乳头瘤病毒　human papilloma virus, HPV　03.482
人乳头瘤病毒疫苗　human papilloma virus vaccine　03.644
人生长激素　human growth hormone　02.227
人透明带结合试验　human sperm-zona pellucid binding test　03.109
人型支原体　mycoplasma hominis, Mh　03.512
人种　race　01.179
壬苯醇醚　nonoxynol, nonoxinol　03.584
忍精[不射]　restraining ejaculation　08.062
认知评价　cognitive evaluation　04.045
认知心理学　cognitive psychology　04.007
妊娠　pregnancy　02.155
妊娠率　pregnancy rate　05.032
妊娠试验　pregnancy test　03.157
妊娠相关血浆蛋白 A　pregnancy associated plasma protein-A, PAPP-A　03.701
妊娠心身反应　pregnancy psychosomatic response　04.090
妊娠指数　Pearl index　05.033
绒毛活检术　chorionic villus sampling, CVS, chorionic villus biopsy　03.711
绒毛膜　chorion, membrana serosa　02.166
绒毛膜血管瘤　chorioangioma　03.391
乳腺增生症　cyclomastopathy　03.352
瑞芬太尼　remifentanil　03.669
弱精子症　asthenozoospermia　06.052

S

*三苯氧胺　tamoxifen　03.551
三合诊检查　trimanual examination, vagino-recto-abdominal examination　03.144
三级卫生保健　tertiary health care　01.049
三联筛查　triple test　03.698
13 三体综合征　trisomy 13 syndrome　03.752
18 三体综合征　trisomy 18 syndrome　03.751
*21 三体综合征　trisomy 21 syndrome　03.750
三维超声检查　three-dimension ultrasonography imaging　03.203
*三烯高诺酮　gestrinone　03.563
三相避孕药　triphasic contraceptive pill　03.045
*杀精子剂　vaginal spermicide　03.063
沙利度胺　thalidomide　03.658
沙眼衣原体　chlamydia trachomatis, CT　03.509
TORCH 筛查　TORCH test　03.168
上市后监测　post marketing surveillance　05.048
上行感染　ascending infection　03.410
少精子症　oligozoospermia　06.053
少弱畸形精子症　oligoasthenoteratozoospermia　06.056
蛇形宫内节育器　lipper loop IUD　03.020
社会　society　01.165
社会抚养费　social maintenance fee　01.021
《社会抚养费征收管理办法》 Measures for Collecting Social Maintenance Fees　01.011
社会交往能力　ability of social communication　04.037
社会心理学　social psychology　04.006
射精　ejaculation　08.037
射精管　ejaculatory duct　02.054
深入访谈法　in-depth interview　05.004
*神经垂体激素　hypophysin, neurohypophyseal hor-mone, posterior pituitary hormone　02.230
神经管缺陷　neural tube defect　03.747
神经激素　neurohormone　02.191
神经衰弱　neurasthenia　04.017
神经症筛选量表　brief neurosis screening scale, BNSS

04.101
肾上腺皮质激素　adrenal cortical hormone　02.234
生化妊娠　biochemical pregnancy　07.025
生精上皮　spermatogenic epithelium　02.027
生精细胞　spermatogenic cell　02.028
生精小管　seminiferous tubule　02.026
生理心理学　physiologic psychology　04.005
生命体征　vital sign　03.137
生命统计　vital statistic　01.123
生态系统　ecosystem　01.159
生态学　ecology　01.158
* 生育控制　birth control　01.023
* 生育期　childbearing period　02.140
生育调节　birth regulation　01.022
生育政策　the policy of birth　01.003
生长激素释放激素　growth hormone releasing hormone　02.228
生长激素释放抑制激素　growth hormone release inhibiting hormone　02.229
* 生长抑素　growth hormone release inhibiting hormone　02.229
生殖　reproduction　02.001
生殖保健　reproductive health care　01.044
生殖道感染　reproductive tract infection, RTI　03.462
生殖功能　reproductive capability, reproductive function　02.002
生殖激素　reproductive hormone　02.196
* 生殖嵴　gonadal ridge　02.006
生殖健康　reproductive health　01.042
生殖健康标准　reproductive health standard　01.043
生殖器疱疹　genital herpes, herpes of genital organ　03.505
生殖权利　reproductive right　02.004
生殖系统　reproductive system　02.007
生殖细胞　germ cell　02.008
生殖细胞凋亡　germ cell apoptosis　02.011
生殖腺嵴　gonadal ridge　02.006
生殖行为　reproductive behavior　02.003
生殖周期　reproductive cycle　02.005
失败率　failure rate　05.044
失访　lost to follow-up　05.011
失血性休克　hemorrhagic shock　03.383
* 施普因岑-戈尔德贝格综合征　Shprintzen-Goldberg syndrome　03.756
十一酸睾酮　testosterone undecanoate　03.539
实验性流行病学　experimental epidemiology　05.008
使用失败率　use failure rate　05.046
使用有效率　use effectiveness, use efficiency　05.040
* 适度人口　optimal number of population, optimum population　01.111
适应能力　adaptability　04.036
释放孕激素的宫内节育系统　progestin-releasing intrauterine system, IUS　03.034
嗜睡　lethargy　04.040
嗜伊红细胞指数　eosinophilic index, EI　03.184
手术并发症　complication of operation　03.322
* 手淫　masturbation　08.073
首次遗精年龄　age of the first spermatorrhea　02.067
寿命表　life table　05.037
受精　fertilization　02.156
受精卵　fertilized ovum, oosperm　02.158
瘦素　leptin　02.240
舒芬太尼　sufentanil　03.668
输精管　vas deferens　02.052
输精管电凝绝育术　vasal electric coagulation　03.239
* 输精管堵塞术　vas occlusion　03.234
输精管夹闭塞术　vas occlusion by clip　03.238
输精管结扎术　vasoligation　03.225
输精管精液囊肿　vasal semen cyst　03.324
输精管内节育装置　intra-vas device, IVD　03.237
输精管栓堵术　vas occlusion　03.234
输精管吻合术　vasovasostomy　03.241
输精管炎　deferentitis　03.530
输精管黏堵剂　adhesive blocking agent　03.232
输精管药物注射黏堵术　chemical occlusion of vas　03.231
输精管自然再通　spontaneous recanalization of vas deferens　03.331
输卵管　uterine tube, fallopian tube, oviduct　02.108
输卵管闭锁　atresia of uterine tube　03.457
输卵管成形术　salpingoplasty　03.301
* 输卵管腹腔口　fimbria of fallopian tube　02.112
[输卵管]壶腹部　ampulla of fallopian tube　02.111
输卵管积脓　pyosalpinx　03.490
输卵管积水　hydrosalpinx　03.491
输卵管积血　hemosalpinx　03.406
[输卵管]间质部　interstitial portion of fallopian tube　02.109

输卵管结扎术　uterine tube ligation　03.256
输卵管镜　falloposcope　06.024
* 输卵管绝育术　tubal sterilization　03.255
输卵管卵巢囊肿　tubo-ovarian cyst　03.441
输卵管内合子移植术　zygote intrafallopian transfer, ZIFT　07.022
输卵管内配子移植术　gamete intrafallopian transfer, GIFT　07.021
输卵管切除术　tubal resection, salpingectomy　03.302
输卵管切开术　salpingotomy　03.298
输卵管妊娠　tubal pregnancy, salpingocyesis, oviductal pregnancy　03.435
输卵管妊娠破裂　rupture of tubal pregnancy　03.436
[输卵管]伞部　fimbria of fallopian tube　02.112
输卵管伞端成形术　fimbriated extremity of fallopian-plasty　03.300
输卵管伞端切除术　fimbriectomy　03.303
输卵管双折切断结扎术　Pomeroy sterilization　03.260
输卵管损伤　injury of uterine tube, injury of oviduct　03.420
输卵管套环　Falope ring　03.269
输卵管通畅试验　tubal patency test, fallopian tube patency test　06.023
输卵管通气术　tubal insufflation　03.287
输卵管通液术　hydrotubation　03.288
输卵管系膜　mesosalpinx　02.114
输卵管系膜损伤　injury of tube mesentery　03.405
[输卵管]峡部　isthmus portion of fallopian tube　02.110
输卵管炎　salpingitis　03.487
输卵管造口术　fallostomy　03.299
输卵管黏堵剂　adhesive blocking agent　03.264
输卵管黏堵绝育术　chemical tube occlusion　03.263
输卵管阻塞　salpingemphraxis　06.022
输尿管损伤　injury of ureter, injury of renal duct　03.425
栓堵剂　vas occluding material　03.235
双瓣窥器检查　examination of bivalve speculum　03.142
双顶径　biparietal diameter, BPD　03.146
双合诊检查　bimanual examination　03.143
双角子宫　bicornuate uterus, uterus bicornis　02.152
双氯芬酸钠　diclofenac sodium　03.654
双氢睾酮　dihydrotestosterone　02.210
双炔失碳酯　anordrin, anorethindrane dipropionate, No.53 pills　03.568
双子宫　didelphic uterus, uterus didelphys　02.151
水囊引产术　induced abortion by water bag, induction of abortion with water bag　03.284
水性阴道排液　watery vaginal discharge　03.136
思维　thinking　04.022
思维联想障碍　thought associative disorder　04.047
思维逻辑障碍　thought paralogia　04.048
死产　stillbirth　03.745
死精子症　necrozoospermia　06.054
死胎　fetal death　03.744
* 死亡表　mortality table　05.037
死亡概率　probability of death　01.124
死亡率　death rate, mortality rate　05.028
四步触诊　Leopold maneuvers, four maneuvers of Leopold　03.145
四联筛查　quadruple test　03.699
* 速效避孕药　vacation pill, visiting pill　03.046
随访　follow-up　05.024
随机抽样　random sampling　05.054
随机对照试验　randomized control trial, RCT　05.013
随机研究　randomized study　05.053
缩宫素　oxytocin　03.586

T

他莫昔芬　tamoxifen　03.551
胎儿　fetus　02.169
* 胎儿宫内发育迟缓　fetal growth restriction, FGR　03.739
胎儿颈后透明层厚度　nuchal translucency, NT　03.704
胎儿镜　fetoscope　03.219
胎儿镜检查[术]　fetoscopy　03.220
胎儿酒精综合征　fetal alcohol syndrome　03.131
胎儿生长受限　fetal growth restriction, FGR　03.739
胎儿先天畸形　fetal congenital malformation　03.748
胎儿心电图　fetal electrocardiography　03.713
胎儿遗传学检查　fetal genetics examination　03.706
胎盘　placenta　02.170

W

无精子症　azoospermia　06.051
无脑儿　anencephalus　03.742
无排卵　anovulation　06.005
无排卵性功能失调性子宫出血　anovulatory dysfunctional uterine bleeding　06.010
无排卵月经　anovular menstruation　06.014
无子宫　absence of uterus　03.738
五保　five guarantees　01.167
五岁以下儿童死亡率　mortality rate of children under 5　01.079
戊酸雌二醇　estradiol valerate　03.541
物理避孕　physical contraception　03.078

X

* 西蒙病　Simon disease　06.031
* 希恩综合征　Sheehan syndrome　06.031
烯丙雌醇　allylestrenol　03.562
习惯性流产　habitual abortion　03.379
系统抽样　systematic sampling　05.055
细胞组织学诊断　cytohistologic diagnosis　03.173
细菌性阴道病　bacterial vaginosis, BV　03.475
* 下腹部包块　pelvic mass　03.148
下腹痛　lower abdominal pain　03.122
下丘脑–垂体–性腺轴　hypothalamic-pituitary-gonadal axis　02.012
下丘脑神经激素　hypothalamus neurohormone　02.254
下丘脑性闭经　hypothalamic amenorrhea　06.035
先天性风疹综合征　congenital rubella symdrome　03.025
* 先天性卵巢发育不全　Turner syndrome　03.753
先天性无阴道　congenital absence of vagina　06.040
先兆流产　threatened abortion　03.374
显微输卵管吻合术　tube anastomosis by microsurgery　03.307
显微外科输精管附睾管吻合术　microsurgical vaso-epididymostomy　03.243
显微外科输精管吻合术　micro-surgical vasovasostomy　03.242
现场试验　field trial　05.003
现况研究　prevalence survey　05.002
现住人口　resident population　01.108
线粒体病　mitochondrial disease　03.730
线索细胞　clue cell　03.477
*腺垂体激素　anterior pituitary hormone　02.231
90 项症状自评量表　symptom checklist 90, SCL-90　04.102
硝酸咪康唑　miconazole nitrate　03.634
小家庭模式　small family norm　01.137
小阴唇　labium minus　02.074
心境　mood　04.030
心境障碍　mood disorder　04.052
心理　mind　04.001
心理测验　psychological test　04.008
心理防御机制　psychological defense mechanism　04.014
心理疾病　psychological disease　04.012
心理健康　mental health　04.004
心理康复　psychological rehabilitation　04.013
心理学　psychology　04.002
心理障碍　psychological disorder, mental disorder　04.010
心理治疗　psychotherapy　04.011
心理咨询　psychological counseling　04.009
心身反应　psychosomatic reaction　04.028
心身疾病　psychosomatic disease　04.029
心身医学　psychosomatic medicine　04.026
心身障碍　psychosomatic disorder　04.027
心因性闭经　psychogenic amenorrhea　04.089
新法接生　clean delivery, aseptic delivery　01.060
新生儿　newborn　01.065
新生儿护理　neonatal care, neonatal nursing　01.066
新生儿期　neonatal period　02.137
新生儿死亡率　neonatal mortality rate　01.077
* 新生儿性别比　sex ratio at birth　01.074
新体 380Ag 宫内节育器　Nova T 380Ag IUD　03.027
信筒子醌　embelin　03.599
B 型超声诊断仪　B-mode ultrasound diagnosis instrument　03.199
Ⅰ型皮下埋植避孕剂　implant releasing levonorgestrel No. Ⅰ　03.058
Ⅱ型皮下埋植避孕剂　implant releasing levonorgestrel No. Ⅱ　03.059
行为　behavior　04.032
性爱　sexual love　08.011
性伴侣　sexual partner　08.017

Y

* 异丙酚　propofol　03.661
异染色体　allosome, heterochromosome　03.737
异位妊娠　ectopic pregnancy, eccyesis　03.431
异烟肼　isoniazid　03.629
抑郁状态　depressive state　04.053
* 抑制排卵　anti-ovulation　03.003
抑制受精　inhibition fertilization, inhibition of fertilization　06.050
抑制素　inhibin, INH　02.203
意识水平　consciousness level　04.039
* 意外妊娠　unintended pregnancy　01.040
意志　will　04.031
癔症　hysteria　04.063
阴道　vagina　02.082
阴道闭锁　atresia of vagina　06.036
阴道避孕环　intravaginal contraceptive ring, IVCR　03.060
阴道冲洗　vaginal douche　03.278
阴道出血　vaginal bleeding　03.116
阴道点滴出血　spotting haemorrhage, vaginal spotting　03.117
阴道分泌物检查　vaginal discharge examination　03.175
阴道隔膜　diaphragm　03.071
阴道横隔　transverse vaginal septum　06.037
阴道后穹隆触痛　posterior fornix tenderness　03.151
阴道痉挛　vaginismus　04.097
阴道镜　colposcope, vaginoscope　03.213
阴道镜检查[术]　colposcopy, vaginoscopy　03.214
阴道口　vaginal orifice　02.080
阴道尿道隆嵴　carina urethralis vaginae　02.136
阴道排液　vaginal discharge, baptothecorrhea　03.134
阴道前庭　vaginal vestibule　02.076
阴道清洁度　vaginal clearing degree　03.176
阴道穹　vaginal fornix　02.083
阴道穹隆部裂伤　laceration of vaginal fornix　03.395
阴道杀精剂　vaginal spermicide　03.063
阴道嗜血杆菌　vaginal hemophilus　03.476
* 阴道嗜血杆菌性阴道炎　bacterial vaginosis, BV　03.475
* 阴道套　vaginal pouch　03.066
阴道涂片　vaginal smear　03.174
阴道炎　vaginitis　03.470
阴道直肠膨出　colpoproctocele　03.398
阴道纵隔　longitudinal vaginal septum　06.038
阴蒂　clitoris　02.075
阴阜　mons pubis　02.072
阴茎　penis　02.024
* 阴茎套　condom　03.065
阴囊血肿　scrotum hematoma　03.327
阴虱病　pediculosis pubis, pediculosis inguinalis　03.506
银夹　silver clip　03.268
银夹法输卵管绝育术　tube sterilization by silver clip　03.261
银夹移位　dislocation of silver clip　03.402
引产　induction of labor　03.282
引产出血　bleeding during induced labor　03.382
吲哚美辛　indometacin　03.652
隐匿精子症　cryptozoospermia　06.058
婴儿死亡率　infant mortality rate　01.078
荧光原位杂交　fluorescence *in situ* hybridization, FISH　03.164
应激　stress　04.043
应激源　stressor　04.044
优生　aristogenesis, improve prenatal care　01.031
优势卵泡　dominant follicle　07.012
优育　improve postnatal care　01.032
右旋糖酐 40　dextran 40　03.684
右旋糖酐 70　dextran 70　03.685
* 幼稚子宫　infantile uterus　06.016
诱导排卵　ovulation induction　07.010
诱发电位　evoked potential, EP　04.093
育龄妇女　woman of childbearing age　01.053
育龄期　childbearing period　02.140
预产期　expected date of confinement, EDC　02.179
预调查　pilot investigation　01.095
原发[性]闭经　primary amenorrhea　06.027
原发性不孕[症]　primary infertility　06.002
原发性痛经　primary dysmenorrhea, congenital dysmenorrhea　03.127
原始卵泡　primordial follicle　02.117
月经　menstruation　02.129
[月经]初潮　menarche　02.128
月经过多　hypermenorrhea, menorragia, profuse menstruation　03.113
月经过少　oligomenorrhea　03.112
月经频发　polymenorrhea　03.114

月经期　menstrual period, monthly period　02.131
月经稀发　oligomenorrhea　03.115
月经血量　blood volume of menstruation　02.132
月经周期　menstrual cycle, menstruation cycle　02.130
孕产妇死亡率　maternal mortality rate　01.076
孕二醇　pregnanediol, P_2　02.202
孕二烯酮　gestodene　03.566
孕二烯酮[避孕药]片　compound gestodene contraceptive pill　03.044
孕激素　progestogen, P　02.200
孕激素拮抗剂　progesterone antagonist　03.571
孕激素受体　progesterone receptor, PR　02.201
孕龄　gestational age　02.142
孕期保健　health care of gestational period　01.058
孕前保健　prepregnancy health care　03.694
孕前优生咨询　prepregnancy eugenic counseling　03.695
孕前咨询　prepregnancy counseling　03.693
孕三烯酮　gestrinone　03.563
孕酮　progesterone　03.553
* 孕晚期　late pregnancy　02.182
孕烯醇酮　pregnenolone　02.211
* 孕早期　early pregnancy　02.180
* 孕中期　pregnant metaphase　02.181

Z

* 甾体激素　steroid hormone　02.193
再婚夫妻性生活　sexual life of remarriage couple　08.049
再生育　re-birth　01.037
在职培训　in-service training, on-the-job training　01.153
脏器损伤　visceral injury　03.417
早恋　premature love　08.074
早期妊娠　first trimester of pregnancy　02.180
早泄　premature ejaculation　04.073
早孕反应　morning sickness　03.111
择偶心理　psychology of spouse selection　04.078
着床　nidation, imbed　02.159
针挑法输精管结扎术　syringe needle vasectomy　03.230
针头固定小切口法输精管结扎术　syringe needle fixed and mini-incision vasectomy　03.228
真菌性阴道炎　colpitis mycotica, mycotic vaginitis　03.473
真蜕膜　true decidua　02.163
诊断性刮宫手术　diagnostic curettage　03.222
整群抽样　cluster sampling　05.036
正常精子形态　normospermia, normal sperm morphology　03.100
正电子发射体层成像　positron emission tomography, PET　03.209
证据分级　levels of evidence　05.010
支持细胞　Sertoli cell　02.043
支原体　mycoplasma　03.511
支原体感染　mycoplasma infection　03.510
知觉　perception　04.019
知情选择　informed choice　01.030
直肠子宫陷凹　recto-uterine pouch　02.135
直视钳穿法输精管结扎术　no-scalpel vasectomy　03.226
职业　occupation, profession　01.146
职业培训　vocational training　01.152
植入前遗传学诊断　preimplantation genetic diagnosis, PGD　07.017
植入性胎盘　placenta increta　03.389
制霉菌素　nystatin　03.637
质量调整生命年　quality adjusted life year, QALY　05.012
治疗性流产　therapeutic abortion　03.285
致密核细胞指数　karyopyknotic index, KI　03.183
智力　intelligence　04.023
智商　intelligence quotient, IQ　04.024
置夹法腹腔镜输卵管绝育术　laparoscopic sterilization by Hulka clip or Filshie clip　03.267
《中华人民共和国婚姻法》　Marriage Law of the People's Republic of China　01.005
《中华人民共和国母婴保健法》　Law of the People's Republic of China on Maternal and Infant Health Care　01.006
《中华人民共和国人口与计划生育法》　Law of Population and Family Planning of the People's Republic of China　01.007
《中华人民共和国执业医师法》　Law of the People's Republic of China on Medical Practitioners　01.009
中年人性生活　sexual life of middle age people

（R-8328.01）
ISBN 978-7-03-062388-1
9 787030 623881 >
定　价：98.00 元